hänssler

Praxisbuch

Anspiele

So wird's gemacht!

Verkündigungsspiele · Sketche · Pantomime · Anspiele für evangelistische Veranstaltungen, zu biblischen Texten, für festliche Anlässe · Sprechmotetten · Interviews · Krippenspiele · moderne Gleichnisse

herausgegeben von
Wolfgang Heiner

Alle EKG-Liedangaben beziehen sich auf die alte Ausgabe für die Evangelische Landeskirche in Württemberg.

Die Bibelzitate sind entnommen aus der Lutherbibel 1984.

Der Kauf dieses Buches berechtigt Sie, für die Aufführung eines Anspiels einen Rollensatz zu kopieren.

3. Auflage 1998
EDITION C-Werkbuch, W 29
Bestell-Nr. 55.529
ISBN 3-7751-1322-3

Umschlaggestaltung: Daniel Dolmetsch
Satz: Typo Schröder, Dernbach
Druck und Verarbeitung: Ebner Ulm
Printed in Germany

Inhaltsverzeichnis

Warum bildhafte Verkündigung?

Wir brauchen nicht die Psychologen und Pädagogen allein zu fragen, um eine Antwort auf diese Frage zu bekommen. Sie sagen, daß das, was ein Mensch sieht und hört, zu 70 % besser behalten wird als das, was der Mensch nur hört.

Ein Blick in die Bibel zeigt, daß die abstrakte Verkündigung dort selten ist und erst später durch den Einfluß des Hellenismus in die christliche Verkündigung kam.

Noch Johannes schrieb (ca. 85 n. Chr.) in seinem ersten Brief: »Was wir gesehen und gehört haben, das verkündigen wir euch« (1. Joh 1,3).

Das Johannesevangelium enthält Predigten Jesu, denen sichtbare Erlebnisse vorangingen, so war z.B. vor der Ansprache über »Das Brot des Lebens« die Speisung der Fünftausend (Joh 6) und dem Wort »Ich bin das Wasser des Lebens« das Gespräch mit der Samariterin am Jakobsbrunnen (Joh 4). Jesus ruft ein Kind zu sich und sagt zu seinen Jüngern: »Wenn ihr nicht werdet wie die Kinder, so könnt ihr nicht in das Himmelreich kommen« (Mt 18). Er redet vom Weinstock und den Reben (Joh 15).

Auch im Alten Testament lesen wir, wie die Propheten ihre Schüler unterrichteten und ihnen Gegenstände, z.B. einen Gürtel zeigten und daraufhin Lehrvorträge hielten (Jer 13). Oft benutzte Gott Lebensführungen, um seinen Boten göttliche Botschaften zu erklären. Wie hätte sonst Hosea jene Kapitel über die Liebe Gottes zu seinem Volk schreiben können, wenn er nicht selbst durch Trennung und Enttäuschung in seiner Ehe gegangen wäre?

Gott weiß, daß unsere Vorstellungskraft zu schwach ist, um göttliche Aussagen begreifen zu können. Deshalb redete Jesus in Bildern, und Johannes versucht in seiner Offenbarung, die Visionen zu beschreiben durch die Worte »der war...«. Wenn jemand sagt: »Diese Frau ist wie meine Mutter«, dann bedeutet das, daß diese Frau, auf die er zeigt, nicht seine Mutter ist, sondern die Wesenszüge seiner Mutter trägt.

Auch die Einsetzung des Abendmahls ist ein gütiges Entgegenkommen unseres weisen Vaters im Himmel. Hier können wir etwas sehen, schmecken und fühlen.

Wenn man heute Werbeplakate sieht, stellt man fest, daß das Bild weit größere Dimensionen einnimmt als der Werbetext. Die Dekorateure unserer Kaufhäuser arbeiten mit Blickfängen, um auf kleine Gegenstände aufmerksam zu machen. Sollten wir nicht von ihnen lernen?

Jeder Konditor weiß, daß die Dekoration und Garnierung der Torten wesentlich den Verkauf fördert. Ob sie gut schmecken, das kann man erst nach dem Kauf feststellen. Auch ein Geschenk gewinnt durch eine fantasievolle Verpackung.

Es ist klar, der Inhalt des Evangeliums ist das Wort Gottes, die Botschaft der Bibel. Und diese Botschaft ist wertvoll und ohne Konkurrenz. Nie können wir ein Abendprogramm gestalten, das anspruchsvoller ist als das verkündigte Wort Gottes. Es sollte deshalb unser Bestreben sein, in der bildhaften Verkündigung so seriös, aber auch so eindrucksvoll wie möglich die Zuhörer anzusprechen.

Ob wir Flanellbilder, Folien für den Tageslichtschreiber, Dias, Verkündigungsfilme oder Anspiele verwenden, sie alle sollen dazu dienen, den »steinigen Boden eines Ackerfeldes« umzupflügen und aufnahmebereit zu machen für den Samen des Wortes Gottes.

Verkehrt wäre es, um des Effektes willen irgend etwas zu machen. Wenn die Botschaft glaubwürdig sein soll, darf das Anspiel nicht leichtfertig zusammengestellt sein.

Für die Hörspielautoren gehört es zur beruflichen Sauberkeit, daß sie Fachleute fragen, wenn sie Manuskripte anfertigen. Es ist z.B. nicht gleich, ob ein Richter bei der Urteilsverkündigung das Urteil »Im Namen des Gesetzes«, »Im Namen des Deutschen Volkes« oder »Im Namen des Volkes« ausspricht. Der Fachmann weiß, daß der erstere Spruch aus der Weimarer Republik stammt, der zweite aus dem Dritten Reich und der dritte aus der Nachkriegszeit. Hört ein Nichtchrist diese Sendung und findet heraus, daß im fachlichen Bereich nicht genau gearbeitet wird, so kann man nicht von ihm verlangen, daß er die biblische Botschaft ernst nimmt.

Es gibt verschiedene Möglichkeiten der bildhaften Verkündigung:

Filme

Hier muß unterschieden werden zwischen christlichen Unterhaltungsfilmen, Verkündigungsfilmen und Anspielfilmen.

a) Christliche Unterhaltungsfilme kann man auch in weltlichen Verleihen erhalten. Es sind Filme mit Handlung, die einen ethischen, an der Bibel orientierten Aussagewert haben.

b) Verkündigungsfilme nennt man Filme, die entweder eine Handlung haben oder naturwissenschaftliche Predigten sind, die aber mit einer Verkündigung enden und deren Verkündigung in die Handlung eingebaut ist.

c) Anspielfilme sind Filme, die ein bestimmtes Thema aufreißen, das dann später von einem Verkündiger erklärt und vertieft wird.

Diadokumentation

Auch hier muß wieder unterschieden werden zwischen Verkündigungsserien und Anspielserien (siehe Filme).

Laienspiele

Die Dreiteilung bei den Filmen ist auch für die Laienspiele zutreffend, unterschiedlich sind nur die Formen.

a) Die dramaturgische Form, in der man heute kaum noch Kostüme verwendet, meistens nur symbolhafte Andeutungen macht, dafür aber auf eine gekonnte Regie bei der Inszenierung Wert legt.

b) Der Sketch. In diesem aus dem englischen Sprachgebrauch kommenden Ausdruck ist das Wort »Skizze« enthalten. Es wird nur etwas skizziert. Die meisten Sketche werden ohne Manuskript gespielt. Der Spielleiter sucht für die einzelnen Rollen charakteristische Darsteller aus. Im Team wird die Aussage des Sketches erarbeitet und die Position der Darsteller besprochen. In einer Probe wird das Zusammenspiel geübt und dann in der Veranstaltung frei aufgeführt. Der Vorteil dieser Darstellungen ist die Originalität, die sich durch die Persönlichkeit der Darsteller voll entfalten kann.

c) Das Anspiel: Diese meist mit einem Manuskript aufgeführte Einleitung setzt einen gut durchdachten Text voraus, der in kurzen, prägnanten Szenen die Zuschauer fesselt und ihnen das Verlangen nach der Lösung der im Anspiel aufgeworfenen Fragen weckt.

Featuredarbietungen

Das Wort Feature kommt aus der Funksprache und ist englischen Ursprungs. Es heißt »etwas Zusammengefügtes«. Sowohl im Funk, als auch in der Darbietung auf der Bühne gibt es Features. Es ist die Kombination zwischen Lesungen, Film- oder Diaeinblendungen, einigen Takten Musik usw. Wichtig ist dabei die konzentrierte Darbietung, daß die Szenen und die Lesungen lückenlos aufeinanderfolgen, wobei die überdachte Aufstellung der Leser und ihr Auftreten großen Einfluß haben.

Sprechmotetten

Diese Form eignet sich gut für Jugendgottesdienste und Gemeindeveranstaltungen in Räumen, wo keine Bühne ist. Der Vorteil der Sprechmotette ist, daß die Sprecher in Richtung Gemeinde sprechen und somit ohne Mikrofone bei deutlicher, lauter Aussprache zu verstehen sind.

Lesungen

Das Verlesen von Bibeltexten in Rollen oder von Nachrichten und Berichten wird durch das Mitwirken mehrerer Personen lebendiger.

Die bildhafte Verkündigung ist eine Möglichkeit, die gesamte Gemeinde zu engagieren. Hier wird das Ein-Mann-System durchbrochen. Natürlich ist es nötig, daß die Spieler genauso innerlich engagiert sind wie der Verkündiger des Abends. Für sie sollte man beten wie für den Evangelisten, denn sehr oft hat die Aussage eines Darstellers Größeres bewirkt als der anschließende Vortrag eines Verkündigers.

Pantomimen

Pantomimen sind eine große Hilfe bei Freiversammlungen, weil die Spieler ohne Mikrophone auskommen. Da alle Gedanken und »Dialoge« körperlich, durch Mimik und Gestik, ausgedrückt werden, sind Pantomimen international verständlich. Deshalb werden sie z.B. bei Missionseinsätzen in Afrika viel verwendet. Obwohl es die Darstellung unterstützen kann, wenn die Spieler sich kostümieren und schminken, ist es doch nicht unbedingt nötig. Pantomimen kommen also mit geringen Mitteln aus und können auch spontan vorgeführt werden.

Wenn Sie weitere in der Praxis erprobte Anspiele haben, sind Sie herzlich eingeladen, sie für eine mögliche Fortsetzung des »Praxisbuches Anspiele« an den Hänssler-Verlag, z.H. Frau Ute Mayer, Bismarckstr. 4, 7303 Neuhausen, zu schicken.

Wolfgang Heiner

FESTLICHE ANLÄSSE

Der König in Jerusalem und das Kind im Stall von Bethlehem

Verkündigungsspiel

Personen:
König Herodes
Sibylle/Schriftgelehrter*
Cyprius, Berater des Herodes
1. Weiser: Melchior
2. Weiser: Balthasar
3. Weiser: Caspar
1. Hirte: Jakob
2. Hirte: Simeon
3. Hirte: Ruben
4. Hirte: Benjamin
Engel/Hofprophet*
Maria
Josef

Ort der Handlung:
1. Szene: Im Palast des Königs Herodes
2. Szene: Ein Königshof im Orient
3. Szene: Ein Hirtenfeld bei Bethlehem
4. Szene: Vor und im Stall von Bethlehem
5. Szene: Im Palast des Königs Herodes
6. Szene: Vor und im Stall von Bethlehem

Zeit der Handlung:
Zu Jesu Geburt und kurz davor

1. Szene: Im Palast des Königs Herodes

Lied (EKG 10,1–2+4):

Wie soll ich dich empfangen
und wie begegn ich dir,

* Zwei Rollen, die aber von einer Person gespielt werden können

o aller Welt Verlangen,
o meiner Seelen Zier?
O Jesu, Jesu, setze
mir selbst die Fackel bei,
damit, was dich ergötze,
mir kund und wissend sei.

Dein Zion streut dir Palmen
und grüne Zweige hin,
und ich will dir in Psalmen
ermuntern meinen Sinn.
Mein Herze soll dir grünen
in stetem Lob und Preis
und deinem Namen dienen,
so gut es kann und weiß.

Ich lag in schweren Banden,
du kommst und machst mich los;
ich stand in Spott und Schanden,
du kommst und machst mich groß
und hebst mich hoch zu Ehren
und schenkst mir großes Gut,
das sich nicht läßt verzehren,
wir irdisch Reichtum tut.

Paul Gerhardt 1607–1676

(Herodes tritt von rechts auf und blickt in das Publikum)

Herodes: Blick ich auf diese prächtige Stadt hinab, wie sie marmorglänzend vor mir liegt, so müßte mich eigentlich ein stolzes Gefühl erheben.

(Cyprius folgt respektvoll)

König bin *ich*; ich regiere die große römische Provinz Judäa. Alles Land rund um Jerusalem ist mir untertan. Die Menschen verehren und fürchten mich und müssen mir hohe Steuern zahlen. Ein Wort, eine Handbewegung, und man muß mir gehorchen. Ja, wohl weiß ich, daß ich mächtig bin; und doch – was treibt mich nur heute nacht hier in meinen Gemächern umher? Was ist das für eine Unruhe in mir?

Sibylle: König Herodes, du wanderst hier unruhig auf und ab.

Deine Siege über fremde Völker können dir keine Ruhe verschaffen; denn die Besiegten und auch dein Volk schreien nach Freiheit. Du läßt dich verehren, als wärst du der Kaiser von Rom, aber doch weißt du, daß du jeden Tag sterben kannst. Ich bin gekommen, um dir zu sagen, warum du so ruhelos bist: Heute, in dieser Nacht, ist der künftige Weltenherrscher geboren worden. Seine Stärke liegt in der Schwachheit; die Armen, Ausgestoßenen und Verachteten hat er sich ausersehen. Dein Reich wird verfallen; sein Reich kommt in Herrlichkeit! *(Sibylle tritt ab)*

Herodes: Was mag die Weissagung bedeuten?

Cyprius: Großer König, ich bin tief erschrocken. Wie soll das zugehen? Kann es etwas Herrlicheres geben als dein Reich?

Herodes: Ich werde darüber nicht ruhig. *(Geht auf und ab)* Hör', Cyprius, ich gebe den Befehl: Sollte dir und anderen irgend etwas über diesen neuen Weltenherrscher zu Ohren kommen, so eile augenblicklich zu mir, um mir zu berichten. Ich muß alles wissen, damit ich meine Vorsichtsmaßregeln gegen diesen Herrscher treffen kann.

Cyprius: Großer König, wie du es befiehlst, werde ich es ausführen.

(Beide gehen nach rechts ab)

2. Szene: Ein Königshof im Orient

Lied:

Wißt ihr noch, wie es geschehen? Immer werden wir's erzählen,
wie wir einst den Stern gesehen mitten in der dunklen Nacht,
mitten in der dunklen Nacht!

Immer werden wir's erzählen, wie das Wunder einst geschehen,
und wie wir den Stern gesehen mitten in der dunklen Nacht. (2x)

Hermann Claudius [1]

(Zwei Weise im Gespräch)

Melchior: Jede Nacht stehe ich auf dem Dach meines Hauses und betrachte die Sterne über mir.

Balthasar: Wenn es am dunkelsten ist, treten die Sterne am hellsten hervor.

Melchior: Immer wieder erfreue ich mich an diesem Bild und verfolge den Weg der Sterne am Himmelszelt.

Balthasar: Ja, jeden Stern kennen wir; wir errechnen ihre Wege und Zeiten.

Melchior: Und die Bedeutung der Sternbilder kennen wir auch.

Balthasar: Alle Beobachtungen schreibe ich in meine Papyrusrolle. Ich habe schon eine große wissenschaftliche Sammlung angelegt.

Melchior: Ich glaube, daß die Geschichte der Menschen von den Sternen abhängt, und versuche, sie zu errechnen.

Balthasar: Da geraten die Menschen in große Angst; denn unsere Voraussagen erfüllen sie oft mit Schrecken.

Melchior: Ja, da sind wir Menschen eben unfrei; alles hängt von den Sternen ab.

Balthasar: Haben wir denn keine eigenen Entscheidungen mehr?

Melchior: Was hilft uns unser Wollen, wenn doch alles von den Sternen bestimmt ist?

Balthasar: Ich habe von einem Land gehört, in dem die Menschen nicht an Sterne glauben. Es ist das Land der Juden, Palästina. Dort beten sie den Gott an, der unsichtbar ist und der sie aus Ägypten herausgeführt hat. Aus der Sklaverei brachte er sie durch die Wüste in das Land, in dem sie nun schon viele Hunderte von Jahren leben. Immer haben sie fest an diesen einen Gott geglaubt.

(Dritter Weiser kommt aufgeregt dazu)

Caspar: Freunde, Freunde, ich habe eine Entdeckung gemacht! Ein neuer Stern ist am Himmel!

Melchior: Nacht für Nacht betrachten wir den Himmel.

Balthasar: Wir kennen jeden einzelnen Stern und seine Bedeutung.

Melchior: Wir können die Zukunft voraussagen.

Balthasar: Das kann nicht sein!

Melchior: Plötzlich soll ein neuer Stern am Himmel stehen?

Balthasar: Du hast dich geirrt!

Caspar: Doch, doch, folgt mir! Seht dort den Stern; der strahlt so hell. Er bewegt sich. Er zieht am Himmel eine neue Bahn. Wir müssen ihm folgen!

Melchior: *(Unsicher, fragend)* Was mag das zu bedeuten haben?

Balthasar: Das bringt ja alle Berechnungen durcheinander!

Caspar: Es kann nur bedeuten, daß ein neuer König geboren ist.
(Tritt hervor)
Kommt, laßt uns dem Stern nachziehen, bis wir den neugeborenen König gefunden haben, der in dieser Nacht erschienen ist.

(Alle drei Weisen gehen nach rechts ab)

3. Szene: Ein Hirtenfeld bei Bethlehem

Lied:

Hört der Engel helle Lieder klingen über Felder weit.
Und die Berge hallen wider, künden hell die frohe Zeit.
Gloria in excelsis Deo! (2x)

Hirten, warum wird gesungen? Sagt mir doch des Jubels Grund.
Welch ein Sieg ward denn errungen, den die Chöre machen kund?
Gloria in excelsis Deo! (2x)

Sie verkünden uns mit Schalle Christgeburt in Heil'ger Nacht.
Dankbar ziehen wir zum Stalle, halten bei dem Kinde Wacht.
Gloria in excelsis Deo! (2x)

Strahlt ein Stern vom Himmel nieder. Alle Welt sieht seinen Schein.
Höret Gottes Botschaft wieder: »Friede soll auf Erden sein!«
Gloria in excelsis Deo! (2x)

(Die Hirten stehen beieinander)

Jakob: *(Friert)* Was ist die Nacht so feucht hier! Ich alter Mann leide so unter der Kälte.

Simeon: Da hinten, in der Stadt, da ist es sicher warm. Aber da läßt man uns ja nicht hinein.

Ruben: *(Zu den anderen)* Ja, die haben sich hinter ihren festen Mauern verschanzt. Die wissen auch warum. Vor dir, Simeon, wäre keine Kiste und kein Kasten sicher.

Benjamin: *(Höhnisch)* Langfinger! Langfinger!

Simeon: Na und du, Ruben? Du bist doch als Schläger bekannt. Kriegst doch mit jedem Streit.

Benjamin: Und haust alles zusammen!

Simeon: *(Zu Ruben)* Du hast doch erst kürzlich dem Diener des Gastwirts eins übergebrannt, als er sah, wie du über den Zaun steigen wolltest.

Ruben: *(Droht mit der Faust)* Sei still! Von dir weiß ich auch genug! Wie war das neulich denn auf der Landstraße nach Jerusalem, als du den einsamen Fußgänger überfallen hast und ihm alles Geld abnahmst?

Simeon: Sei du nur still, sonst hau ich mit dem Knüppel dazwischen!

Ruben: *(Ergreift seinen Knüppel)* Ich hab auch einen Stock und werde mich wehren!

(In diesem Augenblick, als eine Rauferei droht, tritt der Engel auf)

Engel: Fürchtet euch nicht! Siehe, ich verkündige euch große Freude, die allem Volke widerfahren wird; denn euch ist heute der Heiland geboren, welcher ist Christus, der Herr, in der Stadt Davids. Und das habt zum Zeichen: Ihr werdet finden das Kind in Windeln gewickelt und in einer Krippe liegen. Ehre sei Gott in der Höhe und Friede auf Erden und den Menschen ein Wohlgefallen.

(Engel tritt ab)

Simeon: Was war das? Galt das uns?
Ruben: Sollen wir wirklich nach Bethlehem gehen?
Benjamin: Sollen wir uns in die Stadt wagen?
Jakob: Gehen wir, machen wir uns auf! Suchen wir das Kind und hören nicht eher auf, als bis wir es gefunden haben!

(Alle Hirten gehen nach links ab)

4. Szene: Vor und im Stall von Bethlehem

Lied (EKG 26,1+3–4):

Nun singet und seid froh, jauchzt alle und sagt so:
Unsers Herzens Wonne liegt in der Krippe bloß
und leucht' doch als die Sonne in seiner Mutter Schoß.
Du bist A und O, du bist A und O.

Groß ist des Vaters Huld: der Sohn tilgt unsre Schuld.
Wir warn all verdorben durch Sünd und Eitelkeit,
so hat er uns erworben die ewig Himmelsfreud.
Eia, wärn wir da! Eia wärn wir da!

Wo ist der Freuden Ort? Nirgends mehr denn dort,
da die Engel singen mit den Heilgen all
und die Psalmen klingen im hohen Himmelssaal.
Eia wärn wir da! Eia wärn wir da!

Nach dem lateinisch-deutschen »In dulci jubilo« (14. Jh.), Hannover 1646

(Maria und Josef treten von links auf und gehen auf den Stall zu)

Josef: Des Kaisers Gebot hat uns nun hierher getrieben, nach Bethlehem.

Maria: Dieses furchtbare Gedränge in der Stadt! Nirgends war ein Platz zu finden.

Josef: Ja, es war kein Durchkommen bei dieser Menschenansammlung. So viele mußten zur Volkszählung hierher kommen. Wir können froh sein, einen Stall als Unterkunft gefunden zu haben.

Maria: Wie wird es nun mit uns weitergehen? Unsere Vorräte sind bald aufgebraucht. Ob es in der Stadt für so viele Menschen genug zu essen geben wird?

Josef: So beginnen uns die Sorgen wieder zu drücken, weil das Leben für uns so hart ist.

Maria: Als der Engel mir die Verheißung brachte, daß ich ein Kind bekommen sollte, das Gott zum König über alle Völker bestimmt hat, ahnte ich nicht, daß dieses Kind in einem armseligen Stall geboren werden müßte. Wie schwer ist es doch, dieses Kind zu haben!

Josef: Ich denke an jenen Traum zurück, da mir der Engel erschien: Sprach er nicht auch davon, daß dieses Kind einen besonderen Platz in Gottes Plan hat?

Maria: *(Setzt sich hin)* Es ist schwer, immer an die Verheißung zu glauben, wenn das Leben voller Bedrängnis ist.

Josef: Der Engel sagte mir, daß wir das Kind Jesus nennen sollen.

Maria: *(Nimmt Jesus aus der Krippe)* Ja, er wird der Sohn des Höchsten genannt werden und auf dem Thron Davids regieren.

Josef: Und wird den Menschen Gottes Liebe verkünden und sie von ihren Sünden erretten.

Maria: Ich war so niedergeschlagen, daß ich vergaß, daß Gott, der mich zur Mutter dieses Kindes ausersah, auch weiterhelfen kann.

Josef: *(Nimmt Maria das Kind ab)* Wir wollen dieses Kind aus Gottes Hand annehmen und glauben, daß er uns den weiteren Weg zeigen wird.

Maria: Dieser kleine, enge Stall gibt uns doch wenigstens Geborgenheit vor der Unruhe der Stadt.

Josef: *(Legt das Kind in die Krippe)* Jetzt sind wir noch ganz für uns und können uns ausruhen.

(Er setzt sich auf den Fußboden)

5. Szene: Im Palast des Königs Herodes

Lied:

Drei Weise führte die göttliche Hand
durch einen Stern aus Morgenland,
durch einen Stern aus Morgenland.

Sie zogen hin nach Jerusalem,
den neugeborenen König zu sehn. (2x)

Das Kindlein findet ihr nicht allhier;
müßt reisen wohl weiter eine Tür (2x)

nach Bethlehem, zur Davidstadt,
wie es die Schrift verkündet hat. (2x)

Und als sie ritten durchs alte Tor,
da leuchtet der Stern ihnen wie zuvor. (2x)

Text: Aus Franken

(Herodes steht am Tisch und blättert in Papieren, Cyprius stürzt herein)

Cyprius: O großer König Herodes, verzeih, daß ich es wage, dich zu stören, aber draußen warten drei Fremde, vornehme Herren, und begehren dich zu sprechen. Sie reden von einem Stern und daß ein neuer König geboren sei.
Herodes: Ich will sie sprechen. Führe sie herein.
(Cyprius holt die Weisen herein)
Caspar: Friede sei mit dir, großer König.
Herodes: Und mit euch allen.
Balthasar: Wir sind Sterndeuter aus fernem Land im Osten. Unsere Kunst ist groß, die Zukunft lesen wir aus den Sternen.
Melchior: Wir wissen alles über die Sterne und ihre Bahnen, auch errechnen wir den Lauf der Gestirne.
Caspar: Nun ist ein neuer Stern am Himmel erschienen, der uns untrüglich kündet, daß ein neuer König geboren ist. Deshalb folgten wir seiner Bahn. Der Stern führte uns bis in diese Stadt, und nun, o König, sind wir hier, um das Königskind anzubeten.

Herodes: Ein Kind? Hier in diesem Palast? Hier gibt es keinen neugeborenen König. Ihr müßt euch irren.

Balthasar: Wir als Sterndeuter und Weise müssen es genau wissen.

Herodes: Wartet, ich werde Rat schaffen.
(Ruft) Bringt meine Räte und Gelehrten her!

Herodes: *(Im Selbstgespräch)* So scheint die Weissagung in jener Nacht doch in Erfüllung zu gehen. Es darf nicht sein. Bin ich denn schon tot und auch kein König mehr? Warum wissen meine Räte und Gelehrten nichts davon? Oder sind sie nur zu dumm und blind, daß sie nichts merken? Verschweigen sie es mir? Werde ich von ihnen belogen? Ist alles Trug und ich, ich werde betrogen? Wehe....
(Die Gelehrten treten ein)
Aha, da kommen sie ja schon. *(Zu den Gelehrten)*
Diese drei weisen Herren folgten einem Stern, der bedeuten soll, daß ein neuer König geboren ist. *(Drohend)* Wißt ihr nichts davon?

Cyprius: O edler König! Im Volk gibt es schon lange eine Legende, daß irgendwann der Weltenherrscher geboren wird. Doch dies geschieht nicht jetzt und hier.

Schriftgelehrter: Vor 700 Jahren beim Propheten Micha steht etwas darüber geschrieben: »Und du, Bethlehem Efrata, die du klein bist unter den Städten in Juda, aus dir soll mir kommen, der in Israel Herr sei!« Alle haben gehofft, es würde geschehen, aber das Wort blieb unerfüllt!

Hofprophet: Die Legende und der Spruch von Micha sind mir auch wohlbekannt. Ich kann mir die Worte des Propheten Micha nicht anders erklären, als daß, was dort geschrieben steht, sich erst in fernen Zeiten ereignen wird.

Cyprius: Keiner würde dir, o König, gleichen!

Schriftgelehrter: Neben dir kann es keinen zweiten König geben.

Hofprophet: Jetzt bist du König und das Reich gehört dir!

Herodes: Genug geschwätzt. Ihr könnt gehen! *(Alle drei ab)* Ihr habt's mit angehört. Lügt mein Rat oder lügt ihr?

Caspar: Wir sind betroffen, denn wir sahen am Himmel das Zeichen, den neuen Stern. Dieser Stern besagt, daß jetzt und hier der Retterkönig geboren ist. Wir fanden ihn nicht bei dir, aber wir sind sicher, er ist nicht weit von hier zu suchen.

Herodes: Ich kann euch nur einen Rat geben, ihr Edlen vom Osten und achtbare Weisen! Geht nach Bethlehem und sucht nach dem Kind. Habt ihr es gefunden, so kehrt zurück zu mir. Sagt mir, wo es ist, damit ich es auch anbeten kann. Vor einem Königskind wird sich ein König neigen!

Caspar: Hab Dank, o König, wir werden deinen Rat befolgen.

Melchior: Heil sei deinem Reich, o König.

Balthasar: Friede sei mit dir immerdar.

(Sie gehen langsam nach links ab)

Melchior: Ich sagte dir schon gleich, du mußt dich irren mit dem neuen Stern!

Balthasar: Es ist doch kein neuer König geboren, wie du meinst.

Caspar: Ihr werdet sehen, daß ich recht habe: Dieser Stern kann nur einen neuen König künden! *(Ganz ab)*

Herodes: *(Alleine, finster)* Sind diese Fremden verrückt? Oder sind meine Räte Verschwörer? Die Frage heißt: Ist dieses Kind wirklich geboren? Wenn ja, dann wird es eines Tages nach meiner Krone greifen und mich verjagen! Ich muß, *ich muß* es finden. Die Weisen helfen mir suchen, diese fremden Narren! Was sie anbeten wollen, muß vernichtet werden. Dies Kind ist mein Feind und soll verloren sein. Ich habe Macht und weiß Gewalt zu benutzen. Wen ich vernichten will, kann auch kein Gott mehr schützen. Hier bin ich König und das Reich gehört mir, und neben mir kann kein anderer König sein. *(Herodes geht nach rechts ab)*

6. Szene: Vor und im Stall von Bethlehem

Lied (EKG 28,1+3–4):

Ich steh an deiner Krippe hier, o Jesu, du mein Leben;
ich komme, bring und schenke dir, was du mir hast gegeben.
Nimm hin, es ist mein Geist und Sinn,
Herz, Seel und Mut, nimm alles hin
und laß dir's wohl gefallen.

Ich lag in tiefster Todesnacht, du warest meine Sonne,
die Sonne, die mir zugebracht Licht, Leben, Freud und Wonne.
O Sonne, die das werte Licht des Glaubens in mir zugericht',
wie schön sind deine Strahlen!

Ich sehe dich mit Freuden an und kann mich nicht satt sehen; und weil ich nun nichts weiter kann, bleib ich anbetend stehen. O daß mein Sinn ein Abgrund wär und meine Seel ein weites Meer, daß ich dich möchte fassen!

Paul Gerhardt 1607–1676

(Die Hirten kommen von rechts durch die Saaltür auf die Bühne)

Benjamin: Nun haben wir es doch geschafft, in die Stadt hineinzukommen.
Jakob: *(Kommt als letzter)* Halt, so lauft doch nicht so schnell!
Simeon: Meinst du, wir wollen auch noch unnötigerweise von irgend jemandem erkannt werden?
Ruben: Die werfen uns glatt wieder raus!
Benjamin: Wir sind hier doch leider nur zu bekannt!
Jakob: Weil ihr euch auch nie anständig verhalten könnt.
Ruben: *(Wird an der Treppe angerempelt)* He du, kannst du nicht aufpassen? Soll ich dir eine...
Benjamin: Sei doch still, willst du denn, daß die ganze Stadt auf uns aufmerksam wird?

(Sie gehen um die Ecke und verschwinden hinter der Kulisse; nach einer kurzen Weile tauchen sie wieder auf)

Simeon: Also, hier haben wir kein Kind gefunden.
Ruben: Dann laßt uns umkehren.
Benjamin: Nein, suchen wir dort drüben noch. Ich für meinen Teil will den Heiland finden. Er soll in einer Krippe liegen. Habt ihr vielleicht hier eine gesehen?
(Deutet in die Richtung des Stalles; sie kommen zurück)
Jakob: *(Sieht, wie Simeon einem Mann vom Wagen das Bündel klaut)* Simeon, kannst du diese Späße nicht lassen? Du willst wohl Ärger haben mit den Soldaten!
Benjamin: *(Leise)* Langfinger! Langfinger!
Simeon: Sei doch ruhig, ich will's doch nicht behalten. Irgend etwas müssen wir dem Kind doch schenken, wenn wir kommen.

(Die vier gehen suchend weiter bis zu Maria und Josef)
Benjamin: Seht, da liegt das Kind in der Krippe, wie es der Engel gesagt hat!

Josef: *(Ärgerlich)* Wer stört uns denn jetzt? Was kommen da für Leute herein?

Jakob: Entschuldigt, ihr Leute, wir stören hier zu einer ungewohnten Stunde. Doch hörten wir vom Himmel her eine frohe Botschaft.

Ruben: Es soll hier der Retter der Menschen und Heiland der Welt geboren sein! Wir sind gekommen, um ihn zu sehen.

Josef: Tretet nur ein, ihr Männer von Bethlehem. Das Kind, das ihr sucht, ist hier.

Simeon: *(Zögernd)* Wir, wir haben dem Kind auch etwas mitgebracht. Es ist sicherlich nicht viel. *(Er öffnet das Bündel und hält einzeln hoch)* Etwas Brot und Käse und eine warme Decke.

Benjamin: *(Kniet nieder, nachdenklich)* Hier liegt tatsächlich das Kind, ein Mensch, so klein und schwach! Und dies Kind wird der Heiland aller Völker sein?

Ruben: Natürlich, ein Kind und doch ein Gott! Weißt du nicht mehr, was wir im Tempel über den Heiland gelernt haben? *(Kniet nieder, neben Benjamin)* »Er ist um unserer Missetat willen verwundet und um *unsrer* Sünde willen zerschlagen. Die Strafe liegt auf ihm, auf daß wir Frieden hätten!«

Simeon: Du meinst, dies Kind trägt die Strafe für alles, was wir getan haben? *(Pause)* Und gerade wir sind die ersten, die dieses Wunder erleben dürfen!

Jakob: Seht ihr, es hat sich gelohnt, daß wir uns in die Stadt gewagt haben, um das Kind zu suchen. Wir konnten ihm selbst nichts mitbringen. Aber das einzige, was wir haben, geben wir gerne: das Herz – unser allergrößtes Gut.

Maria: Seid herzlich willkommen, ihr Hirten. Dies ist wirklich eine wunderbare Nacht. Wir haben von allem, was geschah, nur wenig verstanden. Der Herr im Himmel hat all dies geschehen lassen.

(Die Hirten treten etwas zur Seite; die drei Weisen treten von links her auf die Bühne)

Melchior: Dort hinten leuchtet wieder unser Stern! – Aber über einem Stall! Ob wir da denn das Königskind finden? *(Sie kommen näher heran)* Der Stern steht still – und hier ist wirklich ein Kind geboren worden. Wir sind nun doch am Ziel!

Caspar: *(Zu Maria und Josef)* Wir kommen von weit her aus dem

Morgenland und folgten einem neuen Stern. Wir sind Sterndeuter und suchen ein neugeborenes Königskind. Aber wir fanden es nicht im Palast des Herodes. *(Erstaunt)* Nun finden wir es hier in einem *Stall*.

(Zu Josef) Erlaubt uns einzutreten, damit wir vor dem Kind beten können. Friede sei mit euch.

Melchior: Der Friede sei mit euch.

Balthasar: Der Friede Gottes sei mit allen hier.

Josef: Der Herr, der euch hierher geführt hat, gebe euch ewig seinen Segen.

Caspar: Nun grüßen wir den Herrn der Welt. Laßt uns zu ihm beten und ihn beschenken.

Melchior: Ja, Caspar, du hast Recht behalten. Ein Glück, daß wir bei König Herodes nicht mit der Suche aufgegeben haben. Der plötzlich neu erschienene Stern hatte also doch eine besondere Bedeutung: ein Königskind im Stall.

Ist der Stall auch armselig, soll das Königskind doch reich beschenkt werden. *(Kniet nieder)* Nimm dieses Gold als Zeichen dafür, daß ich dir mein Leben schenken will.

Balthasar: Hab' ich euch nicht zu Hause gesagt, daß die Menschen hier zu einem unsichtbaren Gott beten? Jetzt ist dieser Gott Mensch geworden und wir können ihn sehen.

(Kniet nieder) Ich möchte auch zu dir beten und dir ein Opfer bringen, wie es einem Gott gebührt. Ich schenke dir Weihrauch als Zeichen, daß ich in dir den Gott verehre.

Caspar: Nun ist genau das geschehen, was der Schriftgelehrte bei König Herodes vorgelesen hat: In Bethlehem ist der Retterkönig zur Welt gekommen. *(Kniet nieder)* Zu Gold und Weihrauch leg' ich die bittere Myrrhe. Ich reiche sie dir als Zeichen der Hoffnung, daß du uns durch dein Leiden erlöst.

Josef: Habt herzlichen Dank für eure Gaben, die ihr dem Kind geschenkt habt.

Maria: Aber das Schönste ist, daß ihr das Kind liebt. – In diesem dunklen Stall wurde uns der Heiland der Welt geschenkt.

Josef: Wir mußten dieses Wunder erst ganz erfassen lernen. Dazu sandte Gott schon seine Engel aus, um uns das zu verkünden.

Engel: *(Tritt herzu)* Fürchtet euch nicht!

Ihr Weisen höret die Stimme des Herrn: Ziehet auf einem anderen Weg heim in euer Land, denn der König Herodes sinnt Böses über dieses Kind. Friede sei mit euch! *(Tritt hinter die Krippe zurück)*

Melchior: Wir versprachen aber zurückzukehren, doch...
Balthasar: Nun gehen wir auf keinen Fall wieder zu Herodes!
Caspar: Wohlan! Ein Weiser weiß zu schweigen.
Josef: Aus der Ferne eilten die Weisen herbei; denn Gott setzte ein Zeichen für den kommenden König an den Himmel. Er schickte sogar einen Engel, um dies Kind vor Herodes zu schützen.
Maria: Aus der Nähe kamen die Hirten. Sie überwanden alle Schwierigkeiten, um zu dem Kinde vorzudringen.
Josef: Dieses Kind ist für uns ein anvertrautes Gut.
Maria: Wir wollen dieses Kind lieben und an die Verheißung glauben, daß Gott der Welt seinen Sohn geschenkt hat.

(Alle Spieler bleiben während des folgenden Liedes auf ihren Plätzen)

Lied (EKG 21,1–3+6):

Lobt Gott, ihr Christen, alle gleich,
in seinem höchsten Thron,
der heut' schließt auf sein Himmelreich
und schenkt uns seinen Sohn.
Und schenkt uns seinen Sohn.

Er kommt aus seines Vaters Schoß
und wird ein Kindlein klein,
er liegt dort elend, nackt und bloß
in einem Krippelein.
In einem Krippelein.

Er äußert sich all seiner Gwalt,
wird niedrig und gering
und nimmt an sich eins Knechts Gestalt,
der Schöpfer aller Ding'.
Der Schöpfer aller Ding'.

Heut' schließt er wieder auf die Tür
zum schönen Paradeis,
der Engel steht nicht mehr davor,
Gott sei Lob, Ehr und Preis.
Gott sei Lob, Ehr und Preis.

Nikolaus Hermann 1500–1561

(Die Spieler ziehen hintereinander langsam aus)

H. Barthels

Warum ich heut gekommen bin

Sprechmotette zum Heiligen Abend

Botschaft:
Fünf Sprecher offenbaren bewußte und unbewußte Gedanken und Empfindungen der Gottesdienstbesucher am Heiligen Abend.
Die Texte tragen zur Ernüchterung bei, stellen positiv in Frage, erzeugen Spannung und bereiten somit den Hörer auf die Weihnachtsbotschaft vor.

Personen:
Sprecher 1: Tante Weihnachtsstimmung
Sprecher 2: ein Kind
Sprecher 3: ein superkritischer Twen
Sprecher 4: einer, der ganz unten ist
Sprecher 5: Christ

Regieanweisung:
Leichte Kostümierung der Sprecher 1, 3 und 4 verstärkt die Aussagekraft.

1. Szene: Tante Weihnachtsstimmung

Sprecher 1: *(Kommt durch den Mittelgang herein, unterbricht den Pastor bei der Begrüßung und spricht laut)*
Hektik bis zum vierundzwanzigsten. Es ist wirklich schlimm. Kaum zum Aushalten. Verrückte Welt.
Jetzt ist es Heiligabend 17.00 Uhr – und noch immer keine Stimmung. Eine schöne Bescherung ist das.
Aber warum bin ich schließlich hier? Was nicht ist, kann ja noch werden. *(Ist jetzt vorn und dreht sich zur Gemeinde)*
Wissen Sie, es ist so lieblich im feierlichen Schein. Es dauert nicht lange, dann sehe ich wieder alles vor mir. Ach, wie selig war doch diese Zeit! Die überfüllte Kirche, der schön geschmückte Baum vorn neben dem Altar. Lametta, Watte und echte Kerzen...
Wir sangen das Schlußlied – alle Jahre wieder – stapften durch

den weißen Schnee nach Hause und konnten es kaum noch aushalten, bis Vater endlich die Glöckchen läutete – und wir dachten, es sei das Christkind.
Ja, so war es. Und dann feierten wir, aßen, tranken und freuten uns.
Oh – ich spüre schon, wie es wieder Weihnachten wird. Mein Herz ist ganz warm. *(Hält die Hand aufs Herz; bleibt vorne stehen)*

2. Szene: Ein Kind

Sprecher 2: *(Erhebt sich vom Platz)*
Ich kann das gut verstehen, daß du es kaum aushalten kannst, Großmutter, mir geht es ganz ähnlich.
(Geht nach vorn und stellt sich neben Sprecher)
Ich bin ja so gespannt!
Vielleicht bekomme ich von den Eltern die neue E-Lok von Märklin, den Rangierbahnhof, die zwei vollautomatischen Weichen – und ein Dorf Häuser zum Selberbasteln.
Die Post brachte ein langes Paket von Quelle. Ich könnte drauf wetten: Das sind die Abfahrtski von Opa. Meine Freunde werden staunen. Oma wird sicher fragen, ob ich in den Osterferien wieder auf eine Freizeit fahren will. Nur wenn es 'ne Skifreizeit ist!
Und Onkel Karl-Heinz, na ja, der läßt wieder einen Hunderter springen. Dann hab ich das Geld für das Video bald zusammen.
Mutter hat gesagt, ich soll schön lieb sein, sonst käme der Pfarrer aus dem Konzept. Jede Minute ist für mich wie ein langer Tag in der Schule.
Aber ich halt's schon noch aus. Ich finde Weihnachten einfach super!

(Bleibt vorne stehen)

3. Szene: Ein superkritischer Twen

Sprecher 3: *(Erhebt sich von seinem Platz, sobald Sprecher 2 ausgeredet hat)*

Super? Super*kritisch* muß man sein, besonders wenn es um alte Traditionen geht!
(Kommt von links nach vorn und stellt sich neben Sprecher 1 und 2)
Eigentlich widerstrebt es ja meinen Prinzipien, aber ich bin eben mitgegangen.
Hoffentlich glauben die jetzt nicht, daß ich fromm werden will.
Meine Eltern freuen sich halt. Und weil mein Geschenk für sie in diesem Jahr nicht gerade überwältigend ausfällt, hab ich ihnen den Gefallen getan.
Glaubt ja nicht, ich schlucke alles so mir nichts, dir nichts! Ich sehe mir die Sache genau an. Ich habe mir geschworen, genau hinzuhören. Die Lieder werd' ich sorgfältig analysieren. Was der da vorne sagt, werd' ich mir gut merken. *(Zeigt auf die Kanzel)*
Heute abend nach der Bescherung werden sie mich wahrscheinlich wieder fragen, wie es mir gefallen hat.
Dann begründe ich meinen Standpunkt, ist doch klar!

(Bleibt vorne stehen)

4. Szene: Einer, der ganz unten ist

Sprecher 4: *(Erhebt sich von seinem Platz)* Ich bin auch einfach einmal mitgekommen.
(Kommt von rechts nach vorne und stellt sich neben Sprecher 1, 2 und 3)
Sie haben mich so freundlich eingeladen. Dabei bin ich gar nicht so der Typ für 'ne Kirche. Singen kann ich nicht, und beten tu ich in der Regel auch nicht. Noch nicht mal das Vaterunser krieg ich richtig hin.
Und außerdem – ich fühle mich so schmutzig. *(Senkt dabei den Kopf)* Normalerweise spreche ich nicht darüber, aber jetzt sag ich's einfach mal so raus: Rein äußerlich halte ich mich noch einigermaßen über Wasser, aber hier innen drin sieht es aus wie auf einer Müllkippe. Ein einziger Scherbenhaufen! Kein Mensch kann je erahnen, was mit mir los ist. Meine Probleme erdrücken mich bald. Nur noch ein Gott kann mir helfen, wenn es den gibt.

Wenn ich nur wüßte, ob er sich auch mit Leuten abgibt, die so ganz unten sind. So ganz unten, verstehen Sie? So ganz unten, wie ich.
(Bleibt vorne stehen)

5. Szene: Christ

Sprecher 5: *(Erhebt sich von seinem Platz)*
Gott erquickt den Geist der Gedemütigten und das Herz der Zerschlagenen.
(Geht aus der zweiten Reihe nach vorn, stellt sich neben Sprecher 1–4)
Ich durfte es in meinem Leben erfahren. Heute sehe ich Weihnachten mit ganz anderen Augen.
Es ist für mich ein Fest der Freude und der Anbetung geworden. Christus ist in diese Welt geboren – auch für mich. Ich kann es kaum fassen: Die Schuld und Sünde meines Lebens hat er ausgelöscht!
Hoffnung schenkt er mir und zeigt ganz neue Perspektiven.
Am liebsten möchte ich's jedem sagen: Gott liebt diese Welt. Gott liebt auch dich!

6. Szene: Schluß

Sprecher 1: Wir alle sind gekommen,
Sprecher 4: aus irgendeinem Grund,
Sprecher 3: aus einem ganz bestimmten Grund.
Sprecher 2: Natürlich wegen des Festes,
Sprecher 5: wegen des Weihnachtsfestes.
Sprecher 1: Ich bin für Lametta und Kerzenschein.
Sprecher 2: Hoffentlich dauert die Predigt nicht zu lange!
Sprecher 3: Ich muß mich jetzt konzentrieren, gleich geht's los.
Sprecher 4: Ob es wirklich eine Hilfe gibt, eine Hilfe auch für mich?!
Sprecher 5: Meine Seele erhebt den Herrn, und mein Geist freut sich Gottes, meines Heilandes. Denn er hat große Dinge an mir getan, der da mächtig ist und des Name heilig ist.

(Sprecher 1–5 treten ab)

G. Baumann

Der Festrummel

Pantomime zum Weihnachtsfest

Personen:
10–15 Passanten auf der Hauptgeschäftsstraße
Maria und Josef

Material:
15 große Pakete
ein Tonbandgerät mit Aufnahmen aus dem Kaufhaus und der Hauptgeschäftsstraße in der Weihnachtszeit
Krippe
leichte Kostümierung für Maria und Josef

Handlung:
Die Geschäftsstraße zieht sich von einem Ende der Bühne bis zum anderen. Etwa zwei Minuten lang tragen die Passanten hektisch ihre Weihnachtsgeschenke hin und her.
Geräuschkulisse im Hintergrund.
Maria und Josef stehen ganz im Abseits.
Hinter der Krippe schauen sie dem Treiben verwundert zu.
Von den gehetzten »Geschenkpassanten« bleiben sie völlig unbeachtet.
Nach und nach löst sich die Menschenmenge auf. Einer nach dem anderen bringt sein Paket zur Krippe und baut mit an einer großen Geschenkemauer, die schließlich das Zentrum von Weihnachten ganz und gar verdeckt.

G. Baumann

Denkt mal darüber nach

Anspiel in drei Teilen[2]

1. Botschaft:
Vier Schüler machen sich Gedanken zum Weihnachtsfest.
Das Spiel beginnt mit den Äußerlichkeiten des Festes: dem Weihnachtsbaum, den Kerzen, dem Schnee und den Geschenken. Die Aussagen werden durch schlichte, aber eindrückliche Spielhandlung verstärkt.
In dem Bewußtsein, daß die Bedeutung von Weihnachten sich nicht auf Äußerlichkeiten beschränken kann, werden die biblischen Berichte als Kronzeugen befragt.
Daraus ergibt sich, daß Maria und Josef mit dem Kind Mittelpunkt des Geschehens sind. Hinzu kommen die Hirten und Weisen, der Engel mit der Frohen Botschaft und Einwohner Bethlehems. Die Spielhandlung wird durch die Statisten verstärkt, die sich nach und nach auf der Bühne sammeln.
Schließlich finden selbst die Äußerlichkeiten von Weihnachten eine tiefere Deutung. Sie verschwinden aus dem Vordergrund, gelten aber nicht als überflüssig.

2. Personen:
Schüler 1–4 (zwei Mädchen, zwei Jungen)
Statisten für Maria, Josef, den Engeln, die Hirten, die Weisen und weitere
Lektor für die Schriftlesungen (aus der Übersetzung »Hoffnung für alle«)

3. Material:
Sitzgelegenheiten für den Gesprächskreis der vier Schüler
geschmückter Weihnachtsbaum mit elektrischer Beleuchtung
Geschenke, teils original, teils als Imitation verpackt
zwei Kerzen, Streichhölzer
Schnee zum Sprühen
Krippe, kann leicht aus Dachlatten und wenigen Brettern gezimmert werden
leichte Kostümierung für einige Personen
Wunderkerze
Bibel

4. Spielzeit:
20–30 Minuten

Erster Teil

Mädchen 1: »Denkt mal darüber nach«, sagte der Lehrer.
Junge 2: Erst glaubten wir, das sei ganz einfach, aber dann sind wir in Schwierigkeiten gekommen.
Mädchen 3: Es gehört so vieles zu Weihnachten, aber es gehört auch vieles nicht dazu.
Junge 4: Ja, was gehört denn eigentlich dazu?
Mädchen 1: Der Weihachtsbaum!
Junge 2: Ja, der Weihnachtsbaum! Er gehört auf jeden Fall dazu. Ohne Lichterbaum gibt es doch kein richtiges Weihnachtsfest!
Mädchen 3: Mit vielen bunten Kugeln!
Junge 4: Nein, das ist gar nicht schön. Meine Mutter sagt immer: Wenig Kugeln und nicht allzuviel Lametta!
Mädchen 1: Das ist Geschmackssache! Aber es ist ja auch egal. Auf jeden Fall mit Kerzen.
Junge 2: Mit richtigen Kerzen, nicht mit elektrischer Beleuchtung!
Mädchen 3: Mit vielen richtigen Kerzen!
(Zündet zwei Kerzen an und dreht elektrische Beleuchtung an)
Junge 4: Schnee gehört auch zu Weihnachten! Ja, viel Schnee zum Langlaufen!
Mädchen 1: Und zum Einseifen! Ich will dich nämlich mal richtig einseifen!
Junge 2: Schnee gehört zum Weihnachtsfest. So sieht man es auf allen Bildern.
Mädchen 3: Ohne Schnee ist Weihnachten gar nicht so richtig Weihnachten!
Junge 4: Ob es dieses Jahr wohl schneit?
(Sprüht etwas künstlichen Schnee an den Baum)
Mädchen 1: Geschenke gehören auch zum Weihnachtsfest.
Junge 2: Ja, viele Geschenke!
Mädchen 3: Was wünscht du dir eigentlich?
Junge 4: Einen Schachcomputer!
Mädchen 1: Ja, das ist etwas für die heranwachsende Intelligenz. Junge Männer müssen heutzutage einen Schachcomputer haben.
Junge 2: Es bekommen aber nicht alle einen Schachcomputer!

Mädchen 3: Wir sollen uns ja auch nur Gedanken zum Thema machen. Der Schachcomputer gehört also dazu!

Junge 4: So ist es in den Schaufenstern.

Mädchen 1: Und in der Reklamebeilage unserer Zeitung.

Junge 2: Also legen wir ihn unter den Baum! *(Legt Schachcomputer oder Geschenkimitation unter/vor den Baum)*

Mädchen 3: Und wir Mädchen?

Junge 4: Ihr könnt ja auch etwas nennen!

Mädchen 1: Eine Puppe!

Mädchen 3: Ich spiele nicht mehr mit Puppen.

Mädchen 1: Aber sie gehören dazu.

Junge 4: Ja, Puppen gehören zu Weihnachten! *(Legt eine Puppe unter/vor den Baum)*

Mädchen 1: Und ein spannendes Buch! Kann ruhig etwas anspruchsvoll sein. *(Legt Buch dazu)*

Junge 2: Ein Teller mit Süßigkeiten! *(Legt ihn dazu)*

Mädchen 3: Mit Nüssen und Apfelsinen.

Mädchen 1: Vielleicht noch eine Strumpfhose. *(Legt sie dazu)*

Junge 4: Und ein paar Schuhe! *(Legt sie dazu)*

Junge 2: Sieht es nicht schön aus, wie wir es aufgebaut haben?

Mädchen 3: Wie ein richtiges Weihnachtsschaufenster.

Junge 4: Laßt uns doch überlegen, ob wir auch nichts Wichtiges vergessen haben!

Mädchen 1: Es könnten ruhig noch mehr Geschenke sein!

Junge 2: Wißt ihr, was wir vergessen haben? Ein Geschenk für die Eltern!

Mädchen 3: O ja, Geschenke für die Eltern!

Junge 4: Für den Vater einen Schlips. *(Hängt ihn an den Baum)*

Mädchen 1: Für Mutter ein Taschentuch oder Kölnisch Wasser! *(Legt sie dazu)*

Junge 2: Wie wär's mit Wunderkerzen an dem Baum?

Mädchen 3: Ach ja, Wunderkerzen gehören zu Weihnachten. *(Zündet eine Wunderkerze an)*

Junge 4: So, jetzt haben wir uns ausreichend Gedanken über Weihnachten gemacht, jetzt können wir dem Lehrer was erzählen!

Mädchen 1: Ich weiß nicht, aber ich meine, das wäre alles irgendwie nicht ganz richtig!

Junge 2: Ach, laß doch – wir sind jetzt fertig. Der Lehrer wird begeistert sein von unserem Einfallsreichtum!

Mädchen 3: Nein, warte, nicht so schnell! Was meinst du denn, könnte noch fehlen?

Junge 4: Soll denn etwa alles ganz falsch sein?
Mädchen 1: Nein, das glaube ich nicht. Aber ich frage mich, ob es in Bethlehem auch so gewesen ist.
Junge 2: In Bethlehem?
Schüler 1–4: Was hat denn Weihnachten mit Bethlehem zu tun?
(Musikalische Darbietung, z.B. Chorlied, Instrumentalstück, Gemeindelied, Kinderlied oder ähnliches)

Zweiter Teil

Junge: 2: Was hat denn Weihnachten mit Bethlehem zu tun?
Mädchen 3: Da war doch das erste Weihnachtsfest. Unser Weihnachten muß doch so ähnlich sein wie es damals war!
Junge 4: Das kann es doch gar nicht.
Mädchen 1: Vielleicht kann es das doch! Vielleicht haben wir die Hauptsache vergessen! Wir haben den Weihnachtsbaum, den Schnee, die Geschenke, die Wunderkerzen...
Junge 2: Wie war es denn in Bethlehem? Da gibt es doch eine Geschichte! »Es begab sich aber zu der Zeit...« – so oder ähnlich muß sie beginnen!
Mädchen 3: Ja, ist das die Weihnachtsgeschichte aus der Bibel?
Junge 4: Kann sie nicht jemand mal vorlesen? Dann wissen wir doch, was noch dazugehört!
Lektor: Zu dieser Zeit befahl der Kaiser Augustus, daß alle Bewohner des römischen Reiches namentlich in Listen erfaßt werden sollten. Eine solche Volkszählung hatte es noch nie gegeben. Sie wurde durchgeführt, als Quirinius Gouverneur in Syrien war. Jeder mußte in die Stadt gehen, aus der er stammte, um sich dort eintragen zu lassen.
Weil Josef ein Nachkomme Davids war, der in Bethlehem geboren wurde, reiste er von Nazareth in Galiläa nach Bethlehem in Judäa. Josef mußte sich dort einschreiben lassen, zusammen mit seiner jungen Frau Maria, die ein Kind erwartete.
Als sie in Bethlehem waren, brachte Maria ihr erstes Kind – einen Sohn – zur Welt. Sie wickelte ihn in Windeln und legte ihn in eine Futterkrippe im Stall, weil sie in dem Gasthaus keinen Platz bekommen hatten (Lukas 2,1–7).
Junge 4: Da steht nichts vom Weihnachtsbaum.
Mädchen 1: Auch nichts vom Schnee.

Junge 2: Oder von Geschenken und Wunderkerzen!

Mädchen 3: Nein! Aber von einer Krippe steht da etwas und von dem Kind in der Krippe. *(Bringt eine Krippe und stellt sie zum Baum)*

Junge 4: Von Maria steht da etwas, der Mutter des Heilandes. *(Setzt sich hinter die Krippe und sieht hinein)*

Mädchen 1: Josef war auch dabei. *(Josef tritt neben Maria)*

Junge 2: Was steht denn noch alles in der Weihnachtsgeschichte?

Lektor: In dieser Nacht bewachten draußen auf dem Feld einige Hirten ihre Herden. Plötzlich trat ein Engel Gottes zu ihnen, und Gottes Licht umstrahlte sie. Die Hirten erschraken sehr, aber der Engel sagte: »Fürchtet euch nicht! Ich bringe euch die größte Freude für alle Menschen: Heute ist für euch in der Stadt, in der schon David geboren wurde, der lang ersehnte Retter zur Welt gekommen. Es ist Christus, der Herr. Und daran werdet ihr ihn erkennen: Das Kind liegt, in Windeln gewickelt, in einer Futterkrippe!« Auf einmal waren sie von unzähligen Engeln umgeben, die Gott lobten: »Gott im Himmel gehört alle Ehre, denn er hat den Frieden auf die Erde gebracht für alle, die bereit sind, seinen Frieden anzunehmen« (Lukas 2,8–14).

Mädchen 3: Der Engel gehört zur Weihnachtsgeschichte! *(Stellt sich etwas abseits dazu)*

Junge 4: Und die Frohe Botschaft, die er gebracht hat! *(Gibt dem Engel eine aufgeschlagene Bibel in die Hand)*

Lektor: Nachdem die Engel sie verlassen hatten, beschlossen die Hirten: »Kommt, wir gehen nach Bethlehem. Wir wollen sehen, was dort geschehen ist und wovon Gottes Engel gesprochen hat.«

Sie machten sich sofort auf den Weg und fanden Maria und Josef und das Kind, das in der Futterkrippe lag. Als sie das Kind sahen, erzählten die Hirten, was ihnen der Engel gesagt hatte. Und alle, die ihren Bericht hörten, waren darüber sehr erstaunt. Maria aber merkte sich jedes Wort und dachte immer wieder darüber nach.

Dann kehrten die Hirten zu ihren Herden zurück. Sie lobten und dankten Gott für das, was sie in dieser Nacht erlebt hatten. Alles war genau so, wie der Engel es ihnen gesagt hatte (Lukas 2,15–20).

Mädchen 1: Die Hirten gehören zu Weihnachten. *(Hirten kommen und stellen sich dazu)*

Junge 2: Vielleicht auch einige Leute von Bethlehem, denen es die Hirten gesagt haben. *(Leute kommen und stellen sich dazu)*

Lektor: Jesus wurde in Bethlehem geboren, einer kleinen Stadt in Judäa. Herodes war damals König. In dieser Zeit kamen einige Sternforscher aus dem Orient nach Jerusalem und erkundigten sich:

»Wo ist der neugeborene König der Juden? Wir haben seinen Stern aufgehen sehen und sind hierher gekommen, um ihn anzubeten.«

König Herodes war bestürzt, und nicht nur er, sondern alle Einwohner Jerusalems. Er rief die führenden Priester und Gesetzeslehrer zusammen und fragte sie: »Wo soll dieser neue König geboren werden?«

Sie antworteten ihm: »Im Buch des Propheten Micha heißt es: Bethlehem, du bist keineswegs die unbedeutendste Stadt im Land Judäa. Denn aus dir kommt der Mann, der mein Volk Israel führen wird.«

Da rief Herodes die Sternforscher heimlich zu sich und fragte sie, wann sie zum erstenmal den Stern gesehen hätten. Anschließend schickte er sie mit diesem Befehl nach Bethlehem: »Sucht nach dem Kind und gebt mir Nachricht, wenn ihr es gefunden habt. Ich will dann auch hingehen und ihm Ehre erweisen.«

Nach diesem Gespräch gingen die Sternforscher nach Bethlehem. Und das Unglaubliche geschah: Der Stern, den sie im Osten gesehen hatten, führte sie. Er blieb über dem Haus stehen, in dem das Kind war. Da kannte ihre Freude keine Grenzen. Sie gingen in das Haus, wo sie das Kind mit seiner Mutter Maria fanden, knieten vor ihm nieder und beteten es an. Dann packten sie ihre Schätze aus und beschenkten das Kind mit Gold, Weihrauch und Myrrhe« (Matthäus 2,1–11).

Mädchen 3: Die Weisen gehören auch zu Weihnachten. *(Die Weisen kommen auch dazu)*

Junge 4: Wenn ich mir das jetzt so ansehe, ist es ein ganz anderes Bild!

Mädchen 1: Ja, das ist wirklich wahr. Auf der einen Seite der Weihnachtsbaum, Schnee und viele Geschenke –

Junge 2: und auf der anderen Seite die Krippe, Maria und Josef, die Hirten und der Engel –

Mädchen 3: Ja, und auch die Weisen aus fernem Land, und auch die Leute von Bethlehem. Was ist denn nun richtig?

Schüler 1–4: Ja, was ist denn nun richtig?
(Musikalische Darbietung, z.B. Chorlied, Instrumentalstück, Gemeindelied, Kinderlied oder ähnliches)

Dritter Teil

Mädchen 3: Was ist denn nun richtig, ja, was ist denn nun richtig?
Junge 4: Ich finde den Lichterbaum aber auch ganz schön!
Mädchen 1: Und die Geschenke, den Teller mit Nüssen, Obst und Süßigkeiten!
Junge 2: Darf denn das auch alles bei der Krippe sein?
Mädchen 3: Was könnte der Lichterbaum denn wohl bedeuten?
Junge 4: Daß das Kind in der Krippe das Licht der Menschen ist!
Mädchen 1: Aber die Krippe muß in der Mitte bleiben!
Junge 2: Und der Engel mit dem Evangelium!
Mädchen 3: Der Lichterbaum soll ruhig bleiben. Aber er darf die Sicht nicht versperren!
Junge 4: Und der Schnee, der zum Langlauf einlädt?
Mädchen 1: Den brauchen wir nicht so unbedingt!
Junge 2: Den könnten wir aber unter die Krippe tun! *(Sprüht etwas Schnee an die Krippe)*
Mädchen 3: Dann könnte das heißen, daß Jesus in eine kalte Welt gekommen ist.
Junge 4: Ist sie denn heute auch noch kalt?
Mädchen 1: O ja, das weiß doch jeder. Ohne die Krippe bleibt die Welt eiskalt!
Junge 2: Das glaube ich auch. Denn nur die Liebe Gottes kann Menschen zum Auftauen bringen!
Mädchen 3: Und was machen wir mit den Geschenken?
Junge 4: Müssen die überhaupt sein? Gehören sie wirklich dazu?
Mädchen 1: Ja, denn die Weisen bringen doch auch Geschenke!
Junge 2: Sollen wir sie zu den Weisen legen?
Mädchen 3: Nein, das geht nicht! Die Weisen bringen ja Geschenke, wir aber bekommen welche!
Junge 4: Ich hab's! Wir legen sie um die Krippe. Dann sagen sie uns, daß Gott uns zu Weihnachten mit seinem Sohn beschenkt hat. Alle Geschenke sollen uns daran erinnern! *(Sie legen die Geschenke unter/um die Krippe.)*
Mädchen 1: Ich glaube, so ist es jetzt richtig.
Junge 2: Aber die Krippe muß in der Mitte bleiben.

Schüler 1–4: Ja, die Krippe muß in der Mitte bleiben! Ohne die Krippe gäbe es kein Weihnachten!

Mädchen 3: Denn so sehr hat Gott die Welt geliebt, daß er seinen eingeborenen Sohn gesandt hat, auf daß alle, die an ihn glauben, nicht verloren gehen, sondern das ewige Leben haben (Joh 3,16).

G. Baumann

Weihnachten ohne Jesus?

Feature in zwei Teilen

Personen:
Pfarrer
Direktor
Sprecher 1–2
Reiter
Ober
Wirt
Josef
Maria
Hirte
Soldat
Volksgruppe

Regieanweisung:
Es ist ratsam, den ersten Teil am 4. Advent aufzuführen und den zweiten Teil am Heiligabend.
Die Lieder können ausgetauscht und teilweise von der Gemeinde gesungen werden.[3]

Erster Teil: Vorweihnacht

(Musikstück)

1. Szene

(Telefonklingeln, Abheben des Telefonhörers, Gespräch zwischen Pfarrer und Direktor, Telefongespräch über Lautsprecher)

Pfarrer: Ja, bitte! Hier Pfarramt der Christuskirche!
Direktor: Guten Tag, Herr Pfarrer! Hier ist May, Direktor May von den Chemiewerken.
Pfarrer: Guten Tag, Herr Direktor! Schön, daß Sie anrufen. Ich habe Sie schon lange nicht mehr gesehen. Sind Sie krank?
Direktor: Nein, nein, Herr Pfarrer, mir geht es unberufen gut, bis auf die viele Arbeit. Sie wissen ja, was vor Weihnachten in unserem Betrieb fällig ist.

Pfarrer: Ja, das weiß ich.

Direktor: Na ja, dann wissen Sie von selbst, daß man nicht viel Zeit für Familie und Kirche hat. Aber Weihnachten bin ich bestimmt unter Ihrer Kanzel. Das laß ich mir nicht nehmen.

Pfarrer: So?

Direktor: Ja, ja! Aber weshalb ich anrufe: Wir haben in unserem Betrieb jedes Jahr eine Weihnachtsfeier für die Belegschaft. Dieses Mal ist es mir gelungen, für den munteren Teil eine hervorragende Kabarett-Gruppe zu gewinnen. Die Leute sind ausgezeichnet. Ich habe sie zu Beginn des Jahres bei einer Karnevalssitzung kennengelernt und sie damals schon für die Weihnachtsfeier engagiert, natürlich mit einem etwas seriöserem Programm, versteht sich ja von selbst. Aber die Arbeiter sollen etwas aufgemuntert werden. Sie sind alle von den letzten Wochen sehr abgespannt, und wir wollen doch frohe Weihnachten untereinander haben, denn der Wein und das Weihnachtsgeld, die reichen doch nicht ganz dazu aus.

Pfarrer: Der Meinung bin ich auch, Herr Direktor.

Direktor: Und am Schluß hätten wir gern etwas Religiöses. Letztes Jahr hatte unser Verkaufsleiter Lichtbilder vom Heiligen Land gezeigt, die er im Urlaub aufgenommen hatte. Es war ausgezeichnet, was er uns damals über Bethlehem und die anderen historischen Stätten berichtete. Und diesmal möchten wir Sie, Herr Pfarrer, gern zu einem geistlichen Schlußwort bitten. Der Vorschlag kam vom Betriebsrat, und ich habe ihn natürlich sehr begrüßt. Der Betriebsrat meinte allerdings, Sie möchten etwas Rücksicht auf die Gastarbeiter nehmen und nicht so offen über Christus sprechen, weil sie zum Teil keine Christen sind. Aber das wissen Sie ja schon selber, und Sie werden ganz sicher etwas haben, was so in die Atmosphäre hineinpaßt.

Pfarrer: Weihnachtsbotschaft ohne Christus?

Direktor: Nein! Nein, nein... so habe ich das nicht gemeint. Es soll natürlich etwas vom Eigentlichen darin sein. Sie verstehen das schon.

Pfarrer: Ich will darüber nachdenken. Geben Sie mir noch Bescheid, wann und wo die Feier ist.

Direktor: Aber selbstverständlich. *(Ausblenden)* Also vielen Dank und auf Wiedersehen, Herr Pfarrer!

Pfarrer: Auf Wiederhören!

(Musikstück)

Pfarrer: Weihnachtsbotschaft ohne Christus? Ich habe mir lange überlegt, was ich den Leuten sagen soll. Die meisten gehören wohl karteimäßig zu meiner Gemeinde, doch sie kommen selten oder gar nicht, um das Wort Gottes zu hören. Ich komme mir vor wie so ein Hirte, der seine Herde in der Nacht weiden soll. *(Kleine Atempause)* Ob sie überhaupt die Weihnachtsgeschichte verstehen können? Ob sie dieses Geschehen wegen seines Alters vielleicht als Märchen ansehen? Nein, das wäre zu dumm; denn mit dem Kommen Jesu beginnt ja unsere Zeitrechnung. Jeder Kalender zeigt das. Doch wer versteht heute, was damals geschah? *(Atempause)* Gewiß, es hat sich vieles in den Jahrhunderten geändert, das menschliche Herz aber ist immer das gleiche geblieben, stolz, finster und für Gott verschlossen. Und man merkt nicht, wie das alte Jesajawort, für jene Zeit gesprochen, auch auf unsere Situation paßt.

Sprecher 1: *(Liest am Lesepult)* Denn siehe, Finsternis bedeckt das Erdreich und Dunkel die Völker; aber über dir geht auf der Herr und seine Herrlichkeit erscheint über dir. Und die Hirten werden zu deinem Lichte ziehen und die Könige zum Glanz, der über dir aufgeht (Jes 60,2–3).

Pfarrer: Wahrhaftig, finster ist es damals gewesen. Die ganze jüngere Geschichte Israels war eine Kette von Kriegen, Revolutionen und Terrorakten. Ein Diktator löste den anderen ab: Alexander, die Ptolemäer, die Syrer, die Makkabäer. Aufstände – Unterdrückung – neue Aufstände; Kriege – Niederlagen – neue Kriege.

Und dann kam jener verhaßte Araber Herodes auf den Thron, der »der Große« genannt wurde, aber eigentlich »der Blutige« heißen müßte. Mit Mord an allen legalen Thronanwärtern, mit Intrigen und brutaler Gewalt riß er die Zügel an sich.

Ein Mörder und Ehebrecher als König über Israel, undenkbar und doch wahr! Auch religiös war es finster geworden. Gott schwieg. Seit Maleachi hatte kein neuer Prophet mehr im Auftrag Gottes zum Volk geredet. 450 Jahre lang kein richtungweisendes Wort! Mancher wird gedacht haben: »Wann wird das endlich eintreffen, was Jesaja prophezeit hat?«

Sprecher 1: Doch es wird nicht dunkel bleiben über denen, die in Angst sind. Das Volk, das im Finstern wandelt, sieht ein großes Licht; und über denen, die da wohnen im finstern Lande, scheint es hell (Jes 8,23; 9,1).

Gemeinsames Lied (EKG 14,1+4–5):

Die Nacht ist vorgedrungen, der Tag ist nicht mehr fern.
So sei nun Lob gesungen dem hellen Morgenstern!
Auch wer zur Nacht geweinet, der stimme froh mit ein.
Der Morgenstern bescheinet auch deine Angst und Pein.

Noch manche Nacht wird fallen auf Menschenleid und -schuld,
Doch wandert nun mit allen der Stern der Gotteshuld.
Beglänzt von seinem Lichte, hält auch kein Dunkel mehr.
Von Gottes Angesichte kam euch die Rettung her.

Gott will im Dunkel wohnen und hat es doch erhellt.
Als wollte er belohnen, so richtet er die Welt.
Der sich den Erdkreis baute, der läßt den Sünder nicht.
Wer hier dem Sohn vertraute, kommt dort aus dem Gericht.

Jochen Klepper[4]

Sprecher 1: Denn uns ist ein Kind geboren, ein Sohn ist uns gegeben, und die Herrschaft liegt auf seiner Schulter; und er heißt: Wunder-Rat, Gott-Held, Ewig-Vater, Friede-Fürst; auf daß seine Herrschaft groß werde und des Friedens kein Ende auf dem Thron Davids und in seinem Königreich, daß er's stärke und stütze durch Recht und Gerechtigkeit von nun an bis in Ewigkeit. Solches wird tun der Eifer des Herrn Zebaoth (Jes 9,5–6).

Pfarrer: Jesaja, der Prophet und Aristokrat, war es, der das 800 Jahre vorher niederschrieb. Und immer noch wartete man auf die Erfüllung dieses Wortes. Tag um Tag wurden im Tempel die alten Gebete dargebracht. In den Familien wurden die Söhne erzogen, dem Messias entgegenzuleben. Eine Generation gab das Warten an die andere weiter, ohne zu ermüden, aber es wurden immer weniger. Es war nur noch ein Rest von Heiligen, die wirklich aufrichtig warteten. Die anderen waren in verkrampfter Gesetzlichkeit gefangen und in religiösen Streitigkeiten verstrickt. Alles, aber auch alles war trostlos. Das Volk litt Hunger, die Regierung lag in den Händen der Heiden, und echten Glauben fand man nur bei sehr wenigen. Ja, so war die Zeit damals, in den Jahren vor Christi Geburt.

Gemeinsames Lied oder Chor (EKG 5,1+4):

O Heiland, reiß die Himmel auf,
herab, herab vom Himmel lauf!
Reiß ab vom Himmel Tor und Tür,
reiß ab, wo Schloß und Riegel für.

Wo bleibst du, Trost der ganzen Welt,
darauf sie all ihr Hoffnung stellt?
O komm, ach komm vom höchsten Saal,
komm, tröst uns hier im Jammertal!

Friedrich von Spee 1591–1635

Pfarrer: Wo blieb der verheißene Heiland, der Retter? Hatte Gott sein Volk verlassen?
Aber unsichtbar für die Augen der Menschen bereitete Gottes starke Hand das Kommen des Retters vor. Gott wollte nicht nur sein Volk, sondern die ganze Menschheit aus der Finsternis retten. Ihm ging es nicht nur um Israel, sondern um die Gemeinde des Christus in aller Welt. Aber es war eine gewaltige Umwälzung nötig, damit die Botschaft von Christus überall verkündigt werden konnte. Ein paar Jahrhunderte früher wäre die Mission der Boten Christi kläglich gescheitert. Die Länder um das Mittelmeerbecken waren in den 1000 Jahren vor Christus in eine Fülle von Kleinstaaten gegliedert. Eine politische Grenze nach der anderen hätte die Missionare gehindert. Die Schwierigkeiten der unzähligen verschiedenen Sprachen wären nicht zu überbrücken gewesen, und sie hätten sich überall auf neue religiöse Anschauungen einstellen müssen. Gute Verkehrswege gab es kaum, und Seeräuber machten die Meere unsicher. Wahrhaftig, Mission wäre eine Unmöglichkeit gewesen.

Chor (EKG 5,5+6):

O klare Sonn, du schöner Stern,
dich wollten wir anschauen gern;
o Sonn, geh auf, ohn deinen Schein
in Finsternis wir alle sein.

Hier leiden wir die größte Not,
vor Augen steht der ewig Tod;

ach komm, führ uns mit starker Hand
vom Elend zu dem Vaterland.

Friedrich von Spee 1591–1635

Sprecher 1: Als aber die Zeit erfüllt war, sandte Gott seinen Sohn (Gal 4,4)

Pfarrer: So schrieb Paulus an die Galater. Schritt für Schritt arbeitete Gott auf diesen Zeitpunkt hin: Alexander der Große mußte marschieren, um der ganzen damals bekannten Welt eine einheitliche Sprache zu geben. Rom verschmolz alle Staaten von Gibraltar bis Babylon zu einer politischen Einheit, so daß es keine Grenzen mehr gab. Die Juden mußten in Palästina vertrieben werden, weil Gott wollte, daß sie überall durch die Verbreitung des Alten Testamentes den Boden für den verheißenen Messias bereiten sollten. Die Römer bauten Heerstraßen, sicherten Land- und Seewege und schufen ein Postwesen, ohne zu ahnen, daß sie nur den Christusboten den Weg bereiten mußten.

Gemeindelied (EKG 11,1+2):
Gott sei Dank durch alle Welt,
der sein Wort beständig hält,
und der Sünder Trost und Rat
zu uns hergesendet hat.

Was der alten Väter Schar
höchster Wunsch und Sehnen war
und was sie geprophezeit,
ist erfüllt in Herrlichkeit.

Heinrich Held 1620–1659

Sprecher 1: Und du, Bethlehem Efrata, die du klein bist unter den Städten in Juda, aus dir soll mir der kommen, der in Israel Herr sei, welches Ausgang von Anfang und von Ewigkeit her gewesen ist (Mi 5,1).

2. Szene

(Man hört einen Reiter kommen)

Reiter: Hallo, ist hier die Herberge zum Kühlen Krug?
Ober: Sie stehen davor, mein Herr.
Reiter: Das wird auch Zeit, daß ich dieses Nest hier finde.
(Reiter springt ab)
Ober: Bethlehem ist kein Nest, Herr. Es ist die Stadt unseres ehrwürdigen Königs David.
Reiter: Interessiert mich einen Stiefel. Ich bin Römer und diene dem Kaiser Augustus, und von eurem König David oder wie er heißt, weiß ich nichts. Mir reicht schon euer Herodes, der Fuchs.
Ober: Herodes ist nicht mit David zu ver...
Reiter: Halt deinen Mund! Was verstehst du schon von Politik? Dahinten steht mein Gaul, gib ihm Futter und führ ihn zum Brunnen. Er hat genauso Durst wie ich.
Ober: Wie Sie wollen.
Pfarrer: Ja, so etwa muß es damals zugegangen sein. Es herrschten furchtbare Zustände, seit Kaiser Augustus die große Schätzung angeordnet hatte und Cyrenius sie auch in Syrien befahl. Spannungen, Verbitterungen und offener Haß brachen zwischen den Juden und den Besatzungsmächten auf. Ein römischer Geschichtsschreiber berichtet darüber:
Sprecher 2: Die Censitoren erschienen allerorts und brachten alles in Aufruhr. Die Äcker wurden Scholle für Scholle vermessen, jeder Weinstock und Obstbaum wurde gezählt, jedes Stück Vieh jeder Gattung wurde registriert, die Kopfzahl der Menschen wurde notiert. In den autonomen Städten wurde die städtische und ländliche Bevölkerung zusammengetrieben, alle Marktplätze waren verstopft von herdenweise aufmarschierenden Familien. Jedermann erschien mit der ganzen Schar seiner Kinder und Sklaven. Überall hörte man das Schreien derer, die mit Foltern und Stockschlägen verhört wurden. Man spielte die Söhne gegen die Väter aus und preßte die treuesten Sklaven zu Aussagen gegen ihre Herren, die Frauen gegen ihre Ehemänner. Wenn alles vergeblich durchprobiert war, folterte man die Steuerpflichtigen, bis sie gegen sich selbst aussagten, und wenn der Schmerz gesiegt hatte, schrieb man steuerpflichtigen Besitz auf, der gar nicht existierte.

Pfarrer: Der einzige, der an der ganzen Sache verdiente, war der Wirt der Herberge. Wie in ganz Palästina, so auch in Bethlehem: Gäste kamen, Gäste gingen.
Eines Abends stand ein armes Paar vor dem Wirt und fragte nach einer billigen Unterkunft.

3. Szene

(Wirt, Maria und Josef kommen auf die Bühne)

Wirt: Ich habe kein Zimmer frei! Sie müssen sich ein Privatquartier suchen.
Josef: Wir suchen schon den ganzen Tag und finden keines. Alle Häuser sind überbelegt.
Wirt: Dann müssen Sie eben weitersuchen.
Maria: Gibt es denn keine andere Möglichkeit?
Wirt: Nein, ich habe Ihnen doch gesagt, daß ich nichts frei habe! Hören Sie denn schwer?
Josef: Aber meine Frau braucht dringend ein Bett. Es sieht so aus, als ob wir heute noch ein Kind bekommen.
Wirt: Interessiert mich nicht!
Maria: Haben Sie denn kein Herz im Leibe?
Wirt: Machen Sie, daß Sie verschwinden, Mann! Bin ich denn an der elenden Volkszählung schuld? Ober, haltet mir solches Volk vom Hals!
Ober: Kommen Sie, kommen Sie, Sie halten nur den ganzen Betrieb auf und verderben uns das Geschäft.
Josef: Ja, ja, wir gehen schon.
Pfarrer: Hatte Gott politisch, sprachlich, verkehrstechnisch und religiös alles auf das Kommen Jesu vorbereitet und für kein Bett gesorgt? Nein, das war nicht Gottes Versäumnis. Das war sein herrlicher Plan. Kein Armer, kein Flüchtling, niemand sollte sagen können, Jesus verstehe ihn nicht, weil er niemals in seiner Lage gewesen sei. Aber das entschuldigt die Menschen nicht, die ihn abwiesen.
Sprecher 1: Jesus Christus, obwohl er herrlich und mächtig war wie Gott, behielt seine Macht nicht für sich und den Glanz seines göttlichen Wesens. Alles legte er von sich ab, er nahm die Gestalt eines Knechtes an und wurde ein Mensch unter Menschen. Die arme Gestalt eines Menschen trug er und beugte sich tief hinab bis hin zum Tod, ja, bis zum Tode am Kreuz.

4. Szene

Pfarrer: Weihnachtsbotschaft ohne Christus? – *(Telefonwählen)*
Sekretariat: Ja, hier Chemiewerke, guten Tag!
Pfarrer: Guten Tag, verbinden Sie mich bitte mit Herrn Direktor May!
Sekretariat: Einen Moment bitte! *(Telefonverbindung)*
Direktor: May!
Pfarrer: Hier Pfarrer Jarusch!
Direktor: Ja, Herr Pfarrer, haben Sie sich's überlegt?
Pfarrer: Ja, ich komme und werde Ihren Männern die Botschaft bringen, aber ich muß von Jesus Christus reden. Ich habe darüber nachgedacht und mir die Situation von damals vor Augen gemalt. Soll der Heiland der Welt noch einmal abgewiesen werden? Wenn er heute in sein Eigentum kommen will und die Seinen ihn nicht aufnehmen, machen wir uns genauso schuldig, wie die...
Direktor: Schon gut, schon gut, Herr Pfarrer! Ich wollte Ihnen keine Vorschriften machen. Ich habe nur die Meinung des Betriebsrates weitergegeben.
Pfarrer: Ich verstehe. Bleibt es bei dem Termin?
Direktor: Ja, Freitag, 14 Uhr.
Pfarrer: Ich hoffe, daß ich da keine Beerdigung habe. Kann ich notfalls eine halbe Stunde später kommen?
Direktor: Ja, ja. Wir beginnen sowieso nicht so pünktlich.
Pfarrer: Also bis Freitag.
Direktor: Auf Wiedersehen, Herr Pfarrer.

Gemeindelied oder Solo (EKG 403, 1+3):

Sieh, dein König kommt zu dir;
Seele, das sind frohe Worte.
Sprich: Mein König, komm zu mir;
sieh, ich öffne dir die Pforte.
Zieh mit deiner Sanftmut ein;
was du findest, das ist dein.

Komm und räume alles aus,
was du hassest und mich reuet;
komm und reinige dein Haus,
das die Sünde hat entweihet.

Mach mit deinem Opferblut
alles wieder rein und gut.

Philipp Friedrich Hiller 1699–1769

Zweiter Teil: Die Weihnachtsfeier

Posaunereröffnungsstück

Pfarrer: *(Hält seine Ansprache vom Lesepult oder Kanzel)* Zu unserer heutigen Weihnachtsfeier sollen Sie in Wort und Lied das hören, was vor rund 2000 Jahren in Bethlehem geschehen ist. Unsere jungen Musiker und Sänger möchten Ihnen durch ihre Darbietungen verkündigen, was der Grund ihrer Weihnachtsfreude ist.

Gemeindelied:

Der Morgenstern ist aufgedrungen,
er leucht't daher zu dieser Stunde
hoch über Berg und tiefe Tal,
vor Freud singt uns der lieben Engel Schar.

Wacht auf, ruft uns der Wächter Stimme
vor Freuden auf der hohen Zinne,
wacht auf zu dieser Freudenzeit,
der Bräutgam kommt, macht euch bereit!

Daniel Rumpius/Otto Riethmüller[5]

Sprecher 1: Maria gebar ihren ersten Sohn und wickelte ihn in Windeln und legte ihn in eine Krippe; denn sie hatten sonst keinen Raum in der Herberge (Lk 2,7).

Chorlied:

Nun sei uns willkommen, Herre Christ,
der du unser aller Herre bist!
Willkommen uns auf Erden, du lieber Heiland!
Zieh ein in unsre Herzen, in alle Land! Kyrieleis!

Christus kam vom Himmel, unser Trost,
der mit seinem Kreuz die Höll' verschlost!
Laßt Gott uns fröhlich danken und dem Herrn Jesu,
der für alle Seelen bracht' Fried und Ruh. Kyrieleis!

Deine Hand wir fassen, Jesu Christ,
wer mit dir verbunden, selig ist.
Wir wollen mit dir gehen, du Herr, steh uns bei,
daß unser Weg ein Wandern zum Himmel sei. Kyrieleis!

17. Jahrhundert

Sprecher 1: Und es waren Hirten in derselben Gegend auf dem Felde bei den Hürden, die hüteten des Nachts ihre Herde. Und der Engel Gottes, die Klarheit des Herrn leuchtete um sie; und sie fürchteten sich sehr (Lk 2,8–9).

Gemeindelied:

Als ich bei meinen Schafen wacht,
ein Engel mir die Botschaft bracht.
Des bin ich froh, bin ich froh, froh, froh, froh,
benedicamus domino, benedicamus domino.

Er sagt, es soll geboren sein
zu Bethlehem ein Kindelein.
Des bin ich froh, bin ich froh, froh, froh, froh.
benedicamus domino, benedicamus domino.

Das Kind, das liegt in einem Stall,
das wird die Welt erlösen all.
Des bin ich froh, bin ich froh, froh, froh, froh,
benedicamus domino, benedicamus domino.

Volkslied

Sprecher 1: Und der Engel sprach zu ihnen: Fürchtet euch nicht! Siehe, ich verkündige euch große Freude, die allem Volk widerfahren wird; denn euch ist heute der Heiland geboren, welcher ist Christus, der Herr, in der Stadt Davids. Und das habt zum Zeichen: ihr werdet finden das Kind in Windeln gewickelt und in einer Krippe liegen (Lk 2,10–12).

Gemeindelied:

Der Heiland ist geboren, freu dich, du Christenheit,
sonst wär'n wir all verloren in alle Ewigkeit.

Refrain:
Freut euch von Herzen, ihr Christen all,
kommt her zum Kindlein in den Stall!
Freut euch von Herzen, ihr Christen all,
kommt her zum Kindlein in den Stall!

Das Kindlein auserkoren, freu dich, du Christenheit,
so in dem Stall geboren, hat Himmel und Erd' erfreut.

Die Engel lieblich singen, freu dich, du Christenheit.
tun gute Botschaft bringen, verkündigen große Freud.

Den Frieden sie verkünden; freu dich, o Christenheit!
Vergebung aller Sünden ist uns im Stall bereit.

Aus Österreich

Sprecher 1: Und alsbald war da bei dem Engel die Menge der himmlischen Heerscharen, die lobten Gott und sprachen: Ehre sei Gott in der Höhe und Frieden auf Erden bei den Menschen seines Wohlgefallens (Lk 2,13–14).

(Flötenstück: Fröhlich soll mein Herze springen [2 Strophen])

5. Szene

(Volksgemurmel und darunter die Stimme des Hirten; die Volksgruppe steht auf der Bühne)

Hirte: Leute, Leute, stellt euch vor, was wir erlebt haben. Wir waren, wie jede Nacht, bei unserer Herde. Einige schliefen. Abeia und ich wachten. Plötzlich wurde es hell um uns. Wir erschraken und dachten, ein Stern falle vom Himmel. Als wir uns an das helle Licht gewöhnt hatten, sahen wir dort jemanden stehen, es war ein Engel Gottes. Er kam auf uns zu und sprach: »Fürchtet euch nicht! Siehe, ich verkündige euch große

Freude, die allem Volk widerfahren wird; denn euch ist heute der Heiland geboren, welcher ist Christus, der Herr, in der Stadt Davids.«

(Dieses wird zusammen mit dem Volksgemurmel im Hintergrund gelassen, während folgendes Gespräch in den Vordergrund eingeblendet wird)

Reiter: Was ist denn los?
Soldat: Ich weiß auch nicht.
Reiter: Sollte das schon wieder eine Revolution sein?
Soldat: Das wäre nichts Seltenes, Hauptmann. Die Juden können sich immer noch nicht daran gewöhnen, daß sie nicht mehr die Herren im Hause sind.
Reiter: Und unser Freund Herodes igelt sich in seiner Burg ein, weil er Angst hat vor jedermann. Neulich hat er erst wieder einige seiner Angehörigen ermordet. Er ist brutal gegen jeden, der den Thron gefährdet.

(Kleine Pause, man hört den Hirten, dann...)

Soldat: Merkwürdig, der Schreihals in der Mitte scheint ein Hirte zu sein.
Reiter: Der Kleidung nach wenigstens. Mir scheint es nicht so, als wenn es sich hier um eine politische Sache handelt, sonst würden die nicht so offen in unserer Gegenwart ihre Pläne schmieden. Gehen wir mal hin.
Soldat: Aber Vorsicht!
Reiter: Ein römischer Hauptmann hat doch vor so einem Haufen keine Angst.

(Schritte, das Reden wird lauter, Soldat und Reiter gehen zur Volksgruppe)

Hirte: Wir machten uns gleich auf. Alle andern Hirten waren inzwischen wach geworden und kamen zu uns. Alle, die konnten, gingen nun dahin, wo der Engel uns hingewiesen hatte. In einem Stall fanden wir ein Kind in der Krippe. Es war ein ärmliches Bild. Die Eltern sind einfache Leute, aber mit dem Kind muß etwas ganz Besonderes sein. Ich bin fest davon überzeugt, daß das der Messias ist, von dem schon so viele Propheten geredet haben, und wir alle haben auf ihn gewartet.

Reiter: Und warum machst du einen solchen Aufstand?

Hirte: Weil das alle erfahren sollen, was wir erlebt haben, Herr. Denn das ist doch kein kleines Ding, wenn der Messias geboren ist.

Soldat: Du bist dir deiner Behauptung ziemlich sicher.

Hirte: Die Engel haben es selbst gesagt, daß er der Heiland ist. Sie nannten ihn Christus, den Herrn.

(Flötenstück: Freuet euch, ihr Christen alle [EKG 25, zwei Strophen])

Sprecher 1: Und alle, vor die es kam, wunderten sich... Maria aber behielt alle diese Worte und bewegte sie in ihrem Herzen. Und die Hirten kehrten wieder um, priesen und lobten Gott für alles, was sie gehört und gesehen hatten, wie denn zu ihnen gesagt war (Lk 2,18–20).

Lied der Volksgruppe:

Mit den Hirten will ich gehen,
meinen Heiland zu besehen,
meinen lieben heil'gen Christ,
der für mich geboren ist.

Mit Maria will ich sinnen
ganz verschwiegen und tief innen
über dem Geheimnis zart:
Gott im Fleisch geoffenbart.

Mir dir selber, mein Befreier,
will ich halten Weihnachtsfeier,
komm, ach komm ins Herz hinein,
laß es deine Krippe sein!

Michael Quandt 1911

6. Szene

(Geräusch: Aus einem Krug wird Wein in einen Tonbecher gegossen...)

Wirt: So, bring den Wein zu dem Galiläer dort drüben und schau einmal nach, was draußen los ist! Eben habe ich viel Volk zum Stadttor gehen sehen.

Ober: Jawohl! Und wenn es Reiche sind, die kommen, dann werde ich sie bestimmt für unser Gasthaus gewinnen.

Wirt: Na, geh schon! *(Pause)* Es passieren doch merkwürdige Dinge in dieser Zeit. Die Volkszählung ist noch nicht ganz vorüber, da bringen die Sterngucker die Welt in Aufregung. Der Königsstern Jupiter soll dem Saturn im Zeichen des Fisches begegnet sein. Das bedeute den Anbruch des Goldenen Zeitalters. Ha, ha, mir soll's recht sein, obwohl ich mich in der letzten Zeit nicht beklagen kann. Das Geschäft läuft, und das ist die Hauptsache. Etwas gefährlicher ist das Gerede der fremden Magier, die gestern in Jerusalem eintrafen. Wenn da mal nicht mehr dahintersteckt, als nur die Suche nach einem neugeborenen Königssohn. Herodes soll wohl recht freundlich zu ihnen gewesen sein, aber seine Minister haben beobachtet, daß er ganz blaß wurde, als er etwas von einem neuen Königssohn hörte. Der hat Angst um seinen Thron und um sein Leben.

Ober: *(Kommt zurück)*
Kaum zu glauben, kaum zu glauben, Wirt!

Wirt: Was ist los? Sprich!

Ober: Die Magier, die Weisen aus dem Morgenland sind gekommen.

Wirt: Was? Die gestern bei Herodes waren?

Ober: Ja, ja, und es sind reiche Leute. Sie haben viel Gold, Weihrauch, Myrrhe und andere Schätze mitgebracht.

Wirt: Und wo sind sie?

Ober: Ja, das ist es ja eben. Ich habe ihnen die Vorzüge unseres Gasthauses angepriesen, aber sie waren nicht interessiert. Ihre Augen waren auf den Stern gerichtet.

Wirt: Was für einen Stern?

Ober: Über dem Stall, wo der Zimmermann sein Kind in der Krippe liegen hat, steht ein Stern und leuchtet hell.

Wirt: Welcher Zimmermann?

Ober: Der, dem Sie damals kein Zimmer gegeben haben.

Wirt: Es war doch alles belegt.

Ober: Und jetzt kommen reiche Ausländer und bringen ihm große Geschenke. Hätten Sie ihn damals aufgenommen, dann wären die Leute heute Ihre Gäste.

Wirt: Hm, zu dumm! Aber wer konnte das wissen, und was machen wir jetzt?

Ober: Es scheint doch zu stimmen, was die Hirten sagen, daß dies der Heiland sei. Es soll in den Schriftrollen des Propheten Micha schon etwas davon stehen, daß er in Bethlehem geboren wird. Auch die Herren vom Hohen Rat in Jerusalem sind der gleichen Meinung.

Wirt: *(Nachdenklich)* Sollte das wirklich der Messias sein? Und ich habe seinen Eltern keinen Platz in meinem Hause gegeben! Nur einen Stall! Ich muß das Kind sehen!

Ober: Sie wollen doch nicht gleich gehen?

Wirt: Warum nicht?

Ober: Und das Geschäft?

Wirt: Ist das Kind nicht wichtiger?

(Flötenstück: Nun singet und seid froh [EKG 26, zwei Strophen])

Pfarrer: Liebe Freunde! Die Geburt Jesu ist nicht nur ein historisches Ereignis oder ein Punkt in der Weltgeschichte, nach dem wir unsere Jahre zählen. Weihnachten ist mehr. Das Weihnachtsgeschehen geht uns an. Es ist nicht nur ein Fest der Geschenke, des Weihnachtsgeldes, der freien Tage oder des Wiedersehens im Familienkreis. Wir erinnern uns an diesem Tag an Gottes Liebe. Gottes Sohn kam als Retter in das Chaos der Menschheit. Weihnachten haben wir nur dann recht verstanden, wenn Jesus Christus auch unser persönlicher Heiland wird. Er will die Finsternis unseres Lebens erhellen und Licht, Freude und Friede in uns regieren lassen. In Bethlehem kam Gott zu uns.

(Während dieser Ansprache wird das Chorlied »Also hat Gott die Welt geliebet« unterlegt [leise gesungen], so daß es genau mit der Ansprache aufhört. Danach wird es noch einmal in voller Lautstärke ganz gespielt oder gesungen)

Chorlied:

Also hat Gott die Welt geliebet,
daß er seinen eingebornen Sohn gab,
auf daß alle, alle, die an ihn glauben,
nicht verloren werden,
sondern das ewige Leben haben.
Amen, Amen, Amen, Amen.

W. Heiner

Vom Elend zur Geborgenheit

Anspiel in zwei Szenen[6]

Personen:
Mensch
Sprecher 1
Sprecher 2
Lektor für die Lesung

Regieanweisung:
Der Mensch ist der einzige Spieler vor dem Publikum. Die beiden Sprecher werden über Tonband weitergegeben. Gut ist es, wenn das Selbstgespräch von der 2. Szene auch auf Tonband aufgenommen wird und der Mensch nur die Gesten dazu macht, so daß es eine Wiedergabe in Gedanken ist.

1. Szene

(Mensch sitzt am Tisch im Scheinwerferkegel)

Sprecher 1: *(Vom Tonband)* Wer bist du?
Mensch: *(Langsam aufschauend)* Meinst du mich?
Sprecher 1: Ja, dich meine ich!
Mensch: Ich... ich bin ein Mensch...
Sprecher 1: Was für ein Mensch bist du denn?
Mensch: Das ist nicht so wichtig... irgendeiner.
Sprecher 1: Aber das genügt mir nicht, Mensch! Ich möchte gerne genau wissen, wer du bist. Ich möchte dich gerne verstehen!
Mensch: Wie kannst du mich denn verstehen, wenn ich mich selbst nicht verstehe?
Sprecher 1: Sag das nicht! Ich verstehe die Menschen schon! Ich will sie verstehen. Ich habe ein genaues System, nach dem ich jedermann einordnen kann, wenn ich genug über ihn weiß. Soll ich es bei dir anwenden? Du brauchst nur meine Fragen zu beantworten.
Mensch: Gerne. Frage mich!
Sprecher 1: Erste Frage: Wo kommst du her?
Mensch: Ich komme ursprünglich aus dem Paradies, wo mich Gott schuf und wo ich mit ihm lebte. Aber das ist schon lange her.

Ich wollte mich nicht von Gott bevormunden lassen. Ich wollte selbst sein wie Gott und alle Entscheidungen allein fällen. Und ich nutzte die Freiheit, die Gott mir gab, gegen ihn. Daraufhin wurde ich aus dem Paradies verstoßen, hinaus in die Angst, in das Unglück.

Sprecher 1: Ah – ich weiß schon, was für ein Mensch du bist!

Mensch: Nun?

Sprecher 1: Du bist ein Individualist!

Mensch: Was ist das – ein Individualist?

Sprecher 1: Das ist ein Mensch, der immer seine eigenen Wege geht und nicht von den Meinungen anderer abhängig ist.

Mensch: Dann bin ich kein Individualist, denn bei meinen Entscheidungen hat mich ein anderer beeinflußt, damals im Paradiese...

Sprecher 1: Möchtest du denn einer werden?

Mensch: Hm – das kommt darauf an. – Wie kommt denn ein Individualist aus dem heraus, in das er sich selber gestürzt hat?

Sprecher 1: Dafür gibt es bei ihm kein Rezept. Denn das kennzeichnet ja gerade den Individualisten, daß er seinen Weg selbst finden muß und finden will.

Mensch: Dann will ich keiner werden.

Sprecher 1: Gut, kommen wir zur nächsten Frage: Wie ging es mit dir weiter, als du aus dem Paradies verstoßen worden warst?

Mensch: Mit dem Paradies und der Gottesgemeinschaft verlor ich auch das Glück und die Freude. Ich meinte, dem Mißstand müßte doch abzuhelfen sein. Schließlich kann man ja für Geld alles kaufen... sagt man. Ich suchte, mich zu bereichern, wo es nur ging. Ich richtete mich mit Luxus und Komfort ein...

Sprecher 1: Ah – du bist ein Materialist?

Mensch: Was ist das?

Sprecher 1: Das ist ein Mensch, der nur an das glaubt, was man sehen, messen und begreifen kann. Die Konsequenz davon ist, daß er durch Besitz und Luxus Befriedigung finden muß.

Mensch: Dann bin ich kein Materialist, denn ich bin enttäuscht von diesem Leben. Bis jetzt habe ich jedenfalls keine Befriedigung darin gefunden.

Sprecher 1: Möchtest du denn ein echter Materialist werden, der zufrieden ist, wenn er alles hat?

Mensch: Hm – vielleicht. Wie überwindet denn ein Materialist die innere Leere, in die er durch seinen gottfernen Zustand gekommen ist?

Sprecher 1: Er überwindet sie nicht – er überdeckt nur die Leere seines Herzens mit Vergnügen.

Mensch: Dann möchte ich kein Materialist werden!

Sprecher 1: Gut, dann erzähle weiter!

Mensch: Es ging immer mehr bergab mit mir. Das Unglück wurde unter meinen Mitmenschen und mir noch dadurch vermehrt, daß jeder sich auf Kosten des anderen bereichern wollte. Wohl als eine Folge davon, daß keiner mehr an Gott glaubte oder dachte, dachte auch keiner mehr an den anderen. Einige unterdrückten die Masse, weil sie durch Geschick, durch Glück oder durch Betrug an die Macht gekommen waren...

Sprecher 1: Jetzt kenne ich deine Ansicht! Du bist ein Sozialist!

Mensch: Was ist das?

Sprecher 1: Das ist ein Mensch, der das Allgemeinwohl über das Eigenwohl stellt.

Mensch: Dann bin ich kein echter Sozialist, denn ich muß sagen, daß ich immer zuerst an mich denke.

Sprecher 1: Möchtest du denn einer werden?

Mensch: Hm – wie wird denn ein Sozialist mit dem Unglück fertig, in das er sich selber gebracht hat?

Sprecher 1: Ein Sozialist sieht das persönliche Unglück nur im Zusammenhang mit dem Unglück der Gesellschaft. Darum arbeitet er für eine bessere Zukunft der Menschheit. Wenn er selbst es nicht schafft, hofft er, daß es seinen Nachkommen gelingt.

Mensch: Dann möchte ich kein Sozialist werden.

Sprecher 1: Gut. Berichte weiter!

Mensch: Damit, daß ich mit Gott keine Verbindung mehr hatte, war ich zum Sünder geworden. Mord... Raub... Lüge... Ehebruch waren an der Tagesordnung unter meinen Mitmenschen und mir. Ich erkannte, daß da ein Zusammenhang bestehen mußte zwischen der Sünde und dem Unglück des Menschen. Wir versuchten, uns gegen diese Flut von Haß und Ichsucht zu stemmen, wir versuchten, gut zu sein...

Sprecher 1: Ah – dann bist du wohl ein Idealist?

Mensch: Was ist das, ein Idealist?

Sprecher 1: Das ist ein Mensch, der an das Wahre, Gute und Schöne glaubt und es durch Belehrung und Selbsterziehung erreichen will.

Mensch: Dann bin ich kein Idealist, denn ich habe keinen guten Kern! In mir ist nichts Gutes!

Sprecher 1: Möchtest du denn ein Idealist werden?
Mensch: Wie überwindet denn ein Idealist seine gottlose, glücklose und freudlose Lage?
Sprecher 1: Er strengt sich an, das Böse zu besiegen und gut zu leben. Außerdem – so gottlos fühlt sich ein Idealist gar nicht!
Mensch: Danke! – Dann ist das nichts für mich!
Sprecher 1: Hast du noch mehr zu erzählen?
Mensch: Was soll ich da noch erzählen? Es bleibt letzten Endes doch bei der Feststellung, daß ich in einer Not drinstecke und daß nichts und niemand mir da heraushelfen kann. Alle meine Mitmenschen haben ihre Vorstellungen und Philosophien, so wie du sie mir geschildert hast. Aber sie haben sich da nur etwas ausgedacht, was ihnen persönlich praktisch nicht weiterhilft. Sie verfechten große Theorien, aber ihr Alltag bleibt so, wie er immer war.
Sprecher 1: Jetzt verstehe ich dich, Mensch! Du bist ein Existentialist.
Mensch: Was ist das?
Sprecher 1: Das ist ein Mensch, dem es im Alltag um das persönliche Engagement geht und darum, sich selbst zu finden.
Mensch: Sage mir, wie ein Existentialist aus dem Unglück herausfindet, in das wir uns selbst gebracht haben?
Sprecher 1: Er findet nicht heraus. Er sagt ja dazu. Und er versucht, in dieser Grenzsituation zu sich selbst zu finden.
Mensch: Dann bin ich kein Existentialist, und ich will auch keiner werden.
Sprecher 1: Aber was bist du denn dann? Irgend etwas mußt du doch sein! Ich verstehe dich nicht!
Mensch: Ich sagte doch schon: *(Müde)* Ich verstehe mich selbst nicht. Ich weiß auch nicht, wer ich bin und wer ich sein soll.
Sprecher 1: Solltest du am Ende gar ein Nihilist sein?
Mensch: Was ist das?
Sprecher 1: Ein Nihilist glaubt an gar nichts, oder, genauer gesagt, an das Nichts.
Mensch: Dann bin ich auch kein Nihilist! Ich weiß doch, was ich verloren habe! – Das Nichts ist sinnlos. Aber ich fühle, daß das Leben doch nicht so sinnlos sein kann! Ich weiß, daß es einen Gott für mich gab, denn ich weiß, daß ich mit ihm alles verloren habe: Freude und Zufriedenheit, innere Ruhe und Sinn des Daseins, Hoffnung und das ewige Leben.
Ich weiß nur nicht, wie ich es wiederfinden kann. Sag, weiß das keiner? Kann mir das denn niemand sagen?

Lied (EKG 5,1+5–7):

O Heiland, reiß die Himmel auf,
herab, herab vom Himmel lauf!
Reiß ab vom Himmel Tor und Tür,
reiß ab, wo Schloß und Riegel für.

O klare Sonn, du schöner Stern,
dich wollten wir anschauen gern;
o Sonn, geh auf, ohn deinen Schein
in Finsternis wir alle sein.

Hier leiden wir die größte Not,
vor Augen steht der ewig Tod;
ach komm, führ uns mit starker Hand
vom Elend zu dem Vaterland.

Da wollen wir all danken dir,
unserm Erlöser, für und für;
da wollen wir all loben dich
zu aller Zeit und ewiglich.

Friedrich von Spee 1591–1635
Strophe 7: 1631

2. Szene

Mensch: *(In Gedanken versunken im Scheinwerferkegel. Stellenweise pantomimische Unterstreichung des Selbstgesprächstextes vom Tonband. Nicht übertrieben!)*

Anscheinend gibt es keinen Weg zurück! *(Pause)* Das Paradies bleibt verloren! *(Betont langsam und nachdenklich. Abgerissen)*

Der Individualist ... kein Rezept ... Materialist ... enttäuscht ... der Sozialist? ... Ich brauche doch etwas anderes! ... Der Idealist trifft nicht meine Lage! Aber es muß doch ... Existentialist? ... fragt ja gar nicht nach einem Ausweg, wie sollte da eine Antwort ... Und der Nihilist glaubt an überhaupt keine Lösung ... Aber es muß doch eine Lösung geben! Es muß! *(Pause)*

Ich weiß genau, daß alles anders wäre, wenn ich wieder in der

Gemeinschaft mit Gott sein könnte. Ich ... hätte ... echte Freude, ein Ziel ... Ich könnte wieder geborgen sein ... *(Pause)* Aber das geht eben nicht! Ich habe es ja probiert! Es geht nicht! *(Pause)*

Ja, wenn Gott noch Interesse an mir hätte! Wenn er von sich aus wieder Verbindung mit mir aufnehmen würde – das wäre etwas anderes!

Aber es ist ja klar, daß Gott das nicht tun kann! Ich habe mich ja losgesagt von ihm – schließlich kann er mir ja nicht nachlaufen. Es wäre wohl ein bißchen zu viel verlangt, wenn er die Suppe auslöffeln sollte, die ich mir gegen seinen Willen eingebrockt habe. Aber wenn! ... Das wäre die Lösung! Das wäre die einzige Hilfe in meiner Not! Aber so ... ich muß es wohl selbst versuchen. *(Pause)*

(Schneller) Ich will froh sein, wenn er sich nicht mehr um mich kümmert. So entgehe ich wenigstens seiner Strafe. Ich habe ja seine Gebote mißachtet, ich habe ihn beleidigt. *(Gedehnt)* Sünde ...

Könnte man noch einmal ungeschehen machen, was geschehen ist! Könnte man noch einmal neu anfangen! Aber es gibt kein Zurück mehr!

3. Szene

Lektor: Uns ist ein Kind geboren, ein Sohn ist uns gegeben, und die Herrschaft ruht auf seiner Schulter; und er heißt Wunder-Rat, Gott-Held, Ewig-Vater, Friede-Fürst; auf daß seine Herrschaft groß werde und des Friedens kein Ende auf dem Thron Davids und in seinem Königreich, daß er's stärke und stütze durch Recht und Gerechtigkeit von nun an bis in Ewigkeit. Solches wird tun der Eifer des Herrn Zebaoth (Jes 9,5–6).

Mensch: Wie? Auf wessen Schulter ruht die Herrschaft? Doch wohl auf Gottes Schulter, nicht auf der eines Kindes! *(Ärgerlich)* Was soll das?

Wunderbar in seinem Rat ist doch nur Gott, kein Kind! Ich verstehe nicht ... kraftvoller Held ist doch nur *er*, kein Mensch, geschweige denn ein Kind ... Was soll das bedeuten?

Sprecher 2: Fürchtet euch nicht!

Mensch: Wer spricht da? Gott? Fürchtet euch nicht? Ich habe doch gesündigt! Ich habe mich doch gegen ihn entschieden!

Sprecher 2: Fürchtet euch nicht! Siehe, ich verkündige euch große Freude!

Mensch: Freude? Echte Freude gibt es doch nur für die, die sich nicht von Gott gelöst haben! Ich suche ja nach der Freude, aber ich finde nicht zurück zu Gott! Darum kann das doch nicht mir gelten ... nein, mir Sünder bestimmt nicht!

Sprecher 2: Ich verkündige euch große Freude, die allem Volk widerfahren wird.

Mensch: Allem Volk? Was soll das heißen? Etwa auch mir? Das kann doch gar nicht sein! Ich soll mich nicht mehr fürchten? Mir soll große Freude zuteil werden? Wo ich doch mein Leben so in Chaos und Unheil hineingestürzt habe!?

Sprecher 2: Denn euch ist heute der Heiland geboren, welcher ist Christus, der Herr, in der Stadt Davids!

Mensch: Der Heiland? Einer, der alles heil und gut macht? Der Christus, der Gesalbte Gottes, der Herr?

Sprecher 2: Und das habt zum Zeichen: ihr werdet finden das Kind in Windeln gewickelt und in einer Krippe liegen.

Mensch: Ein Kind? *(Staunend)* Der ewige, allmächtige Gott kommt ärmlich und hilflos zu mir? Wirklich? Der Wunder-Rat, der Gott-Held, der Ewig-Vater, der Friedefürst kommt als Kind zu mir? Und ich erwartete einen Richter!
Gott läuft mir so nach, daß er ein ohnmächtiges Kind in einer armseligen Futterkrippe wird? *(Pause)*
Das wäre ja die Antwort für mich, die Hilfe, in jeder Hinsicht ... das ... Ich – ich muß dahin! Sofort! *(Springt auf)* Ich muß die Geschichte sehen, die da geschehen ist, die mir der Herr kundgetan hat!
Gott läuft mir nach? Gott kommt zu mir? Das will ich erleben!

Lied (EKG 406):

O du fröhliche, o du selige, gnadenbringende Weihnachtszeit!
Welt ging verloren, Christ ist geboren.
Freue, freue dich, o Christenheit!

O du fröhliche, o du selige, gnadenbringende Weihnachtszeit!
Christ ist erschienen, uns zu versühnen.
Freue, freue dich, o Christenheit!

O du fröhliche, o du selige, gnadenbringende Weihnachtszeit!
Himmlische Heere jauchzen dir Ehre.
Freue, freue dich, o Christenheit.

Strophe 1: Johannes Falk 1768–1826
Strophe 2 und 3: Heinrich Holzschuher 1798–1847

E. z. Nieden

Das Ostergericht

Nach dem Schauspiel »Gericht bei Nacht«[7]

Personen:
Richter
Advocatus Diaboli (A. D.) = Teufel
Salome
Kaiphas
Petrus
Maria Magdalena
Ein Junge von heute

Regieanweisung:
Der junge Mann am Schluß kann auch statt des Textes sein Zeugnis sagen das endet: »... Der Herr ist auferstanden! Ich weiß es, denn ich kenne ihn persönlich.«

Richter: Wenn die Zeugen und der Advocat bereit sind, rufe ich den Gerichtshof. Herr Advocatus Diaboli, Sie können den Zeugen befragen.

Advocatus Diaboli: Ich klage die Menschen an, die vor 2000 Jahren einen Schwindel propagiert haben – nämlich die Lüge, daß ein Jesus von dem Tode auferstanden sei.

Richter: Die erste Zeugin soll vortreten. *(Salome tritt vor)*

Advocatus: Sie waren eine der ersten, die das Grab leer aufgefunden haben.

Salome: Ja, Herr, es war am Sonntagmorgen, ganz früh. Als wir ankamen, waren die Soldaten schon weg und der Stein abgewälzt. Das Grab war leer.

Advocatus: Sie sagen, daß das Grab leer war. Haben Sie es genau untersucht?

Salome: Nein, aber weil wir die Grabtücher gleich sahen und – dann ein Engel uns sagte ...

Advocatus: Ein Engel! Sicher meinen Sie nicht, daß wir im 20. Jahrhundert glauben sollen, daß Sie wirklich einen Engel gesehen haben.

Salome: Ich konnte es auch nicht glauben, weil ich so etwas vorher noch nie erlebt habe, aber es war ein Engel, und er sagte uns: »Er ist nicht hier – er ist auferstanden.«

Advocatus: »Er ist auferstanden!« Sind Sie sicher, daß der Engel diese Worte gebraucht hat? Oder sagte er nur: »Er ist nicht hier«? Kann es nicht so gewesen sein, daß Sie in Ihrer Aufregung zum verkehrten Grab gekommen sind? Es gab doch viele Gräber im Garten – und daß dieser »Engel« in Wirklichkeit nur ein Gärtner war, der zu Ihnen sagte: »Wenn Sie Jesus suchen, haben Sie das verkehrte Grab erwischt – er ist nicht hier begraben.«

Salome: Nein, es war bestimmt das richtige Grab!

Advocatus: Woher wissen Sie das so genau!

Salome: Weil es versiegelt war – und Soldaten waren dort ...

Advocatus: Sie haben vorher gesagt, daß die Soldaten nicht da waren.

Salome: Sie waren schon weggelaufen – aber es war das Grab – bestimmt!

Advocatus: Aber Sie haben es nicht genau untersucht, ob der Leichnam vielleicht noch drinnen war?

Salome: Nein, er war nicht darin ...

Richter: Das ist alles. Kaiphas, bitte vortreten. *(Salome ab, Kaiphas tritt vor)* Sie waren Hoherpriester in Jerusalem zu jener Zeit. Was meinen Sie zu dem, was das Mädchen gesagt hat?

Kaiphas: Den ersten Teil muß ich leider bestätigen. Der Leichnam, der Freitag ins Grab gelegt worden war, war Sonntag früh nicht mehr da. Wir haben alles genau untersucht, auch andere Gräber im Garten. Es war sehr peinlich, aber wir haben es zugeben müssen: Das Grab war leer. Er war verschwunden.

Advocatus: Und was meinen Sie, wie das geschehen sei?

Kaiphas: Das ist mir klar: Die Jünger haben ihn gestohlen und irgendwo anders begraben. Wir haben gefürchtet, daß das passieren könnte, und darum haben wir Soldaten als Hüter davor gesetzt und den Stein versiegelt.

Richter: Und wie sind die Jünger hineingekommen?

Kaiphas: Es gab ein Erdbeben – die Soldaten waren erschrocken – und da sie sehr abergläubisch waren, liefen sie davon. Die Jünger aber haben diese Gelegenheit ausgenützt.

Richter: Es wurde erzählt, daß die Soldaten schliefen.

Kaiphas: In unserer Verlegenheit haben wir ihnen Geld gegeben, daß sie das behaupten sollten. Ich persönlich meine, daß die Jünger während des Erdbebens gekommen sind.

Richter: Warum haben Sie die Soldaten bestochen, daß sie lügen sollen?

Kaiphas: Man muß Feuer mit Feuer, Lüge mit Lüge bekämpfen.

Wir haben unsere reine Lehre zu bewahren gehabt. Seine Auferstehung wäre vor dem Volke eine Bestätigung Gottes, daß er wirklich der Messias war. So eine Irrlehre konnten wir nicht erlauben.

Advocatus: Danke schön. *(Kaiphas ab)*

Sehr verehrter Herr Richter, es wird behauptet, daß dieser Christus auferstanden sei, weil er gesehen worden ist. Darf ich Maria Magdalena vortreten lassen? *(Maria tritt ein)*

Richter: Bitte.

Advocatus: Maria, Sie behaupten, den Auferstandenen gesehen zu haben?

Maria Magdalena: Ja, Herr, die anderen Frauen sind weggelaufen. Ich blieb zurück und war sehr traurig, weil ich meinte, die Juden hätten ihn weggetragen und woanders begraben. Ich war sehr aufgeregt und habe geweint.

Advocatus: Sie haben geweint. Sie sind sehr sensibel. Sie weinen oft. Sind Sie nicht etwas hysterisch veranlagt?

Maria Magdalena: Nein, hysterisch bin ich nicht.

Advocatus: Sie waren aber damals hysterisch, und so, daß Sie sich einbildeten, Sie hätten Ihren Herrn gesehen.

Maria Magdalena: Aber ich habe ihn gesehen! Er stand neben mir, gerade wie Sie jetzt.

Advocatus: Es war der Gärtner. Derselbe, der vorher zu Salome gesprochen hatte, der Gärtner, von dem sie dachte, er sei ein Engel. Ihn haben Sie in Ihrer hysterischen Aufregung als ...

Maria Magdalena: Nein, es war mein Herr. Nur zuerst dachte ich, es sei der Gärtner. – Übrigens haben ihn andere auch gesehen.

Advocatus: Wer? Wann sollen andere ihn gesehen haben?

Maria Magdalena: Die Jünger und seine Mutter – in Jerusalem und Galiläa, einmal sogar 500 Leute.

Advocatus: Maria Magdalena, möchten Sie dem Gerichtshof etwas aus Ihrem früheren Leben berichten, bevor Sie diesen Jesus und seine Jünger kennengelernt haben?

Maria Magdalena: Das hat nichts mit diesem Gericht zu tun!

Advocatus: Warum wollen Sie Ihre Vergangenheit verbergen? Vielleicht weil es stimmt, was überall in der Welt von Ihnen erzählt wird, daß Sie mit den Besatzungstruppen ...

Maria Magdalena: Niemand weiß, was ich war, bevor ich Christus begegnet bin. Niemand außer mir und ihm. Aber daß ich eine Sünderin war, das gebe ich zu. Das habe ich erst begriffen, als ich meinen Herrn kennengelernt habe – das haben wir alle gelernt, alle, die mit ihm gewesen waren. Er hat mir meine Sünden vergeben. Er hat mich von der Knechtschaft der sieben Dämonen befreit.

Advocatus: Wie konnte er das tun?

Maria Magdalena: Weil er nicht nur Mensch, sondern Gott ist. Genau wie er einem Blinden das Augenlicht geben oder einen Lahmen heilen konnte, genau wie er Lazarus vom Tod auferweckt hat, so hatte er die Macht, mir meine Sünden zu vergeben. Er ist der Herr der Welt und des Lebens, und er ist nicht begraben in der Erde, wie ihr meint.

Advocatus: Still, Sie werden jetzt schon wieder hysterisch.

Richter: Ordnung, Ordnung! Die Zeugin soll sich zusammennehmen. Darf ich fragen, warum der Advokat sie mit einer persönlichen Frage so aufregen wollte?

Advocatus: Der Charakter dieser Frau und ihrer Kameraden ist entschieden wichtig. Ich möchte bestätigen, daß die Nachfolger Jesu charakterlose Menschen waren, die einen Betrug unter die Menschen bringen wollten. Jetzt möchte der Fischer Petrus vortreten. *(Petrus kommt)*

Richter: Sie sind Petrus – früher Simon, der Fischer von Galiläa?

Petrus: Ja, mein Bruder Andreas und ich haben unseren Beruf aufgegeben und sind unserem Herrn nachgefolgt.

Advocatus: Aber so viel haben Sie dabei nicht aufgeben müssen. Sie haben ja viel mehr bekommen. Dieser Herr von euch war ein sehr volkstümlicher Prediger und Wunderdoktor. Wo er hinkam, waren immer Massen von Menschen, und Sie als seine Jünger sind dadurch berühmt geworden. Für den unbekannten Fischer von Galiläa war das ein sehr großer Schritt vorwärts.

Petrus: Ja, das bestimmt – und warum der Herr aus mir so Großes machen wollte, weiß ich heute auch noch nicht.

Advocatus: Als er starb, war das Abenteuer, die Ehre und alles für Sie zu Ende.

Petrus: So habe ich auch gemeint.

Advocatus: Aber dann dachten Sie: Wir brauchen nicht unser Geschäft zu schließen, wenn wir den Menschen sagen, er sei nicht gestorben. Und so haben Sie in der Nacht seine Leiche aus dem Grab gestohlen und dann überall erzählt, daß er auferstanden sei. Und es hat gewirkt. Sie haben Ihren Profit weitermachen können.

Petrus: Unseren Profit? Wieso? – Mein Bruder Andreas und ich sind gekreuzigt worden und alle anderen Jünger, außer Johannes, wurden umgebracht. Wenn Sie glauben, daß wir Schwindel verbreiten, dann müssen Sie glauben, daß wir uns selbst betrügen. – Nein, das, was ich gesehen habe, sogar betastet habe, das kann ich nicht mehr verleugnen. Und daß es wahr ist, ist darin bewiesen, daß andere, die unseren auferstandenen Herrn nicht gesehen haben, uns glaubten. So viel Glauben hätten wir mit unseren armseligen Predigten nicht schaffen können, sondern der Herr hat's getan, und er tut es heute noch überall in der Welt, bis zu dieser Zeit.

Advocatus: Bis zu dieser Zeit. Jawohl – und es ist Zeit, daß dieser Schwindel aufhört.
Jetzt möchte ich jemand aus dem 20. Jahrhundert rufen.

Richter: Bitte, der letzte Zeuge. *(Petrus ab. Ein junger Mann tritt ein)* Glauben Sie, daß dieser Jesus von Nazareth auferstanden sei?

Junger Mann: Ja, das glaube ich.

Advocatus: Haben Sie ihn je gesehen?

Junger Mann: Nein.

Advocatus: Wie kommen Sie dann auf so etwas? Woher haben Sie diesen Glauben?

Junger Mann: *(Hier eigenes Zeugnis möglich)* Von meinen Eltern, vom Kindergottesdienst ... das lernt jedes Kind.

Advocatus: Aber das glaubt kein vernünftiger Mann. Oder sind Sie noch ein kleines Kind, das alle Märchen glaubt, die ihm erzählt werden?

Junger Mann: Ich habe auch einmal gedacht, es sei nur ein Märchen, bis ich es ausprobiert habe.

Advocatus: Ausprobiert? Was?

Junger Mann: Zu glauben, daß Jesus nicht irgendwo in Palästina begraben liegt, sondern daß er wirklich auferstanden ist und daß er der lebendige Gott ist, der mir helfen kann.

Advocatus: Helfen? Brauchen Sie Hilfe? Sind Sie nicht klug genug, allein durch diese Welt zu kommen wie ein richtiger Mann?

Junger Mann: Besonders klug bin ich nicht, aber klug genug, um zu wissen, daß ich und niemand allein durchkommen kann. Schauen Sie, was für Mächte am Werk sind, was in der Politik ausgerichtet wird. Hören Sie den politischen Rednern zu. Schauen Sie die Kinoreklamen an – die Illustrierten. Hören Sie die Stimmen unserer Zeit. Wie sie rufen: »Hier, folge uns!« »Schließe dich unseren Reihen an!« »Mach mit!« Man wird so verwirrt von dem allen – so durcheinander. Aber sie reden nicht nur, sondern sie haben Macht und können uns zwingen. Man kommt sich völlig hilflos vor. Wie ein Blatt, vom Winde verweht. Man gibt nach. Man zieht eine Uniform an und marschiert mit. Man schreit, wenn die anderen schreien! Man geht dahin, wo die Freunde rufen. Man kann nicht gegen das alles stehen, wenn man allein ist. Ich wenigstens brauche jemanden, der größer ist als dies alles, jemanden, der mich stärkt und mir hilft ... und der da ist. Er ist Gott. Er heißt Jesus Christus.

Advocatus: Sie sind sehr sicher.

Junger Mann: Ja, weil ich schon oft erlebt habe, daß Jesus wirklich da ist und hilft, wenn ich zu ihm rufe.

Advocatus: Sind Sie aber hundertprozentig sicher?

Junger Mann: Nirgends bin ich hundertprozentig sicher. Ich habe meine Zweifel und Anfechtungen – aber ich bin gewiß, daß es ohne ihn keinen Trost noch eine Hoffnung gibt – keinen festen Grund in dieser Welt – und daß ich verloren bin. Ich glaube, Herr, hilf meinem Unglauben.

Advocatus: So, verehrter Richter, verehrtes Publikum. Obgleich wir manches rührende Zeugnis gehört haben, sehen wir, daß niemand mit hundertprozentiger Sicherheit feststellen kann, daß Jesus von Nazareth tatsächlich auferstanden ist. Man kann es nur glauben, wenn man will.

Junger Mann: Darf ich etwas sagen?

Richter: Bitte schön!

Junger Mann: *(zur Gemeinde)* Der Herr ist auferstanden!

Gemeinde: Der Herr ist wahrhaftig auferstanden! Halleluja!

W. Heiner

Der Herr ist wahrhaftig auferstanden

Verkündigungsspiel

Personen:
Jesus von Nazareth, der Auferstandene
Petrus, Wortführer der Jünger
Johanna
Jakobus
Thomas
Johannes
Maria
Andreas
Matthäus
Philippus/Engel*
Salome

Ort der Handlung:
1. Szene: Im Freien am Grab
2. Szene: Ein einfacher Raum, Versammlungsort
3. Szene: Im Freien am Grab
4. Szene: Ein einfacher Raum, Versammlungsort
5. Szene: Auf dem Weg nach Emmaus
6. Szene: Ein einfacher Raum, Versammlungsort
7. Szene: Ein einfacher Raum, Versammlungsort

Zeit der Handlung:
ca. 33 Jahre nach Christi Geburt

1. Szene: Im Freien am Grab

(Johanna und Maria)

Johanna: Maria! Ich bin's, Johanna. Ich wollte dich holen. So geht es nicht weiter, Maria. Du kannst hier nicht bleiben. Du mußt etwas essen, du mußt schlafen. Du bist doch noch jung. Das Leben geht weiter.

* Zwei Rollen, die aber von einer Person gespielt werden können

Maria: *(Müde)* Er war mein Leben.

Johanna: Aber jetzt ist er nicht mehr da. Jetzt mußt du neu anfangen. Wir alle müssen neu anfangen, ganz von vorn. Es gibt keine andere Möglichkeit.

Maria: Leben – ohne ihn?

Johanna: Was willst du tun!

Maria: Ohne Jesus gibt es für mich kein Leben. Ihm verdanke ich mein Leben. Ich kann nichts ohne ihn.

Johanna: Es ist schwer für dich, für uns alle, Maria. Aber wir sind doch auch noch da, Petrus, Johannes, ich, die anderen.

Maria: Was willst du mir geben? Glaubst du, irgendeiner könnte ihn ersetzen? Auf dich wartet dein Mann. Deine Familie braucht dich. Für dich hat das Leben nicht aufgehört. Du gehst zurück, woher du gekommen bist. Bei mir ist das anders. Wohin soll ich gehen?

Ich bin gerade oben gewesen. Auf dem Hügel. Am Kreuz. Ich dachte, es wäre vielleicht ein Traum. Es war so still. Aber das Schild, sein Name – sein Name ganz oben über allem – es ist wahr, Johanna, alles ist wahr. Sie haben ihn ausgelacht. Sie haben ihn geschlagen. Sie haben ihn grausam zugerichtet, mit einer Dornenkrone. Sie haben ihn ans Kreuz genagelt. Ich dachte immer, Gott müßte ein Wunder tun. Auf dieses Wunder habe ich gewartet. Er kann es nicht zulassen, hab ich gedacht. Ich habe gebetet, dieses Wunder solle geschehen! »Bist du Gottes Sohn«, so schrien sie und lachten. Er aber schwieg. Nein, er schwieg nicht. Er betete. Er liebte. – Geh – laß mich, ich will bei ihm bleiben.

Verstehst du? Ich muß...

Johanna: Maria, komm...

Maria: Ich warte. Auf ihn. Ich weiß: es ist aus. Natürlich weiß ich es. Ich habe es mit meinen eigenen Augen gesehen: Er ist tot. Und doch. Du wirst mich nicht verstehen. Niemand würde es verstehen. Nur er.

Johanna: Maria, der Tod ist stärker als das Leben.

Maria: Wie meinst du das?

Johanna: Wir müssen loslassen, was uns der Tod genommen hat. So will es Gott. Er ist stärker als wir.

Maria: Als er noch lebte, war er stärker als der Tod.

Johanna: Sei doch vernünftig und komm endlich mit. Salome wartet. Sobald die Sonne aufgeht, können wir Salböl für unseren toten Herrn kaufen.

(Maria steht zögernd auf; Johanna faßt sie am Arm und nimmt sie mit. Beide gehen langsam nach rechts ab)

2. Szene: Ein einfacher Raum

(Johannes und Petrus treten nacheinander von rechts auf die Bühne)

Johannes: Petrus, hast du die Tür verschlossen? Sicher genug?
Petrus: Hier wird uns niemand finden!
Johannes: Aber lange können wir hier nicht bleiben. Sie werden uns suchen.
Petrus: Vielleicht.
Johannes: Wo sind die anderen – Jakobus und Andreas?
Petrus: Ich weiß es nicht. Ich habe sie nicht mehr gesehen seit dieser Nacht.
Johannes: Und Maria Magdalena?
Petrus: Das fragst du mich? Ich dachte, du wüßtest, wo sie ist. Hast du ihr nicht auf Golgatha gesagt, sie sollte kommen?
Johannes: Sie wollte nicht. Sie ist wie von Sinnen, sie weiß nicht mehr, was sie tut. Und wenn ihr etwas zustößt! Wir müssen sie suchen, Petrus!
Petrus: Wenn das Jesus wüßte! Manchmal denke ich, er hat das alles gewußt. Manchmal, wenn er von seinem Sterben sprach – ich habe es nie glauben wollen.
Johannes: Und ich habe es nie verstanden. – Ich habe keine Ruhe mehr, wo mag sie sein?
Petrus: Wo hast du sie zuletzt gesehen?
Johannes: Auf dem Hügel. Am Kreuz. Ich bin dann gegangen. Aber sie wollte bleiben. »Ich muß bei ihm wachen«, hat sie gesagt.
Petrus: Aber das ist doch Leichtsinn. Eine Frau!
Johannes: Sie hat keine Angst.
Petrus: Trotzdem. Wir müssen sie suchen.
(Nachdenklich) Wir waren in der Gegend von Magdala am See. Ich war sehr glücklich damals. Von allen Seiten drängte das Volk und wollte Jesus sehen. Sie brachten Kranke und Krüppel und solche, die von bösen Geistern beherrscht waren. Eine von denen war Maria. Sie war sehr krank. Jesus hat sie geheilt. Seitdem gehört sie zu uns. Ich habe sie oft bewundert, fast beneidet um ihren Glauben. – Ob sie jetzt auch noch an ihn glaubt?

(Johannes und Petrus wollen nach rechts abgehen; treffen auf Matthäus und Thomas)

Thomas: Shalom, Petrus und Johannes, wohin geht ihr?
Johannes: Wir wollen Maria suchen.
Thomas: Ist das nicht viel zu gefährlich?
Petrus: Ach was, uns geschieht schon nichts!

(Petrus und Johannes ganz ab)

Matthäus: Thomas, ich kann dich nicht verstehen. Gut, wir haben alle ein wenig Angst. Keiner von uns weiß, wie das im letzten ausgehen wird. Und wenn ich an die Kreuzigung denke, dann weiß ich nicht, was ich davon halten soll. Aber deshalb möchte ich nicht alles gleich schwarz sehen.
Thomas: Matthäus, du hast gut reden. Du bist immer obenauf. Dir fällt meist das richtige Wort in der richtigen Lage ein. Ich kann dich nur beneiden. Gegen dich komme ich mir manchmal ganz minderwertig vor.
Matthäus: Warum denn, Thomas? Du hast doch keinen Grund, dauernd so niedergeschlagen zu sein. Gut, dir fällt es vielleicht schwer, zu reden! Aber dafür kannst du besser zuhören. Du fährst nicht gleich aus der Haut. Das sind doch alles Vorteile, oder nicht?
Thomas: Matthäus, das ist doch gar nicht mein eigentliches Problem.
Matthäus: Willst du mir nicht sagen, was mit dir los ist?
Komm, wir haben doch Zeit. Setzen wir uns.

(Sie setzen sich hin)

Thomas: *(Beginnt zögernd)* Kannst du mir sagen, warum Jesus am Kreuz kein Wunder tat und herabstieg, damit die Leute an ihn glaubten?
Matthäus: *(Erstaunt)* Wie kommst du denn darauf?
Thomas: Weißt du, Matthäus, wir Jünger sind doch nur zu Jesus gekommen, weil er in unserer Gegenwart ein Wunder getan hat. Du bist da ja eine Ausnahme, bei Petrus, Johannes, Andreas, Jakobus und all den anderen war es so. Wir haben gesehen, daß er Kraft von Gott hat. Er konnte sogar Tote wieder zum Leben erwecken. Ich denke da an Lazarus. Und

dann die Speisung der Fünftausend, da wollte ihn das Volk sogar zum König machen. Wenn er am Kreuz auch ein Wunder getan hätte, dann hätte das Volk und auch die Pharisäer und Römer an ihn glauben müssen. Dann hätten sie es doch gesehen! Anderen hat er geholfen und sich selbst konnte er nicht helfen? Warum? Ich verstehe das nicht.

Matthäus: Eine genaue Erklärung für all das, was in den letzten Tagen geschehen ist, kann ich dir auch nicht geben. Allerdings glaube ich, daß wir es nicht verstehen können und müssen. Wir sollten alle nur ein wenig mehr Vertrauen zu Jesus Christus haben.

Thomas: Vertrauen zu einem Toten? Wie stellst du dir das vor? Er kann uns jetzt auch nicht mehr helfen, oder?

Matthäus: Wir haben so oft gesagt, es gäbe keine Hilfe für uns, oder für das, was wir vorhatten. Und Jesus hat uns immer geholfen, wenn wir nicht mehr weiter wußten. Denk doch nur an die Stillung des Sturms. Wir dachten doch alle, wir müßten jetzt untergehen. Aber Jesus hat dem Meer befohlen, ruhig zu sein. Und es geschah so.

Thomas: Ja, da lebte er auch noch. Aber jetzt...

Matthäus: Du hast doch schon soviel erlebt, seit du mit Jesus gegangen bist. Du kannst nicht immer nur das Schlechte der letzten Tage sehen! Kein Wunder, wenn du nur zweifelst.

Thomas: Das habe ich mir schon hundertmal selber gesagt. Und dann bricht alles wieder auf. Immer müssen wir uns verstecken, wir werden von allen Seiten verfolgt. Das kann Jesus doch nicht gewollt haben!

Matthäus: Ich bin sicher, das wird sich alles noch ändern, Thomas. Wir müssen nur mehr Vertrauen haben. Reiß dich ein bißchen zusammen, so kann es doch nicht weitergehen, du wirst sonst noch verrückt. Komm, laß uns ein paar Besorgungen auf dem Markt machen. Du weißt ja, in wenigen Tagen kommen fast alle unsere Freunde zum Essen. Jakobus und Andreas müssen deshalb extra noch nach Emmaus.

Thomas: Ach, laß mich. Ich muß noch ein wenig über das nachdenken, was du gesagt hast.

(Matthäus schüttelt den Kopf und geht nach rechts ab; kurzes Schweigen; Andreas und Jakobus kommen von rechts auf die Bühne)

Thomas: Schließt die Tür, Brüder, und schiebt den Riegel wieder vor. Die Soldaten Roms und Knechte von Kaiphas sind hinter uns her!

Andreas: Wenn ich daran denke, was alles auf uns zukommt, dann bekomme ich Angst. Daß uns die Priester hassen, wissen wir schon lange. Und daß wir schon längst auseinandergelaufen wären, wenn wir nicht Jesus gehabt hätten, ist bekannt. Aber nun hat er uns verlassen, es ist alles aus!

Jakobus: Warum haben wir alle nur solche Angst? Hat nicht Jesus einmal gesagt: »In der Welt habt ihr Angst, ich aber habe die Welt überwunden«?

Andreas: Von Überwinden kann keine Rede sein: er ist doch tot! Wir sind ohne ihn völlig hilflos. Wir suchen nach einer Lösung und tappen total im Dunkeln.

Thomas: Judas hat eine Lösung gefunden. Sie sagen, er habe sich erhängt.

Jakobus: *(Düster)* Das Ende aller Dinge ist nahe, Brüder.

Thomas: Ich ahnte schon immer etwas Furchtbares. Man ist doch nicht blind. Und das ganze Reden von seinem Vater fand ich reichlich mysteriös. Da kann auch Matthäus mir lange was von Vertrauen erzählen. Mir ist das alles fraglich geworden. Sind wir nicht doch einem Betrüger auf den Leim gegangen?

Jakobus: *(Erregt)* Thomas, wie kannst du das sagen – darfst du das sagen? Nach allem, was wir mit Jesus erlebt haben? Weißt du, was du tust?

Thomas: *(Heftig)* Weißt du es, Jakobus? Ist dir nicht auch alles fraglich geworden? Er ist gekreuzigt und begraben, und wir haben nichts als Angst, Angst, Angst! Kann man das aushalten, ohne zu scheitern?
(Zu Andreas gewandt) Und du Andreas? Kann dich diese Frage in Ruhe lassen? Wie willst du das Leben bewältigen, wenn es keinen Gott gibt? Wenn keiner zuhört, wenn alle voll Angst sind? Wenn alle Gefahren auf uns einstürzen?

(Andreas und Jakobus stehen ratlos da; Thomas stürzt erregt von der Bühne nach rechts ab)

Andreas: Jakobus, ich weiß nicht, ob Thomas nicht doch recht hat. Wenn ja, was dann?

Jakobus: *(Empört)* So etwas darfst du überhaupt nicht denken! Das eine sag ich dir: Jesus war kein Betrüger! Er hat so vielen

Menschen geholfen. Du warst doch dabei – war das etwa Betrug? Aber ich muß nun aufbrechen, denn bevor wir nach Emmaus gehen, muß ich Philippus noch zum Essen einladen. Komm doch schon mit, wir können unterwegs weitersprechen.

(Beide gehen nach rechts ab)

3. Szene: Im Freien am Grab

(Johanna, Salome, Maria)

Salome: Endlich ist der Sabbat zu Ende, und wir können Jesus den letzten Dienst erweisen.
Maria: *(Abwesend)* Aber es nützt nichts.
Johanna: Waaas? Und wofür haben wir die teuren Salben, Öle und duftende Kräuter gekauft? – Doch nur um den Leichnam unseres Herrn einzubalsamieren!
Salome: Warum sollte das nichts nützen, Maria?
Maria: Ach, das meinte ich doch gar nicht. Es ist eben doch nur das Letzte, das wir für ihn tun können. Dann ist alles aus.

(Betretenes Schweigen)

Johanna: Ich frage mich nur: Wer wälzt uns den großen Stein fort von dem Grab?

(Sie nähern sich dem Grab; Salome eilt voraus)

Salome: Seht doch, seht! Der Stein ist fortgerollt worden! Das Grab ist offen.
Johanna: Wer das wohl gewesen ist?
Salome: Was mag da geschehen sein?
Johanna: Ich gehe hinein!
Salome: Bist du verrückt?!
Johanna: Was soll denn schon passieren.

(Johanna verschwindet im Grab, Salome vorsichtig hinterher; Maria sieht nur hinein)

Maria: Wo ist unser Herr?

(Salome stürzt heraus, gefolgt von Johanna)

Salome: Er ist nicht da!

(Engel tritt von links herzu)

Engel: Fürchtet euch nicht! Ich weiß, daß ihr Jesus von Nazareth, den Gekreuzigten, sucht. Er ist nicht hier, er ist auferstanden, wie er gesagt hat. Seht die Stätte, wo er gelegen hat. Und geht eilends hin und sagt seinen Jüngern, daß er auferstanden ist von den Toten. Siehe, er wird vor euch hingehen nach Galiläa, da werdet ihr ihn sehen.

(Engel schnell nach rechts ab; Salome und Johanna laufen nach links ab; Maria bleibt draußen stehen, tief traurig zum Publikum gewandt; spricht zu sich selbst)

Maria: Sie haben meinen Herrn weggenommen, und ich weiß nicht, wo sie ihn hingelegt haben.

(Jesus kommt von links auf die Bühne)

Jesus: Warum bist du so traurig? Wen suchst du?
Maria: *(Ohne ihn zu erkennen, ohne ihn anzusehen)* Herr, hast du ihn weggetragen? Dann sag mir, wo er ist, damit ich ihn wieder holen kann.
Jesus: Maria!

(Maria dreht sich vollends um und erkennt Jesus)

Maria: Meister! *(Sie will auf ihn zu; freudig überrascht)*
Jesus: *(Freundlich)* Rühre mich nicht an! Ich bin nicht nur für dich auferstanden von den Toten, sondern für alle. Auch bin ich noch nicht aufgefahren zum Vater. Gehe aber hin zu meinen Brüdern und sage ihnen: Ich fahre auf zu meinem Vater und zu eurem Vater, zu meinem Gott und zu eurem Gott.
Maria: Herr, du bist es wirklich?!
Jesus: Ich lebe, und ihr sollt auch leben!

(Jesus tritt hinter das Grab, gleichzeitig: Maria dreht sich um zum Publikum)

Maria: Ich habe den Herrn gesehen!
Das muß ich den anderen sagen.

(Sie läuft nach rechts von der Bühne ab)

4. Szene: Ein einfacher Raum

(Philippus, Johannes, Petrus, Salome, Johanna)

Philippus: Gestohlen sagst du? Aber das ist doch unmöglich!
Salome: Das Grab ist leer!
Petrus: Und der Stein? Er war so groß, daß einer allein ihn gar nicht fortbewegen kann!
Johanna: Aber das ist so! Kommt und seht selbst.
Johannes: Und die Wache? Pilatus hatte das Grab streng bewachen lassen.
Salome: Es war niemand mehr da.
Petrus: Ich denke, ihr wolltet die ganze Zeit am Grab bleiben?
Johanna: Wir wollten Salböl kaufen früh –
Philippus: Wer ist wir?
Salome: Johanna, Maria und ich. Wir dachten noch an den Stein und überlegten unterwegs, wer uns den fortschaffen könnte. Es war noch finster. Und als wir ankamen – da war das Grab leer, der Stein lag daneben. Kommt!
Johannes: Aber was hätten die davon, einen Leichnam zu stehlen? Vielleicht ist das nur eine Falle für uns, Salome!
Johanna: Das kann nicht sein, denn die Leinentücher sind zusammengefaltet und an ihren Platz gelegt. Ich habe es selbst gesehen.
Salome: Und draußen sprach uns ein Engel...
Johanna: Sei doch still! Das glaubt uns sowieso keiner.
Philippus: Engel? Was für ein Engel?
Johanna: Ach, das ist nicht so wichtig!
Petrus: Und wenn sie ihn tatsächlich gestohlen haben, wie ihr sagt?
Philippus: Was sollen wir dann tun? Suchen? Aber wo? Ich habe keine Ahnung, was das zu bedeuten hat.
Johannes: Und was ist mit Maria?

Johanna: Ich weiß selbst nicht recht. Sie ist allein zurückgeblieben am Grab und weinte. Wo sie jetzt ist, weiß ich auch nicht.

Petrus: Es war zu viel für sie, das ist alles. Wir hätten sie gar nicht dort lassen sollen. Wo finden wir sie jetzt?

Philippus: Mein Gott, was sollen wir tun?

(Es poltert an der Tür)

Salome: *(Angstvoll)* Wer kann das sein?

Johanna: Los, Petrus, sieh einmal nach.

(Petrus geht öffnen; Maria kommt hereingerannt)

Maria: Er lebt, er lebt! Jesus ist nicht tot. Er lebt. Ich habe es schon Andreas und Jakobus gesagt. Gut, daß ihr hier seid.

Petrus: *(Traurig)* Ach Maria...

Maria: Du glaubst es nicht? Ich habe ihn gesehen. Am Grab hat er gestanden.

Philippus: Wer?

Maria: Unser Herr! Ich stand am Grab und lehnte mich gegen den Stein. Und weinte. Ich konnte fast nicht mehr. Und wie ich mich so vorbeuge und ins Grab sehe – ich konnte es noch immer nicht glauben – ich wußte doch, daß sie ihn da hineingelegt hatten – wie ich so hineinsehe, war da eine Gestalt in leuchtendem Gewand, die sagte, daß Jesus lebt. Ich erschrak und fuhr zurück. Und als ich mich umwandte, stand Jesus hinter mir. Ich aber wußte nicht, daß es Jesus war, ich dachte, es wäre der Gärtner und sprach zu ihm. Da rief Jesus mich nur bei meinem Namen. Und so, wie er es sprach, hat Jesus es immer gesagt! Wo ist Thomas? Habt ihr ihn gesehen?

Petrus: Aber Maria –

Maria: Nein, laß mich, ich habe keine Zeit. Ich muß es allen sagen. Er will es so. »Gehe hin zu meinen Brüdern«, hat er gesagt, »und sage ihnen: Ich fahre auf zu meinem Vater und zu eurem Vater, zu meinem Gott und zu eurem Gott.« Kommt und sucht die anderen!
So glaubt mir doch: Er lebt! *(Sie rennt davon)*

Petrus: Halt, Maria – *(Er stößt Johannes an)*
Komm Johannes, das müssen wir sehen! *(Ab)*

Johannes: Aber Petrus... *(Zuckt mit den Schultern und läuft hinterher)*
Philippus: *(Ganz verdattert)* Was war denn das?
Johanna: Jetzt ist Maria übergeschnappt!
Salome: So habe ich die noch nie erlebt!

(Alle drei gehen kopfschüttelnd nach rechts ab)

5. Szene: Auf dem Weg nach Emmaus

(Jakobus und Andreas kommen von rechts auf die Bühne)
Andreas: Ich weiß nicht, was ich davon halten soll. Maria sagt, er lebt, aber wir haben doch gesehen, wie er gestorben ist. Was stimmt denn nun? Wie soll es denn nun weitergehen?
Jakobus: Andreas, auf deine vielen Fragen weiß ich auch bald keine Antworten mehr. Mir kommt das alles selbst wie ein böser Traum vor, aus dem ich gerne aufwachen möchte.
Andreas: Ach, Jakobus, wenn du schon nicht mehr weiter weißt, wo du doch immer so ein Gottvertrauen hattest, wie sollen wir anderen es denn wissen.
Jakobus: Petrus und Johannes waren am Grab und wissen auch nicht mehr weiter.

(Jesus tritt von links her zu ihnen)

Jesus: Friede sei mit euch! Darf ich ein Stück des Weges mit euch gehen?
Andreas: Natürlich, zu mehreren wandert es sich viel sicherer.
Jesus: Ich danke euch.
Jakobus: *(Sich an Andreas wendend)* Kein Wunder, daß keiner mehr weiß, was er glauben soll. Dazu kommt unsere ständige Angst, entdeckt zu werden. Das beste wäre, wir würden alle ganz von vorn anfangen, einige der anderen haben schon gesagt, sie wollen wieder ihre alten Berufe ausüben.
Andreas: Es wird wohl auch das klügste sein, denn so wie jetzt kann es ja nicht weitergehen. Wir verstecken uns förmlich vor den anderen. Das ist doch kein Leben.
Jesus: Worüber unterhaltet ihr euch eigentlich?

(Sie blieben alle drei überrascht stehen)

Jakobus: Bist du der einzige unter den Fremden in Jerusalem, der nicht weiß, was in den letzten Tagen geschehen ist?

Jesus: Was denn?

Andreas: Das mit Jesus von Nazareth. Er war ein großer Prophet, er predigte Gottes Wort und konnte Wunder tun! Die Hohenpriester und Obersten haben ihn von Pontius Pilatus kreuzigen lassen.

Jakobus: Aber wir haben gehofft, er würde Israel von den Römern befreien. Das alles ist jetzt drei Tage her.

Andreas: Einige Frauen haben uns fürchterlich erschreckt. Sie waren morgens am Grab und erzählten uns danach, sie haben den Toten nicht gefunden, und daß ihnen ein Engel erschienen sei, der gesagt hätte, Jesus würde leben.

Jakobus: Zwei von uns sind zum Grab gelaufen und haben alles so gefunden, wie die Frauen gesagt haben, aber Jesus sahen sie nicht.

Jesus: O ihr Toren! Warum könnt ihr nicht glauben, was die Propheten gesagt haben? Mußte nicht Christus all dies durchleiden und zur Herrlichkeit eingehen? Steht nicht schon bei Mose: »Und der Herr sprach: Ich will ihnen einen Propheten, wie du bist, erwecken aus ihren Brüdern und meine Worte in seinen Mund geben; der soll zu ihnen reden alles, was ich ihm gebieten werde.« War nicht Christus ein solcher Prophet?

Jakobus: Ja, du hast recht. An diesen Spruch der Heiligen Schrift habe ich überhaupt nicht gedacht.

Andreas: Wenn er nun ein solcher Prophet war, warum hat er dann am Kreuz gebetet: »Mein Gott, mein Gott, warum hast du mich verlassen«?

Jesus: Das ist nur der Anfang des Psalms; in der Mitte heißt es dann: »Der Bösen Rotte hat mich umringt; sie haben meine Hände und Füße durchgraben... Sie teilen meine Kleider unter sich und werfen das Los um mein Gewand. Aber du, Herr, sei nicht ferne; meine Stärke, eile, mir zu helfen! ...du hast mich erhört!«

Jakobus: Aber genau das ist doch auf Golgatha geschehen!

Jesus: Hat Christus euch nicht vorhergesagt, er müsse diesen Leidensweg gehen?

Jakobus: Er sprach davon, daß er zu seinem Vater gehen müsse, aber wir haben das nie so recht verstanden. Erst jetzt, wo du es so deutlich sagst, wird mir klar, er hat alles schon vorher gesagt und gewußt. Wir sollten ihm mehr vertrauen.

Jesus: Seht, wir sind gleich in Emmaus. Ich will mich von euch verabschieden.

Andreas: Bleib doch bei uns. Es ist schon spät und wird auch bald dunkel werden.

Jakobus: Ach, bleib noch ein wenig und leg uns die Schrift weiter aus. Es hat doch keinen Zweck, noch weiter zu wandern.

Jesus: Gut, ich bleibe noch bei euch.

(Sie betreten das offene Haus und setzen sich nieder)

Andreas: Laßt uns das Essen miteinander teilen. Hier ist Brot und Wein und auch ein wenig Käse.

Jakobus: Wir wollen beginnen!

Jesus: *(Selbstverständlich)* Aller Augen warten auf dich, Herr, und du gibst ihnen ihre Speise zu seiner Zeit, du tust deine milde Hand auf und sättigst alles, was da lebet, mit Wohlgefallen.

(Bricht das Brot und gibt jedem ein Stück)

Nehmet hin und esset!

(Er steht auf und tritt hinter die Kulisse)

(Jakobus und Andreas starren sich während des Gebetes erstaunt an; als Jesus weg ist, sehen sie gemeinsam auf die Stelle, wo Jesus gesessen hat. Dann springen sie auf und nehmen ihre Sachen)

Jakobus: Das war der Herr!

Andreas: Mensch, Jakobus, wir müssen blind gewesen sein. – Deswegen konnte er uns auch alles so gut erklären.

Jakobus: Andreas, wir müssen sofort zurück nach Jerusalem und den anderen erzählen, daß wir den Herrn gesehen haben.

Andreas: Und unser Auftrag hier in Emmanus?

Jakobus: Ich pfeife auf den Auftrag, den können wir auch noch morgen erledigen. Die anderen müssen es erfahren. Los komm, wir rennen.

Andreas: Klar, wir schaffen den Weg auch in der halben Zeit.

(Beide rennen nach rechts von der Bühne)

6. Szene: Ein einfacher Raum

(Petrus, Johannes, Philippus, Matthäus, Salome, Maria, Johanna sitzen und unterhalten sich)

Matthäus: Petrus, wir können uns nicht mehr lange so versteckt halten.

Philippus: Unser Geld ist bald aufgebraucht. Wir müssen wieder arbeiten.

Petrus: Bevor ich darüber nachdenke, Philippus, möchte ich erst klären, was am Tag nach dem Sabbat mit Jesus geschehen ist. Maria sagt, er lebt...

Maria: Das stimmt auch. Ich habe ihn gesehen!

Petrus: Die Römer sagen, wir hätten seine Leiche gestohlen, um zu beweisen, daß er lebt.

Johannes: Die Leiche ist fort. Wir beide haben doch alles so gefunden, wie die Frauen sagen. Nur Jesus haben wir nicht gesehen.

Philippus: Ich weiß bald nicht mehr, was ich glauben soll.

Salome: Das weiß doch zur Zeit hier keiner.

Johanna: Wenn wir ihn doch nur alle sehen würden, vielleicht, daß dann...

Matthäus: Laßt das phantasieren, was wäre wenn. Wir müssen Geduld haben und Vertrauen üben: Es kann nicht alles umsonst gewesen sein, was wir mit Jesus erlebt haben.

Petrus: Ich denke auch, die Hauptsache ist, wir halten zusammen und warten gemeinsam ab, was geschehen wird.

(Jakobus und Andreas hämmern an die Tür)

Petrus: Wer mag da so spät noch kommen? *(Geht öffnen)*

Andreas: Jesus lebt! Wir haben ihn gesehen.

Philippus: Ich denke, ihr seid in Emmaus?

Andreas: Auf dem Weg dahin haben wir ihn gesehen.

Jakobus: Er hat uns die Schrift erklärt, ohne daß wir ihn erkannten.

Johannes: Habt ihr euch nicht geirrt? Das kann doch gar nicht sein!

Petrus: Woran habt ihr ihn denn erkannt?

Andreas: Als er das Gebet zum Abendmahl sprach – so tat es immer Jesus.

Jakobus: Aber da verschwand er auf einmal, und wir sind sofort zu Euch zurückgelaufen!

Petrus: Der Herr lebt!? Unglaublich –
Matthäus: Warum soll es nicht wahr sein? Jetzt sind es schon drei, die sagen, sie hätten ihn gesehen!

(Jesus tritt von rechts her mitten unter sie)

Jesus: Friede sei mit euch!

(Alle fahren erschrocken auseinander)

Johannes: Ein Geist!
Philippus: Zauberei, schnell fort!
Salome: Um Himmels willen, es spukt.
Matthäus: Seid doch still!
Jesus: Warum erschreckt ihr so? Weshalb glaubt ihr, ich sei ein Geist oder Spuk? Seht hier die Wunden von den Nägeln.

(Er zeigt sie so, daß das Publikum es nicht sehen kann!)

Ich bin es selber. Faßt mich doch an, dann könnt ihr sehen, daß ich kein Geist bin, denn ein Geist hat keinen festen Körper, wie ich ihn habe. – Wollen wir uns nicht wieder setzen?

(Alle setzen sich erstaunt hin)

Matthäus: Es ist der Herr!
Johannes: Ich kann es kaum fassen!
Philippus: Er lebt tatsächlich.
Jesus: Genau das ist es, was ich euch sagte, als ich noch bei euch war: Es muß alles erfüllt werden, was über mich geschrieben steht bei Mose, den Propheten und in den Psalmen. Es steht geschrieben, daß Christus leiden und sterben muß.
Philippus: Wo steht das geschrieben?
Jesus: Bei dem Propheten Jesaja. Dort heißt es: »Fürwahr, er trug unsre Krankheit und lud auf sich unsre Schmerzen. Wir aber hielten ihn für den, der geplagt und von Gott geschlagen und gemartert wäre. Aber er ist um unsrer Missetat willen verwundet und um unsrer Sünde willen zerschlagen. Die Strafe liegt auf ihm, auf daß wir Frieden hätten, und durch seine Wunden sind wir geheilt.«
Petrus: Herr, wir hielten dich wirklich für den, der von Gott

gemartert wird. Daher konnten wir nichts mehr verstehen und hielten dich für tot!

Jesus: Ich habe euch gesagt, daß ich sterben und am dritten Tage auferstehen würde von den Toten. Ihr habt gezweifelt an den Worten des Propheten und an meinen Worten, so wurdet ihr verzagt und mutlos.

Matthäus: Herr Jesus Christus, nun können wir alle wieder froh sein und Hoffnung haben!

Jesus: Ich bin gekommen, um die Angst und die Mutlosigkeit von euch zu nehmen. Ich habe euch bei unserem letzten Abendmahl schon gesagt: »In der Welt habt ihr Angst; aber seid getrost, ich habe die Welt überwunden.«

(Die Jünger sehen sich erstaunt an, währenddessen geht Jesus nach rechts von der Bühne ab)

Petrus: Kein Zweifel mehr: Er ist wahrhaftig auferstanden.

Johannes: Ich kann es kaum glauben, wenn ich es nicht mit eigenen Augen gesehen hätte. Wie bin ich erschrocken, als er auf einmal dastand!

Maria: Ich habe euch doch schon vorher gesagt, daß er lebt!

Philippus: Mit meinem Verstand kann ich es nicht begreifen. Wir hatten die Türen so fest verrammelt. Auf einmal war er da!

Andreas: Genauso ging es uns, als wir den Herrn in Emmaus erkannten.

Salome: Ich bin von diesem Wunder noch ganz benommen.

Johanna: Ich bin so froh. Er lebt! Matthäus, alle unsere Zweifel haben sich in nichts aufgelöst.

Jakobus: Hab ich es euch nicht gesagt, wir haben auf dem ganzen Weg mit ihm gesprochen.

Matthäus: Freunde, wo ist eigentlich Thomas? Ausgerechnet Thomas fehlt! Gerade er hätte es nötig gehabt. Er, der immer so schwarz sieht. Dem es so schwerfällt zu glauben.

Johannes: Ach, mach dir darüber keine Sorgen, den werden wir schon alle überzeugen.

Philippus: Ich finde, es ist Zeit, auseinanderzugehen. Jetzt ist es dunkel und wir können nicht so leicht verfolgt werden.

Salome: Philippus hat recht. Kommt, wir gehen.

(Alle erheben sich und verlassen nacheinander die Bühne)

7. Szene: Ein einfacher Raum

(Maria, Salome, Johanna sind dabei, das Essen vorzubereiten; es klopft an der Tür)

Johanna: Laß mal, Salome, ich geh schon.
(Sie läßt Matthäus, Petrus und Johannes ein)

Johannes: Ich bin noch ganz erfüllt von dem Gedanken, daß Jesus wahrhaftig auferstanden ist. Jesus hier bei uns: das Bild steht mir so genau vor Augen, als wäre es gestern gewesen.

Matthäus: Nur schade, daß Thomas sich überhaupt nicht überzeugen lassen will.

Petrus: Wenn ihr meint, es nützt etwas, dann kann ich ja mal mit ihm reden.

(Es klopft wieder)

Matthäus: *(Während er öffnen geht)* Ja, Petrus, das wäre wirklich notwendig.

(Es treten ein: Jakobus, Andreas, Philippus)

Jakobus: *(Zu Petrus)* Wir konnten Thomas nirgends finden. Er sollte doch auch zum gemeinsamen Mahl kommen.

Andreas: *(Packt das mitgebrachte Obst aus; zu Maria)* So, hier ist noch das Obst, das du haben wolltest, Maria.

Philippus: *(Zu Jakobus)* Aber er weiß doch, daß es heute stattfindet. Vielleicht kommt er ja noch.

Salome: Na, dann laßt uns die Vorbereitungen abschließen, damit wir beginnen können.

(Vorbereitung des Raumes für das Essen; es poltert an der Tür; Johannes geht öffnen, wird von Thomas fast umgerannt)

Thomas: *(Noch ganz außer Atem)* Freunde, es ist alles aus! Man sucht uns! Die ganze Stadt stellt uns nach! Petrus, Matthäus, was sagt ihr nun? Jetzt seid ihr endlich wohl auch soweit, wie ich. Hoffentlich kommen wir noch unerkannt hier weg. Schnell, packt eure Sachen!

Petrus: Thomas, beruhige dich und hör mir zu: Jesus lebt. Er ist gar nicht im Grab geblieben. Er war hier bei uns.

Thomas: Petrus, dich habe ich für klüger und realistischer gehalten. Hast du deinen klaren Kopf verloren? Jesus lebt – daß ich nicht lache.

Matthäus: Warum glaubst du uns allen nicht? Hier ist doch das Wunder geschehen, auf das du immer gewartet hast!

Thomas: *(Blickt wild um sich)* Gleich kommen die Juden und blasen uns das Licht aus!

Johannes: Und doch haben wir ihn gesehen! Das kannst du uns nicht ausreden. Thomas, laß dich doch überzeugen: Jesus lebt!

Thomas: Eines will ich euch sagen: Solange ihr mir nicht den Beweis liefert, glaube ich euch nicht. Wenn ich ihn nicht selber mit eigenen Augen sehe, könnt ihr lange reden. Vielleicht seid ihr auf einen Schwindler hereingefallen. Solange ich nicht seine Narben von der Kreuzigung berührt habe, kann ich es nicht glauben. Ich kann es nicht glauben.

(Die Jünger stehen ratlos um den Tisch)
(Jesus tritt von links mitten unter die Jünger)

Jesus: Friede sei mit euch!

Matthäus: Thomas, jetzt mußt du es glauben: Da steht der Herr!

Jesus: Thomas, du kennst mich doch. Hier sind meine Hände. Gib deine Hand her und berühre die Nägelmale. Zweifle doch nicht länger. Glaube endlich.

Thomas: *(Fällt auf die Knie – spricht mit großen Pausen)*
Mein Herr und mein Gott! Jetzt verstehe ich langsam alles. Meine Zweifel sind besiegt. Du lebst. Ich danke dir. Du bist Gott. Ich muß nichts mehr fürchten. Ich kann jetzt glauben.

(Er steht langsam auf)

Jesus: Weil du mich gesehen hast, Thomas, glaubst du. Selig sind diejenigen, die nicht sehen und doch glauben. Fürchtet euch nun nicht mehr, denn seht, ich bin bei euch alle Tage bis an das Ende der Welt.

(Jesus geht nach rechts ab)
(Die Jünger stehen im Raum verstreut)

Matthäus: Ich bin so froh, daß du, Thomas, deinen Glauben wiedergefunden hast.

Thomas: *(Nachdenklich)*
Ja, Matthäus, du hast recht. Vieles an dem, was geschehen ist, verstehe ich nicht. Aber das ist nicht mehr so wichtig.

Petrus: Wichtig ist doch nur, daß wir alle jetzt fest an Jesus Christus glauben können.

Salome: Wir sind wieder eine Gemeinschaft und halten im Glauben zusammen.

Thomas: Laßt uns feiern und fröhlich sein.

(Nimmt zwei Kerzen, gibt eine seinem Nachbarn, zündet die andere an und gibt seinem Nachbarn Feuer)
Denn der Herr ist wahrhaftig auferstanden!
(Dann tritt er an den Bühnenrand; Kerze und Feuer wird weitergegeben, immer mit den Worten: »Der Herr ist wahrhaftig auferstanden.« Bis alle Schauspieler in einer Reihe am Bühnenrand stehen)

H. Barthels

Die Hochzeitsbibel

Sprechmotette für den Traugottesdienst

Personen:
Alte Hochzeitsbibel (Alte HB)
Neue Hochzeitsbibel (Neue HB)

Alte HB: *(Liest langsam die folgenden Worte auf ihrer ersten Seite, während der Pastor sie nimmt und vor der Gemeinde begutachtet)*
»Die Bibel – oder die ganze Heilige Schrift des Alten und Neuen Testamentes – nach der deutschen Übersetzung Dr. Martin Luthers« – so steht es auf meinen ersten Blättern. Ich bin eine von den vielen Exemplaren der 26. Auflage. Herausgegeben im Jahre 1907; nicht mehr die Jüngste, aber dennoch auf allen Seiten gut leserlich, in altdeutsch – Fraktur und außerdem...

Neue HB: *(Fällt der Alten ins Wort, Pastor legt sie aufgeschlagen auf den Altartisch und begutachtet die Neue Hochzeitsbibel, während sie sagt)* ...und außerdem sehr rüstig, wie man hört. Entschuldige, wenn ich dir einfach so ins Wort falle, zumal ich die Jüngere bin, eine von der neusten Revision, in weißem Einband mit vielen Fotos, ohne Goldschnitt, noch ganz und gar ungelesen... aber sag mal, weißt du eigentlich, was heute für ein Tag ist – und daß wir nicht alleine sind, hier im festlichen Saal?

Alte HB: Natürlich weiß ich das. Hochzeit ist heute, wie damals vor achtzig Jahren. Deswegen bin ich ja hier. Ich will dich beglückwünschen an deinem großen Tag und dich ermutigen auf dem Weg, der nun vor dir liegt!

Neue HB: Vielen Dank, das ist wirklich nett von dir. Wenn ich an meine Zukunft denke, bin ich ehrlich gesagt, ganz schön aufgeregt. Und einige Fragen brennen mir auch auf den Seiten... aber ich glaube, man hört uns aufmerksam zu!

Alte HB: Na prima, so soll es ja auch sein! Geheimnisse haben wir keine. Und die Wahrheit bezeugen, das ist unser Beruf. Es bleibt noch ein wenig Zeit, bevor die Predigt beginnt. Und du bist also aufgeregt?

Neue HB: Ein wenig schon! Ich bin gespannt, wie sie mit mir umgehen werden; wie oft sie mich lesen, und ob sie von Herzen glauben, was in mir geschrieben steht. Man hört so manches von anderen Hochzeitsbibeln, die haben einen schweren Stand...

Alte HB: ...ja, im Regal unten links, gut versteckt und verstaubt – das kenne ich leider auch. So war es in der Generation von Lieschen und Karl. Sie waren beide sehr fleißig. Das muß ich schon sagen. Aber sie waren noch mehr als das. Sie haben sich abgemüht und abgeplagt und konnten stille Stunden bald nicht mehr ertragen. Erst mußte noch dies und dann noch jenes angeschafft werden – und so blieb es bis zu ihrem Ende.

Neue HB: War es denn immer so? Oder hast du auch frohe Zeiten erlebt?

Alte HB: Natürlich kenne ich auch frohe Zeiten. Und wenn ich mir das Brautpaar ansehe, dann glaube ich, du hast gute Aussichten.

Neue HB: Erzähl mir, wie war es bei dir in den ersten Jahren?

Alte HB: Damals war es in vielen Familien noch gute Tradition, mich wenigstens zweimal am Tag aufzuschlagen. Der Vater las zu Tisch einen Abschnitt vor – mittags und abends –, dazu die Andacht aus dem Kalenderblättchen. So war das auch bei den jungen Leuten, die mich an ihrem Hochzeitstag bekamen.

Neue HB: Haben sie auch verstanden, was sie lasen, und von Herzen geglaubt?

Alte HB: Die beiden kamen in eine ernsthafte Krise. Mitten in leidvollen Ehestreitigkeiten und innerer Not konnte ich in ganz besonderer Weise zu ihnen reden.

Neue HB: Oh, das ist interessant für mich. Was hast du ihnen gesagt?

Alte HB: Das ist ganz einfach. Ich habe ihnen die Augen geöffnet. Zuerst ihm und dann auch ihr. Sie lasen den 32. Psalm. Und dann lasen sie ihn noch einmal. Und dann immer wieder. Meine Worte haben sie nicht mehr losgelassen.

Neue HB: Im 32. Psalm lasen sie. Ach ja, da steht doch geschrieben, wie wohl es dem Menschen ist, dem die Übertretungen vergeben sind, dem die Sünde bedeckt ist. Und daß man es nicht verschweigen und verbergen kann, ohne innerlich krank zu werden.

Alte HB: Als ich ihnen ihr eigenes Herz zeigte, da hörten sie plötzlich auf, sich zu bekämpfen und den Schuldigen immer nur im anderen zu sehen. Das hatte Auswirkungen. Sie fingen endlich an, aufrichtig miteinander umzugehen.

Neue HB: Und wie ging es dann weiter?

Alte HB: Ja, während ich ihnen half, in das eigene Herz zu schauen, zeigte ich ihnen den Gekreuzigten. Zum erstenmal verstanden sie die Botschaft richtig. Sie sehnten sich gemeinsam nach der Nähe Gottes und fanden das ewige Leben in Jesus Christus, ihrem Herrn.

Neue HB: Jetzt – kann ich mir denken – war die tägliche Andacht mehr als nur gute Tradition.
So wünsche ich mir das auch!
Aber laß mich noch fragen nach der traurigsten und glücklichsten Stunde deines Lebens. Woran mußt du zurückdenken?

Alte HB: Das ist schwer zu sagen; doch da fällt mir ein Erlebnis ein. Es war am Ende des Krieges. Ich lag unter den Trümmern. Ein junger Mann fand mich und fing an, in mir zu lesen. Es war eine wirklich notvolle Zeit. Ich werde nie vergessen, wie er betete: »Hilf mir doch heraus, o Gott. Hilf mir hier durch – und dir soll mein ganzes Leben gehören.«
Sein Gebet wurde erhört. Aber bald, als die Zeiten besser wurden, legte er mich zur Seite und dachte nicht mehr an sein Versprechen. Das hat sehr weh getan.

Neue HB: Ja, das kann ich gut verstehen. Und wie war es in der glücklichsten Stunde deines Lebens?

Alte HB: Die glücklichste Stunde meines Lebens ist eigentlich immer dann, wenn sie mich nehmen und aufmerksam lesen; wenn sie Christus in mir finden und meine Worte zum Trost werden können, aber auch zur Hilfe, den Willen Gottes zu erkennen. Und wenn sie dann mit frohem Herzen bekennen: »Dein Wort ist meines Fußes Leuchte und ein Licht auf meinem Wege.«

Neue HB: Ich danke dir. Du hast mir sehr viel Mut gemacht. Eigentlich haben wir auch gar keinen Grund, mutlos zu sein. Heißt es doch von uns: »Des Herrn Wort ist wahrhaftig, und was er zusagt, das hält er gewiß.«
Jetzt kann ich's kaum noch erwarten und bin ganz gespannt, wo man mich zum erstenmal aufschlagen wird, um den Trauspruch zu lesen.
Ihr doch sicher auch, nicht wahr?

G. Baumann

EVANGELISTISCHE VERANSTALTUNGEN

Liebe und Tod

Personen:
Liebe
Tod
mehrere Gefangene

Regieanweisung:
Die Personen sind folgendermaßen kostümiert: Liebe ist in Rot und/oder Weiß gekleidet, Tod in Grau oder Schwarz. Tod hat einen großen Schlüssel am Gürtel befestigt und hält einen Dreizack in der Hand (nicht aus Metall). Die Gefangenen erscheinen abgerissen und zerlumpt und sind aneinandergekettet.
Für Tod steht ein großer Ledersessel auf der Bühne. Weil sein Monolog zu Beginn recht lang ist, empfiehlt es sich, daß er zwischendurch einmal aufsteht und herumläuft.

(Die Gefangenen schleppen sich mühsam auf die Bühne und brechen dort erschöpft zusammen. Tod tritt auf und geht zu seinem Ledersessel. Er schnippt mit den Fingern, und die Gefangenen erheben sich. Er nickt befriedigt und schnippt wieder, daß sie sich niederlassen können. Dann läßt er sich lässig in den Sessel fallen)

Tod: Guten Abend. Mein Name ist Tod. Erfreut, Sie zu sehen. Es ist gar nicht solch eine Überraschung, wenn Sie mal darüber nachdenken – wir müssen unsere Bekanntschaft früher oder später doch machen. *(Pause)* Sie finden mich schockierend? Oder vielleicht ist es eher mein Schatten, der Sie so beunruhigt, nicht wahr? So sagt man jedenfalls. Nun, hier bin ich jedenfalls. *(Laut)* Der letzte Feind! *(Er wirft einen übertrieben dramatischen Blick ins Publikum und fällt plötzlich in seinen teilnahmslosen Ausdruck zurück. Er lacht vor sich hin)* Es wird alles sehr übertrieben, Sie wissen schon, dieses ganze melodramatische Zeug von wegen Knochen und Schädel, Friedhöfe und knarrende Grabplatten, Staub, der sich überall ansammelt. Ich bin die berechenbarste, normalste Person der Welt. Überaus gewöhnlich. Warum also können die Leute mir nicht in die Augen sehen? Ich bin doch die ganze Zeit da. Und nach mir gibt es nichts und niemanden sonst. Das mag für manche eine herbe Enttäuschung sein. Ich meine, all dieses Gerede über Erlösung, die Prüfung bestehen, genug getan haben, um gerade noch so in den Himmel zu kommen, sich reinzuquetschen, bevor die Tür ganz zu ist – alles Blödsinn, ehrlich, alles Blödsinn. Niemand schafft die Prüfung. Es ist unmöglich. Sehen Sie... Sünde, und sei es noch so wenig, kettet sie an den Tod. An mich. So einfach ist das, eine einfache Gleichung, zu der ich den Schlüssel habe. *(Er hebt den Schlüssel hoch)* Das ist meine Aufgabe. Ich nehme alles, jeden. *(Zeigt auf einzelne Gefangene, die ihren Kopf heben und voller Verzweiflung ins Publikum schauen)* Diese Frau dort glaubte, daß Gott für alles sorgt. Aber dann ertrank ihr zweijähriger Sohn in einem Teich. Das gab ihr den Rest, nahm ihr den Glauben. Er da, er betete inbrünstig wegen des Lungenkrebses seines Vaters – bis sein Vater starb, dann hörte er auf zu beten. Vielleicht ist Gott selbst auch gestorben? Der Verlobte jenes Mädchens kam bei einem Motorradunfall ums Leben, einen Monat vor ihrer Hochzeit. Ich nehme alles, sogar die Liebe.

(Liebe tritt auf)

Liebe: Das ist eine Lüge! Die Liebe erträgt alles, auch den Tod. Sie hört niemals auf.

Tod: Es ist sehr dumm so etwas in meiner Gegenwart zu sagen. Wer bist du?

Liebe: Mein Name ist Liebe.

Tod: Angenehm, Tod.

Liebe: Ich kenne dich. Ich bin wegen des Schlüssels gekommen, um die Gefangenen zu befreien.

Tod: *(Lacht leise)* Du hast keine Gewalt über den Schlüssel. Die Macht gehört dem Stärkeren. Und ich werde dich zerstören, wie ich dich schon immer zerstört habe.

Liebe: Aber du bist mir noch nie im Fleisch begegnet. Wenn das Vollkommene erscheint, vergeht das Unvollkommene. Vollkommene Liebe treibt die Furcht vor dem Tod aus.

Tod: Der Tod ist eine Tatsache, kein Angstgefühl. Du befaßt dich mit Gefühlen, ich mich mit Tatsachen. Sieh den Tatsachen ins Auge.

Liebe: Es gibt eine Tatsache, die du übersehen hast: Gott ist Liebe.

Tod: Wo ist Gott hier? Wo ist Gott für diese Leute? Die Wärme seiner Liebe ist zu weit weg, als daß sie sie fühlen könnten.

Liebe: Wirklich? Gib mir den Schlüssel.

Tod: Du bist also bereit, dafür zu sterben, ja? Nun gut *(Hält Liebe den Schlüssel hin und zieht ihn plötzlich zurück)*, aber niemand ist stärker als der Tod.

(Liebe und Tod kämpfen; möglichst realistische Darstellung, evtl. mit Schlagzeug untermalen. Während des Kampfes nimmt Liebe, vom Publikum unbemerkt, den Schlüssel an sich. Der Kampf endet damit, daß Tod seinen Dreizack nimmt und Liebe damit zurückdrängt und schließlich aufspießt – Liebe hängt wie gekreuzigt da. Tod dreht sich triumphierend zu den Gefangenen.)

Tod: Seht ihr? Seht ihr? Ich nehme alles! Ich nehme alles! Alles!

(Entdeckt plötzlich den Verlust des Schlüssels)

Mein Schlüssel...

(Sucht fieberhaft auf dem Kampfplatz, bemerkt die Gefangenen, die auf den Schlüssel starren: Liebe hält ihn in der rechten Hand)

Was starrt ihr so?

(Versteht plötzlich und schreit auf, Liebe steigt vom Kreuz und schließt die Ketten der Gefangenen auf. Sie gehen davon, humpelnd zuerst, aber glücklich und befreit. Sie verlassen einer nach dem anderen die Bühne, bis auf den letzten. Er wendet sich von Liebe ab und hält die Ketten um sich herum fest)

Liebe: Willkommen! Willst du nicht auch an dem Fest teilnehmen?
Gefangener: Nein.
Liebe: Warum nicht?
Gefangener: Ich bin in Ketten. Ich verdiene meine Strafe.
Liebe: Aber ich habe die Schlüssel zu Hölle und Tod. Wenn ich dich befreie, wirst du für immer frei sein. Weißt du nicht, wer ich bin?

(Gefangener schüttelt niedergeschlagen den Kopf)

Ich bin die Liebe.
Gefangener: Aber ich habe die Liebe zurückgewiesen.

Liebe: Willst du wirklich beim Tod bleiben?
Gefangener: Nein.

(Liebe entfesselt ihn behutsam. Die beiden gehen von der Bühne. Die einsame Figur des Todes kriecht zu den Ketten, hebt sie auf und stößt einen Schrei der Verzweiflung aus. Er ist seines Reiches beraubt. Er drückt die Ketten an sich und bricht zusammen)

OM-Team[8]

Von einem, der auszog, nach Liebe zu suchen

Personen:
Sprecher
Suchender
zwei Tauzieher
Paar 1–3
zwei Maurer

Material:
Liebesständer (Notenständer o.ä.)
Papierkorb
drei große Blätter Papier
Seil
vier große Kartons
Bibel

Regieanweisung:
Der Liebesständer steht gut sichtbar auf der Bühne, der Papierkorb daneben.

I. Akt

(Suchender schreibt »Liebe« auf das erste Blatt, hält es so, daß das Publikum es lesen kann und stellt es auf den Liebesständer)

1. Szene

Sprecher:

Ein Mensch in unserer Stadt macht sich auf.	*(Suchender läuft suchend vor der Bühne umher)*
Er sucht nach Liebe.	*(Suchender schaut sich um)*
Er sucht nach Harmonie bei Mann und Frau.	

2. Szene

(Tauzieher treten mit Seil auf die Bühne; Suchender beobachtet sie aus kurzem Abstand)

Sprecher:
Er trifft zwei Menschen – sie ziehen an einem Strang. *(Tauzieher ziehen)*
In unterschiedlicher Richtung. *(Tauzieher ziehen kräftiger)*
Sie kämpfen ununterbrochen gegeneinander an.

(Tauzieher verlassen die Bühne; danach auch der Suchende, nachdenklich)

3. Szene

(Paar 1 betritt die Bühne)

Sprecher:
Er versucht sie auf seine Seite zu ziehen. *(Pantomimische Diskussion)*
Gegen ihren Willen.
Sie beharrt auf ihrem Standpunkt und will ihn gefügig wissen.

(Paar 1 ab. Suchender zunächst zögernd auf der Bühne, dann zielstrebig zum Ständer, streicht Liebe durch und wirft Blatt zerknüllt in Papierkorb)

II. Akt

(Suchender schreibt wieder »Liebe« auf ein Blatt und stellt es auf den Liebesständer)

1. Szene

Sprecher:
Der Mensch in unserer Stadt sucht weiter. *(Suchender sucht wie im 1. Akt)*
Er gibt nicht auf.
Er sieht sich überall in unserer Stadt um.

2. Szene

(Maurer treten mit Kartons auf die Bühne; Suchender beobachtet sie aus kurzem Abstand)

Sprecher:
Er sieht zwei Menschen, die gemeinsam arbeiten. *(Maurer mauern)*
Sie bauen eine Mauer. *(Aggressives Mauern)*
Einer mauert gegen den anderen an.

(Maurer verlassen die Bühne; danach auch der Suchende, nachdenklich)

3. Szene

(Paar 2 betritt die Bühne)

Sprecher:
Sie legt ihm Steine in den Weg, der zu ihr führt. *(Pantomimische Diskussion)*
Steine, die ihn bremsen.
Er läßt sie nicht durch seine harte Schale in sein Inneres sehen.

(Paar 2 ab. Suchender zunächst zögernd auf der Bühne, dann zielstrebig zum Ständer, streicht Liebe durch und wirft Blatt zerknüllt in Papierkorb)

III. Akt

(Suchender schreibt wieder »Liebe« auf ein Blatt und stellt es auf den Liebesständer)

1. Szene

Sprecher:
Der Mensch in unserer Stadt hat noch Hoffnung. *(Suchender sucht wie im 1. Akt)*

Es gibt Plätze,
an denen er noch nicht war.

2. Szene

(Paar 3 betritt die Bühne. Diskussion wie zuvor, jetzt aber mit Blick auf die Bibel, die sichtbar auf einem Tisch o.ä. liegt. Diskussion zuerst heftig, dann zugänglicher. Schließlich zum Publikum gewandt)

Paar 3: Wenn wir im Glauben aufeinander zugehen, sind nicht alle Probleme auf einen Schlag gelöst, aber wir haben einen Grund, auf dem Liebe wachsen und gedeihen kann.

(Paar 3 ab; Suchender nimmt die Bibel an sich und geht ab)

R. Baier/D. Roth

Herzen

Pantomime

Personen:
ein Junge (A)
ein Mädchen (B) vorzugsweise ein Ehepaar
ein Gitarrist

Regieanweisung:
Die Darsteller haben geschminkte Gesichter und benützen keinerlei Requisiten. Alle in der Handlungsbeschreibung ausgeführten Dialoge werden rein pantomimisch durch Musik und Gestik dargestellt.

1. Teil

Handlung:
A kommt von der linken Bühnenseite herein und macht ein langes Gesicht: »Mensch, das Leben ist wirklich Mist.« *(Kurze Pause)* »Na ja, der letzte Dienstag war spitze!« *(Heitert sich etwas auf)* »Aber den Rest kann man wirklich vergessen.« *(Wird wieder niedergeschlagen)*

2. Teil

A hört eine Stimme vom Himmel; Gott bittet ihn: »Gib mir dein Herz.« A umreißt mit seinen Fingern auf der Brust sein Herz: »Du willst mein Herz?« Die Stimme vom Himmel bestätigt es.
»Na gut.« A beginnt, sein Herz aus der Brust zu ziehen, und hebt es langsam zum Himmel, wobei das Herz in seinen Händen weiterschlägt. Die Freude, die ihn nun erfüllt, findet ihren Ausdruck: »Herr, du füllst die Leere wirklich aus!«

3. Teil

Nun kommt B von der linken Bühnenseite, sieht A und bleibt auf halbem Wege stehen, um sich zu schminken. Noch ein Blick in den Spiegel. Dann nähert sich B an A: »Mal sehen, ob ich den auf mich aufmerksam machen kann!« B tritt an A's linke Seite *(Ziemlich nah)*,

begrüßt ihn und läßt ihre Finger an seinem Arm hochlaufen. A dreht sich leicht verschämt weg. B fährt fort, mit ihm zu flirten. Dann zeichnet sie sein Herz mit den Fingern nach: »Kann ich dein Herz haben?«
A: »Nein, ich fürchte, das geht nicht. Ich habe es schon dem Herrn gegeben.«
(Handbewegungen)
B fährt hartnäckig fort: »Ach, bitte!« *(Sehr stark flirtend)*
A wiederholt, daß er sein Herz schon dem Herrn gegeben hat.
»Na gut, dann eben nicht«, sagt B und geht in Richtung der linken Bühnenseite ab. *(Trotziger Gesichtsausdruck)*
Während sie sich von ihm abwendet, denkt A noch einmal nach und schaut sie sich genauer an: »Eigentlich ist sie ja ganz niedlich.« Er geht ihr nach und tippt ihr auf die Schulter.
Sie dreht sich sehr kokett um und wird lebhaft. Dann zeichnet sie wieder sein Herz nach: »Hast du es dir jetzt anders überlegt? Krieg' ich jetzt dein Herz?« A: »Ja.« Er hebt seine Hände zum Himmel und verlangt sein Herz vom Herrn zurück. B hält ihre Hände ein Stück unter die seinen, um es zu fangen. Sie ist sehr begierig, es zu haben, während er es noch zurückhält: »Sei bitte vorsichtig mit meinem Herz.«
»Natürlich«, sagt sie, wendet ihr Gesicht aber dem Publikum zu, um mit einem zynischen Lächeln zum Ausdruck zu bringen: »Und wie ich darauf aufpassen werde!« Endlich gibt er ihr sein Herz. Sie läuft damit weg und fängt an, damit Fangball zu spielen: Sie wirft es von einer Hand zur anderen. Sie wirft es wieder hoch, er fängt es, sie schlägt es ihm aus der Hand und fängt es auf. Sie wirft es zur rechten Seite der Bühne und fängt es. Sie wirft es hoch, tritt es mit dem Fuß zur linken Bühnenseite und fängt es auf. Offensichtlich gelangweilt läßt sie es zu Boden fallen, gähnt und geht zur linken Bühnenseite ab. *(Oder: Es fällt hin, und sie zertritt es mit dem Absatz)*

4. Teil

A bückt sich, um sein Herz aufzuheben. Völlig verzweifelt: »Ach nein! Was ist geschehen? Jetzt bin ich schlechter dran als vorher!« A fängt an, die Scherben aufzuheben, hält sie in beiden Händen und schüttelt die hohlen Hände neben seinem Ohr: »Ich kann ja sogar die Scherben klirren hören!« A ist völlig ratlos. Dann hört er eine

Stimme vom Himmel, die ihn bittet, sein gebrochenes Herz Gott zu geben, der es heilen will. A hebt sein Herz zu Gott hoch. Sekunden später schaut er auf; da kommt sein geheiltes Herz. »Oh, danke, Herr, daß du mein gebrochenes Herz geheilt hast!« Er fängt an, das Herz in seine Brust zurück zu tun *(Es pulsiert wieder)*, aber Gott hält ihn an und erbittet das Herz zurück. »Einverstanden, Herr, hier gebe ich es dir«, sagt er und hebt es zu Gott zurück.
B tritt von der linken Bühnenseite auf und sagt zu sich selbst: »Ich muß doch schnell noch einmal den schönen Jungen da anmachen!« Sie geht zu ihm hinüber und schmiegt sich leicht an ihn: »Hallo, erinnerst du dich noch an mich?«
»Ja, natürlich«, sagt er und macht ein paar Schritte weg von ihr.
Sein Herz nachzeichnend bittet sie ihn wieder darum.
»Nein, ich habe es dem Herrn zurückgegeben«, sagt er.
»Ach bitte«, drängt sie und erinnert ihn daran, wie er es das letzte Mal von Gott zurückbekommen hat.
»Nein, es bleibt nun bei Gott«, erwidert A.
Sie wendet sich ab und fängt an, Richtung linke Bühnenseite abzugehen.
Er tippt sie auf die rechte Schulter.
Sie dreht sich um; in der Hoffnung, daß er es sich anders überlegt hat, schmiegt sie sich an ihn und zeichnet sein Herz nach: »Hast du dir's doch anders überlegt?«
»Nein, aber warum gibst du dein Herz nicht dem Herrn?« fragt er, indem er ihr Herz andeutet und in Richtung Himmel zeigt.
B: »Du bist ja nicht ganz dicht!«, wendet sich ab und geht weg.
A kniet sich hin und beginnt zu beten.
Nach fünf Sekunden hört B, daß Gott sie um ihr Herz bittet. »Du willst mein Herz?« fragt sie, indem sie es nachzeichnet und zu Gott zeigt. Nach einigen Sekunden inneren Kampfes stimmt sie zögernd zu. Sie beginnt, es sich aus der Brust zu ziehen, während A sein Gebet beendet. Sie versucht es zweimal. Beim dritten Mal gibt A ihr einen leichten Schlag auf den Rücken, durch den das Herz in ihre Hände springt. Dann leitet A ihre Hände mit dem leicht pulsierenden Herz nach oben zu Gott, ohne sie zu berühren.
Dann läßt sie ihr Herz los. A und B halten ihre Hände erhoben. A nimmt B's rechte Hand, sie verbeugen sich.
(Andere Möglichkeit für den Schluß: B läßt ihr Herz los. Gemeinsam mit A gibt sie ihrer neugewonnenen Freude Ausdruck. Dann zeigen A und B ins Publikum: »Du, du, du, ihr müßt auch euer Herz Gott schenken!«)

Gitarrengriffe zur Pantomime

1. Teil

A tritt auf, macht ein langes Gesicht.
Akkorde: C – C – D – C – G (2x)

Siehe Teil 2 b

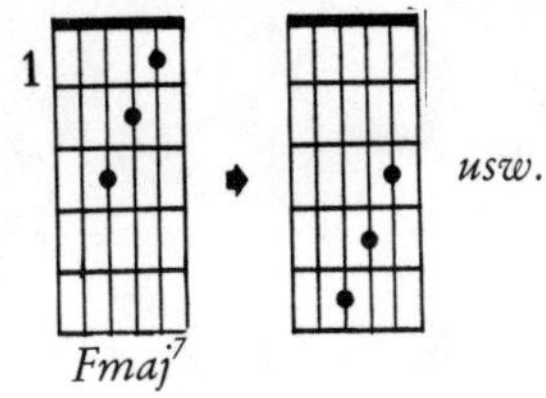

2. Teil

a) A hört die Stimme Gottes vom Himmel.
   Akkorde: Cmaj 7 – Fmaj 7
b) A zieht sein Herz aus der Brust und hebt es zum Himmel.
   Akkorde: Fmaj 7 – 2 Bünde weiter – 2 Bünde weiter
c) A läßt sein Herz los und gibt seiner Freude Ausdruck.
   Akkorde: Amaj – Emaj – G – D – A

3. Teil

a) B tritt auf und beginnt seinen »Dialog« mit A.
   Akkorde: C♯ – D – Bm – G – A (3x)
   G – A – D – C♯
b) B spielt mit A's Herz.
   Akkorde: C♯° – zum 2. Bund – 5. Bund – 8. Bund – 11. Bund
c) B wirft A's Herz in die Luft und es fällt zu Boden.
   Akkorde: D – A – D (Dum, Dum, Dum)

4. Teil

a) A ist voller Verzweiflung
   Akkorde: Em – Am (langsam)
b) A hört die Stimme Gottes.
   Akkorde: Siehe Teil 2 a, b, c
c) B tritt wieder auf
   Akkorde: Siehe Teil 3 a
d) B hört Gottes Stimme.
   Akkorde: Siehe Teil 2 a
e) B gibt ihr Herz weg.
   Akkorde: Siehe Teil 2 a, b, c

Bemerkung:
Musik und Handlung stimmen nicht hundertprozentig überein. Änderungen sind der Phantasie der Aufführenden überlassen.

OM-Team

Die Hölle ist anders

Nach einer Erzählung von Pastor W. Busch

Botschaft:
Wer den Namen Jesu anruft, wird gerettet werden (Apg 2,21). Wer aber nicht glaubt, wird verdammt werden (Mk 16,16).

Personen:
Sprecher
Zuschauer 1–3
Darsteller 1–2
weitere Darsteller (ca. 8)

Regieanweisung:
Der Sprecher geht als Reporter durch die Reihen, Zuschauer 1–3 sitzen verteilt unter den Zuhörern.

Sprecher: Meine sehr verehrten Zuhörer! Unser heutiges Thema heißt: »Hölle, ist das eine Erfindung des Mittelalters?«
Darf ich Ihnen zunächst eine Frage stellen: »Was verstehen Sie unter Hölle?«

Zuschauer 1: Hölle? Ja, etwas Genaues kann ich mir darunter nicht vorstellen. Ich habe zwar schon manchen Film über das Thema »Hölle« gesehen. Es muß etwas Grausames sein. Wenn ich z.B. an das Elend bei der Flucht denke oder an uns arme Wichte im Splittergraben, wenn die Granaten neben uns einschlugen. Das war bestimmt nicht angenehm. Ich könnte mir denken, daß das Hölle ist.

Sprecher: Hölle auf Erden? Nun gut, das laß ich stehen. Aber die Hölle ist das noch lange nicht.

Zuschauer 2: Mich interessiert Ihr Thema auch. Hölle? Ich mußte eben an eine Begebenheit denken, die ich neulich erlebte. Ich kam in ein Haus, da wackelten die Wände, nicht wegen eines Erdbebens, sondern in der Familie gab es Krach. Es war schrecklich.
Der Mann schien sinnlos betrunken zu sein. Jedenfalls schrie er, schimpfte, fluchte, zog seine Frau an den Haaren im Zimmer umher und schlug auf sie ein. Unten im Hausflur begegneten mir die weinenden Kinder. Sie flüchteten im Schlafanzug und Nachthemdchen vor ihrem tobenden Vater.

Wenn das keine Hölle ist, dann weiß ich nicht, was man überhaupt Hölle nennen soll.

Sprecher: Es ist wie die Hölle, aber die Hölle ist es noch nicht.

Zuschauer 3: Gestatten Sie, ich habe auch über diese Frage nachgedacht: Was ist Hölle? Neulich las ich in einem Buch über die Zerstörung Jerusalems im Jahre 70 nach Christus. Noch nie habe ich einen solch grausamen Bericht gelesen. Da war die Hungersnot so groß, daß Mütter ihre eigenen Kinder aßen. Alle, die aus der Stadt herausflüchteten, wurden getötet, und man schlitzte ihnen die Bäuche auf, weil die römischen Soldaten vermuteten, die flüchtenden Juden hätten Gold geschluckt, um die Tempelschätze in Sicherheit zu bringen. Als die Römer den letzten Widerstand gebrochen hatten, kreuzigten sie alle, die sie erwischen konnten. Man sagt, daß sie so viele Menschen kreuzigten, wie sie Holz fanden. Alle anderen wurden dann in die Sklaverei verschleppt. Ich dachte, das ist ja fast noch schlimmer als die Berichte von Konzentrationslagern unserer Tage. Schlimmer kann ich mir die Hölle auch nicht vorstellen.

Sprecher: Auch hier muß ich wieder sagen, es ist wie die Hölle, aber nicht die Hölle.

Zuschauer 1: Was verstehen denn Sie unter Hölle?

Zuschauer 2: Das würde mich auch interessieren.

Sprecher: Jesus Christus sagt: »Da wird sein Heulen und Zähneklappern« (Mt 8,12). Die Bibel berichtet uns nicht alle Einzelheiten. Aber es wird sicher schrecklicher sein als alle menschliche Quälerei.

Wir möchten Ihnen heute mit unserer Gruppe ein Bild zeigen, ein Stegreifspiel aufführen, das etwas weitergibt, was einmal jemand geträumt hat. Wir wissen, daß es nur ein Traum ist, aber doch liegt in diesem Traum ein tiefer Sinn, den man gut biblisch belegen könnte. Ich bitte Sie, öffnen Sie doch einmal den Vorhang! *(Die beiden Zuschauer öffnen den Vorhang. Die sitzenden und stehenden Darsteller werden sichtbar. Alle grübeln)*

Zuschauer 3: Was ist denn das?

Zuschauer 2: Was sollen denn diese Menschen darstellen?

Sprecher: Dies soll die Hölle darstellen.

Zuschauer 2: Ach, die habe ich mir ganz anders vorgestellt.

Zuschauer 3: Die Leute sind so nachdenklich.

Sprecher: Ja, sie überlegen.

Zuschauer 1: Was überlegen sie denn?
Zuschauer 2: Das würde mich auch interessieren.
Sprecher: Fragen Sie die Darsteller doch selbst.
Zuschauer 2: Was macht ihr da?
Darsteller 1: *(Ohne den Fragenden anzublicken)* Wir suchen den Namen!
Zuschauer 1–3: Den Namen?
Sprecher: Sie suchen einen Namen!
Zuschauer 3: Einen Namen? Warum? Was soll denn dieser Name?
Alle Darsteller: Wir suchen den Namen!
Sprecher: Sie suchen den Namen eines Erretters.
Zuschauer 1: Eines Erretters? Ach, eines Wohltäters? *(Laut)* Albert Schweitzer?
Darsteller: Nein!
Zuschauer 2: Mahatma Gandhi!
Darsteller: Nein!
Zuschauer 3: Billy Graham!
Darsteller: Nein!
Darsteller 2: Wir suchen den Namen!
Zuschauer 3: Ist es Buddha?
Alle Darsteller: Nein!
Zuschauer 1: Mohammed?
Zuschauer 2: Konfuzius?
Darsteller: Nein!
Zuschauer 1: Mose?
Darsteller: Nein!
Sprecher: Sie suchen den Namen des Heilands.
Zuschauer 1: Ach, den Namen Jesus Christus?
Sprecher: Ja, den haben sie vergessen.
Zuschauer 3: Nun, dann wollen wir ihnen den sagen.
Sprecher: Versuchen Sie es doch einmal!
Zuschauer 3: Jesus Christus! *(Die Darsteller reagieren nicht)*
Zuschauer 1: Sagen Sie doch einmal lauter!
Zuschauer 2: Jesus Christus! *(Die Darsteller reagieren immer noch nicht)*
Darsteller 2: Wir suchen den Namen!
Alle Darsteller: Sagt uns doch den Namen!
Zuschauer 3: *(Ganz laut)* Jesus Christus!
Sprecher: Bitte, meine Herren und Damen, bemühen Sie sich nicht weiter. Es ist zu spät. Hier hört man den Namen Jesus Christus nicht mehr. Es ist nicht möglich, daß sie den Namen verstehen,

weil die Gnadenzeit für Sie zu Ende ist. Sie sind ganz allein mit dem, was in Ihnen steckt. Das ist die Hölle.

Bearbeitung: W. Heiner

Gefährliche Unentschiedenheit

Auszug aus »Des Teufels General«[9]

Botschaft:
Entscheidung für Christus ist Annahme der angebotenen Hand Gottes: Haben wir seine Hand ergriffen?

Personen:
Hauptmann Hartmann
General Harras
Ansager

Ansager: Hauptmann Hartmann kommt zurück von der Ostfront und ist verwundet. Er findet keine Ruhe über dem, was er in Polen von der SS gesehen hat. In seiner Verzweiflung wendet er sich an seinen väterlichen Freund (General Harras) und stellt ihm entscheidende Fragen.

Hartmann: In Lodz hab ich ihn wiedergetroffen, wir warteten auf den Transport. – Ich wußte nicht, daß er beim Vertilgungskommando war. – Sie haben auf Wehrlose geschossen – nur zum Spaß. Sie haben gelacht, wenn die vor Angst gewimmert haben. Sie – ich kann es nicht aussprechen, Herr General. Das hat doch nichts mehr mit Krieg zu tun. Nichts mit dem Ziel – nichts mit der Idee. Dafür gibt es doch keine Rechtfertigung. Das ist doch einfach – schändlich! Und ich frage mich – Herr General – wird jeder so, wenn man ihn läßt? Könnte man selbst so werden? Gibt es dagegen denn keinen Schutz?

Harras: Die Menschheit hat immer wieder versucht – jahrtausendelang – einen Schutz aufzurichten – gegen sich selbst. Aber es scheint, er läßt sich in weniger als einem Menschenalter einreißen. Er muß nicht mehr stark gewesen sein. – Ich weiß, das ist keine Antwort. Sie haben auch noch nicht gefragt – was Sie fragen wollten.

Hartmann: In der Ordensburg haben sie uns gesagt, wir seien die Kreuzritter einer neuen Zeit. Die alte, die christliche, habe ihre zweitausend Jahre gehabt. Die neue solle nach unseren Plänen gezimmert werden. Ein Reich der Kraft und Herrlichkeit auf dieser Welt. Ich habe das alles geglaubt. Es hat mich begeistert. Aber wie soll etwas Neues werden, etwas Starkes und Gutes, wenn es damit anfängt, daß man das Niedrigste und Gemeinste in den Menschen entfesselt? Wie soll man die neue Zeit ertragen – wenn sie mit nichts als Mord beginnt?

Harras: Neue Zeit. Ich glaube – das ist auch so etwas, was es gar nicht gibt. Die Zeit – sie ist immer die gleiche. Groß – unberührbar. Ohne Anfang und Ende. Wo aber ein Mensch sich erneuert, da wird die Welt neu geschaffen.

Hartmann: Ich will Sie jetzt fragen, Herr General. Sie haben mir damals vieles gesagt, es ist mir gefolgt, die ganzen Wochen – aber mehr wie eine Melodie – die nicht die volle Antwort gibt – oder deren Sinn man nicht ganz erfaßt. Es hat etwas gefehlt. Vielleicht werden Sie mich auslachen. Glauben Sie an Gott?

Harras: *(Nach einer langen Pause)*

Ich weiß es nicht. Er ist mir nicht begegnet. Aber das lag an mir. Ich wollte ihm nicht begegnen. Er hätte mich vor Entscheidungen gestellt – denen ich ausweichen wollte. Ich habe an das Erdenkbare und Erkennbare geglaubt und an das, was man prüfen, entdecken, finden kann.

Aber die größte Findung aller Zeiten habe ich nicht erkannt. Sie heißt Gott. In vielerlei Gestalt – immer Gott. Er ist eine Erfindung der menschlichen Seele oder besser – ein Fund.

Ein offenbartes Wissen, drum ist es wahr. Alle Erfindungen der Menschenseele werden wahr. Der Mensch träumt nichts, was nicht ist und war und sein wird. Wenn er Gott geträumt hat – dann gibt es Gott. Ich kenne ihn nicht. Aber ich kenne den Teufel. Den habe ich gesehen – Auge in Auge. Drum weiß ich, daß es Gott geben muß. Mir hat er sein Angesicht verhüllt. Dir wird er begegnen.

Hartmann: Haben Sie gebetet?

Harras: Ich glaube ja, wenn ich sehr glücklich war.

Hartmann: Dann muß er Ihnen doch begegnet sein. Die meisten beten nur, wenn sie Angst haben.

Harras: Ich weiß es nicht. Ich habe seine Hand nicht ergriffen. Ich habe – die andere gewählt.

Du aber, wenn du mich fragst – darfst ihm vertrauen.

Ich aber habe nicht gewollt.

C. Zuckmayer

Eine Maske, bitte!

Botschaft:
Gott sieht den Menschen, wie er ist (Ps 32).

Personen:
Sprecher
Kaufmann Faber
Kunden 1 – 5

Regieanweisung:
Im Vordergrund ein Tisch. Hinter dem Tisch können auf einer Schnur einige Masken aufgereiht hängen, sie dienen aber nur als Kulisse. Der Sprecher tritt vor die Zuschauer.

Sprecher: Guten Abend, sehr verehrte Damen und Herren. Sie werden staunen, Sie befinden sich in einem seltsamen Laden, in dem noch seltsamere Waren verkauft werden. Sie befinden sich in einem Maskenladen. Darf ich vorstellen *(Ein Spieler erhebt sich)*: Das ist Herr Faber, Maskenhändler en gros. *(Herr Faber tritt lächelnd hinter seinen Tisch)* Der erste Kunde kommt schon. Er ist offenbar in großer Verlegenheit. Tante Helene aus Hamburg kommt zu Besuch. Die Dame ist schon älter, es geht wohl um eine Erbschaft. Aber Tante Helene ist fromm.

Kunde 1: Ich hätte gern eine Maske für einen Verwandtenbesuch.

Faber: Bitte sehr, wir haben einige sehr schöne Stücke zur Auswahl!

Kunde 1: Was, so teuer sind die? Das bringt mir ja die ganze Erbschaft nicht ein!

Faber: Da hätte ich dann höchstens noch einen Stapel Masken aus dem vorigen Jahrhundert!

Kunde 1: Ja! Die sind genau richtig. Meine Tante lebt mit ihren Ansichten sowieso noch im letzten Jahrhundert. *(Bleibt stehen)*

Sprecher: Kunde 2 will die Stellung wechseln und hat die Annonceseite einer Zeitung mitgebracht. *(Kunde 2 kommt)* Es wird ein seriöser Mitarbeiter gesucht mit sicherem Auftreten und eleganter Erscheinung. Morgen soll der Personalchef besucht werden.

Kunde 2: Herr Faber, haben Sie dafür eine Maske?

Faber: Sicher. Welche möchten Sie denn? Die kriecherische, die selbstbewußte, die hilfreiche, die korrekte ...

Sprecher: Kunde 3: Der junge Mann hat am Abend ein Rendezvous. *(Kunde 3 kommt)*

Kunde 2: Ich glaube, mit der ersten komme ich am weitesten. Danke! *(Bleibt stehen)*

Kunde 3: Ich brauche etwas Zärtliches und Liebevolles, aber natürlich auch Männliches.

Sprecher: Herr Faber hat eine große Auswahl, denn ...

Faber: Von dieser Sorte haben wir jede Menge da. Die stellen wir im Massenproduktionsverfahren her. Das ist billiger, und außerdem kommen wir so den Kundenaufträgen am schnellsten nach!

Sprecher: Kunde 4 ist ärgerlich, denn er muß auf den Friedhof. Der Kollege ist gestorben. *(Kunde 3 bleibt stehen; Kunde 4 kommt)*

Kunde 4: Ich habe den Mann nie leiden können, aber man muß ja etwas für die Firma tun. Den Zylinder habe ich schon, doch die Maske fehlt mir noch ...

Faber: Da haben wir auch sehr schöne Stücke mit Tränendrüse, garantiert farbecht! Hat noch nie seine Wirkung verfehlt!

Kunde 4: Vielen Dank, Herr Faber! Sie haben mir damit aus einer sehr großen Verlegenheit geholfen. *(Bleibt stehen)*

Sprecher: Dort kommt ein junger Mann, der zum Traugespräch muß. Mal sehen, welche Maske ihm zusagt.

Kunde 5: Ja, ich möchte etwas, was von allem ein bißchen aufzuweisen hat. So ein bißchen Nächstenliebe, Moral, Anstand, auch Frömmigkeit usw. Aber von keinem zu viel. Es muß richtig ausgewogen sein. Haben Sie so etwas?

Faber: Für eine solche Sonderanfertigung müssen Sie natürlich einen Aufpreis bezahlen, aber bei uns ist alles möglich! Wissen sie, bis jetzt habe ich noch nie einen Kunden unbefriedigt wegschicken müssen!

(Jemand schneidet den Faden mit den Masken ab. Die Masken fallen)

Sprecher: *(Unmittelbar darauf)* Die Masken sind weg! Sie müssen auch weg – aber wie!

W. Heiner

Der Trick

Botschaft:
Sünde, was ist das eigentlich? – Ohne Gott ist alles relativ. – Woher bekommen wir den richtigen Maßstab für unser Leben?

Personen:
Gärtner
Spieler 1 – 3

Regieanweisung:
Andeutung eines Parks. Ein Gärtner arbeitet gebückt. Das Stück, das er vom Unkraut befreien soll, ist durch zwei Stangen oder ähnliches abgesteckt. Er ist etwa bis zur Hälfte fertig. Im Hintergrund eine Bank.

Spieler 1: *(Kommt, grüßt freundlich und setzt sich auf die Bank)* Guten Tag.
Gärtner: *(Schaut kaum auf)* Guten Tag!
Spieler 1: *(Nach einer Weile)* Schönes Wetter heute, was?
Gärtner: So? Kann ich gar nicht finden! *(Pause, arbeitet weiter)*
Spieler 1: *(Zeigt von dem einen Pfahl bis zum Gärtner)* Das alles haben Sie heute schon vom Unkraut befreit? In der ganzen Breite?
Gärtner: Ja.
Spieler 1: Und Sie müssen noch bis dahin arbeiten? *(Zeigt zum anderen Pfahl)*
Gärtner: Ja, der Chef hat abgesteckt, was ich heute schaffen muß.
Spieler 1: Allerhand Arbeit, was?
Gärtner: *(Richtet sich auf und sieht den anderen verwundert an)* Sie scheinen aber ein redseliger Mann zu sein.
Spieler 1: Entschuldigen Sie, wenn ich Sie belästige. Ich bin nur so gut gelaunt. Sie wissen ja sicher, wie das ist. Dann möchte man am liebsten mit jedem, den man trifft, ein Gespräch anknüpfen.
Gärtner: Ja, sowas gibt's schon mal. Was hat Sie denn so froh gemacht? Erzählen Sie schon, damit Sie es los sind.
Spieler 1: Ich habe einen Prozeß gewonnen. Ich komme gerade eben aus dem Justizgebäude.
Gärtner: Na, da gratuliere ich aber! Worum ging's denn, wenn man fragen darf?
Spieler 1: Ein Scheidungsprozeß.
Gärtner: Oooh! Entschuldigen Sie, ich glaube, da ist nichts zu gratulieren.

Spieler 1: Warum nicht? Es ging doch nur noch um die Frage, wer schuldig ist. Trennen wollten wir uns sowieso. Dafür hätte ich notfalls auch auf mich genommen, daß ich schuldig gesprochen wäre. Ehrlich gesagt, ich habe sogar fest damit gerechnet. Aber wenn die Dinge jetzt so eine Wendung genommen haben – um so besser. Der Anwalt war ein prachtvoller Kerl.

Gärtner: *(Sieht ihn überlegend an und fragt nach einer Weile)* Hören Sie mal, wenn Sie schon ehrlich sagen, daß Sie Ihre Verurteilung erwartet hätten, dann geben Sie wohl auch zu, daß Sie eigentlich schuld waren, nicht wahr?

Spieler 1: Hmm – das wollte ich damit nicht sagen. *(Etwas verlegen)* Das heißt, wenn ich Ihnen die Geschichte erzählen würde, würden Sie es wahrscheinlich so sehen ... Aber ich finde, sie hätte ein bißchen nachgiebiger ... ich meine, sie brauchte ja nicht immer solche Eifersuchtsszenen zu machen. Denn die machen einem ja das Zusammenleben erst zur Hölle. Insofern bin ich wirklich froh, daß das nun erledigt ist.

Gärtner: Nun haben Sie mir doch so viel erzählt, daß ich mir die Geschichte zusammenreimen kann. Ich verstehe nur nicht, weshalb Sie dann nicht schuldig gesprochen wurden.

Spieler 1: Ja, man hatte eben keine Beweise! Ich habe mich dann so gegeben, als liebte ich meine Frau wie am ersten Tag. Sie aber wollte unbedingt geschieden werden. Und zu dem Zweck hat sie sich glücklicherweise so hysterisch aufgeführt, daß die Herren Geschworenen anscheinend auch den Eindruck hatten, daß es mit ihr schwierig sei.

Gärtner: *(Verwirrt)* Ja, aber ... Was sagt denn Ihr Gewissen dazu, wenn Sie selbst glauben, daß Sie schuldig sind?

Spieler 1: *(Lacht)* Erstens glaube ich gar nicht, daß ich schuldig bin. Und zweitens: Gehen Sie mir doch mit dem Gewissen! *(Als der Gärtner nicht antwortet)* Sehen Sie mich an! Ich bin noch ziemlich jung und gesund; außerdem bin ich reich ... Sagen Sie selbst: Soll ein Mann wie ich, mit der Bekanntschaft von mehreren schönen jungen Damen, neben einer knurrig gewordenen Frau sitzen bleiben, die nichts tut, als mir das Essen zu kochen und mir Vorwürfe zu machen, wenn ich mal ein bißchen länger fortbleibe! Ich will doch nicht lebendig begraben sein!

Gärtner: Aber Sie gaben ihr doch erst den Anlaß zu den Vorwürfen! Drehen Sie doch die Dinge nicht so, wie Sie sie brauchen, sondern lassen Sie sie so, wie sie sind! Schuld bleibt Schuld ...

Spieler 1: *(Ironisch)* Sind Sie Pastor? Hören Sie auf mit Schuld! Fehlt nur noch, daß Sie mit Moral oder gar mit Gott ankommen. Das sind altmodische Begriffe, um die sich kein Mensch mehr schert! Passen Sie auf, den ersten, der hier vorbeikommt, werde ich nach seinem Gewissen fragen und etwas auf den Zahn fühlen. Und ich wette mit Ihnen zehn zu eins, daß er zwar einerseits nach Ihren Begriffen ein Sünder ist, aber andererseits das sauberste Gewissen hat, das man nur haben kann. Kein vernünftiger Mensch läßt sich von überholten Moralbegriffen die gute Laune verder...

Gärtner: Ich wette nicht um so etwas.

Spieler 1: Macht nichts. Aber da kommt gerade ein Herr. Ich werde mir auch ohne Wette die Gelegenheit nicht entgehen lassen, Ihnen zu beweisen ...

(Spieler 2 betritt die Bühne)

Spieler 1: Guten Tag! Entschuldigen Sie bitte – dürfte ich Ihnen ein paar Fragen stellen? Es geht um eine Wette.

Spieler 2: Ja bitte, wenn es nicht zu lange dauert, ich bin nämlich in Eile.

Spieler 1: Es geht schnell! Die erste Frage: Haben Sie ein gutes Gewissen?

Spieler 2: *(Sieht den Frager mißtrauisch an)* Worauf wollen Sie denn hinaus?

Spieler 1: Es ist nichts weiter dabei! Ich wollte nur gern die Frage beantwortet haben: Haben Sie ein gutes Gewissen?

Spieler 2: Allerdings!

Spieler 1: Nehmen wir einmal an, ein besonders moralischer Mensch wüßte alles, was in Ihrem Leben bisher passiert ist; würde der Sie dann auch für völlig unschuldig halten? Oder hätte er Grund, Ihnen irgend etwas nachzusagen – vielleicht noch etwas aus dem Krieg oder ...

Spieler 2: Ah, darauf wollen Sie hinaus! Warum sagen Sie das nicht gleich? *(Heftig)* Aber in mir finden Sie kein Opfer, das kann ich Ihnen sagen! Mir steht das bis hier! Ich will damit nichts mehr zu tun haben! Wir haben alle nur getan, was wir tun mußten! Und wenn wir es nicht getan hätten, dann hätten es andere getan! Und was hätte das eingebracht? Nichts! Nur wir wären selbst dran gewesen! Wenn ich mich damals geweigert hätte, dann wäre nur einer mehr gestorben, nämlich ich, und irgend jemand müßte sich heute den Vorwurf machen, daß er mich auf dem Gewissen hätte! So – nun wissen Sie, wie ich die

Sache sehe! Es regt mich auf, daß immer wieder davon gesprochen werden muß! Kann man denn die Vergangenheit nicht ruhen lassen? Wer weiß außerdem, ob die Herren Beamten nicht selbst sich genug zuschulden kommen lassen, aber sie tun alle so, als hätten sie die reinste Weste. Was wollen Sie überhaupt von mir? Was ich tue, geht niemanden etwas an! Kümmern Sie sich gefälligst um Ihren eigenen Dreck! *(Geht zornig ab)*

Spieler 1: O weh – das ging etwas schief! Aber immerhin ... wie ich vorausgesagt hatte. *(Als er sieht, daß der Gärtner nur vor sich hinstarrt)* Eins zu null für mich, nicht wahr?

Gärtner: *(Ärgerlich, aber bedrückt)* Ja, eins zu null für Sie. *(Langsam)* Aber jetzt muß ich wieder an meine Arbeit, sonst werde ich nicht fertig.

Spieler 1: Äh – das ist Ihnen wohl sehr nahegegangen? Entschuldigen Sie, das wollte ich eigentlich nicht, ich wollte Ihnen Ihren Glauben nicht nehmen. Aber das ist nun alles mal so, wir müssen den Tatsachen ins Gesicht ...

Gärtner: *(Ist schon wieder an der Arbeit. Winkt ab)* Schon gut. *(1. Spieler geht ab. Gärtner arbeitet etwas, dann schaut er wieder grübelnd in die Luft. 3. Spieler tritt auf, will vorbeigehen, bis ihn der Gärtner anspricht)*

Gärtner: Hallo! Verzeihung – könnte ich Sie mal was fragen?

Spieler 3: Ja, bitte!

Gärtner: Äh – haben Sie ein gutes Gewissen?

Spieler 3: Wie – was?

Gärtner: Ich meine, fühlen Sie sich irgendwie – äh – moralisch schuldig – oder so?

Spieler 3: Nein, durchaus nicht! Aber wie kommen Sie denn darauf, mich so etwas zu fragen? Sehe ich etwa wie ein Verbrecher aus?

Gärtner: Nein, nein, bestimmt nicht! Ich bin nur – das heißt – ich wollte ...

Spieler 3: Na, nun überlegen Sie erst mal in Ruhe, was Sie wollten! Sie sind ja ganz zerfahren!

Gärtner: Ja, ich bin ein bißchen durcheinander. Ich hatte eben zwei Gespräche, eins mit einem Ehebrecher und eins mit einem Mörder, wahrscheinlich jedenfalls. Aber beide fühlten sich völlig unschuldig, hatten keinerlei Gewissensbisse und meinten, es sei alles bei ihnen in Ordnung. Und weil sie außerdem noch behaupteten, das wäre bei allen Menschen so, da wollte ich Sie nur mal fragen, ob Sie auch ...

Spieler 3: *(Lächelt dünn)* Hm – ich bin kein Mörder und auch kein Ehebrecher, da kann ich Ihnen leider nicht weiterhelfen.

Gärtner: Ich versteh nicht. Wie man aus so einem Verbrechen eine Bagatelle machen kann, das ist mir einfach unbegreiflich! Entweder es ist Sünde oder es ist keine! Man kann doch nicht ...

Spieler 3: Das ist falsch! Man kann doch nicht sagen: entweder – oder. Für Sie ist es Sünde, vielleicht auch für andere, vielleicht auch für Gott, wenn Sie so wollen. Aber für die Menschen, die es angeht, ist es keine. Es kommt eben immer auf den Maßstab an. *(Gärtner überlegt)* Nun, wo ich weiß, worauf Sie hinauswollen, kann ich Ihnen Ihre Frage nach meinem eigenen Leben auch schon eher beantworten. Sehen Sie, wenn mich Ihre beiden Gesprächspartner von vorhin beurteilen müßten, wäre ich wahrscheinlich fast ein Heiliger, und ich selbst beurteile mich auch recht gut. – Wenn mich dagegen die Steuerbehörde beurteilen könnte, würde ich vielleicht schon nicht mehr so gut wegkommen. Und wenn mich gar der Bischof unter die Lupe nähme ... Es kommt eben auf den Maßstab an. Sehen Sie – jeder hat ein gewisses moralisches Mindestmaß, das er erreichen will, eine Art Soll, das er erreichen muß. Und das ist bei dem einen hoch, bei dem anderen aber sehr bescheiden ...

Gärtner: Oh – apropos Soll – es ist ja schon spät! Ich schaffe meine Arbeit nicht mehr. Entschuldigen Sie, ich muß mich beeilen. Vielen Dank! *(Arbeitet hastig)*

Spieler 3: *(Bleibt eine Weile stehen und schaut zu)* Sagen Sie – bis zu dem Pfahl müssen Sie säubern?

Gärtner: Ja. Mein Chef setzt mir immer ein Tagesziel. Wenn ich das nicht erreiche, wird er böse.

Spieler 3: Machen Sie's doch einfach so! *(Nimmt den Pfahl und verstellt ihn ein großes Stück dem Gärtner entgegen, fast bis dahin, wo er arbeitet. Geht)* Auf Wiedersehen!

Gärtner: *(Schaut verblüfft auf, grübelt etwas. Langsam)* Ach so! So einfach macht er das! So einfach machen es sich alle! – Es kommt auf den Maßstab an, und den kann man ja selbst bestimmen! Ein guter Trick! Das werde ich mir merken! So kann man jemandes Soll erfüllen: Wirklich: ein guter Trick! *Stellt den Pfahl bis dahin, wo er gerade gearbeitet hat und nimmt sein Werkzeug)* Feierabend! *(Geht pfeifend davon)*

E. z. Nieden

Die Frage des Herrn Norm

Ein-Mann-Spiel

Personen:
Erzähler
Darsteller

Regieanweisung:
Der Erzähler steht abseits von der Bühne, näher bei den Zuschauern, vielleicht auf dem Rednerpult. Der Darsteller spielt in der Mitte der Bühne. Nur ein Stuhl, keine weiteren Personen. Der Darsteller mimt lautlos und ohne Utensilien die Handlungen, die der Erzähler schildert, und spricht nur an den angegebenen Stellen. Wenn möglich Saal verdunkeln und beide Personen mit Punktstrahlern oder Diaprojektoren anstrahlen. Eine kleine Gruppe trägt etwas abseits, zwischen und nach den Szenen, den Song s.u. vor (oder vom Tonband laufen lassen).

1. Teil

Erzähler: Darf ich Ihnen Herrn Norm vorstellen?

Darsteller: *(Tritt vor, leichte Verneigung zum Publikum, schlendert zur Mitte, setzt sich)*

Erzähler: Norm, Willi. Nehmen wir an, er ist 42 Jahre alt, verheiratet, Vater von zwei Töchtern. Seine Frau ist eine geborene ... nein, von seiner Familie will ich erst später erzählen. Das ist nämlich nicht das wichtigste im Leben von Herrn Norm, jedenfalls nimmt es nicht den meisten Raum ein.

Darsteller: *(Kehrt die Seite zum Zuschauerraum. Tut immer die gleichen Handgriffe, wie im folgenden beschrieben)*

Erzähler: Herr Norm ist bei der Deutschen Achsenfabrik KG beschäftigt. Pünktlich um 6 Uhr setzt er sich an seine Maschine und um 13.45 Uhr verläßt er sie wieder. Zwischendurch eine Frühstückspause von 15 Minuten.
Herrn Norms Aufgabe besteht darin, Bolzen zu härten. Sie sind 45 mm lang und haben einen Durchmesser von 8 mm. Herr Norm nimmt sie aus einem Behälter, spannt sie zwischen zwei Spitzen und schaltet mit dem Fuß die Maschine ein. Der eigentliche Härtevorgang erfolgt automatisch. Nach dem Er-

hitzen und Abschrecken nimmt Herr Norm den Bolzen heraus und setzt einen neuen ein.

Morgens, wenn Willi Norm frisch ist, schafft er 8 bis 10 Stück in der Minute. Später am Tag nur noch 7 oder 6. Durchschnittlich 8 Stück pro Minute – das bedeutet 480 in der Stunde und 4080 am Tag. Herr Norm arbeitet im Akkord. Der Lohn ist für 3620 Bolzen am Tag berechnet.

Etwa alle zwei Wochen kommt eine Abwechslung in die Arbeit von Herrn Norm. Dann bekommt er eine Lieferung von etwas größeren Bolzen. Er muß seine Maschine umstellen – das dauert etwa 12 Minuten. Er arbeitet dann ungefähr anderthalb Tage, bis der Behälter leer ist. Dann stellt er die Maschine wieder für die Stücke von 45 mm Länge und 8 mm Durchmesser ein und arbeitet daran weiter.

Minuten – Stunden – Tage – Wochen – Monate – Jahre.

Neulich passierte etwas Besonderes. Willi Norm schoß ein seltsamer Gedanke durch den Kopf. Er hatte gerade einen Bolzen ausgespannt und zögerte nun, den nächsten einzuspannen. Er zögerte ziemlich lange und schaute dabei nachdenklich in die Luft. Etwa anderthalb Minuten oder 12 Bolzen lang.

Der Gedanke, der ihm durch den Kopf geschossen war, lautete: Wofür tue ich das hier eigentlich?

Darsteller: Wofür tue ich das hier eigentlich?

Erzähler: Eigentlich eine seltsame Frage. Herr Norm wußte auch nicht, wie er auf einmal darauf kam. Aber die Frage war nun einmal gestellt.

Darsteller: Wofür? Natürlich, um Geld zu verdienen!

Erzähler: Um Geld zu verdienen, dachte Herr Norm. Das ist doch klar! Aber damit war noch nicht alles erklärt.

Darsteller: Wofür Geld verdienen?

Erzähler: So dachte Herr Norm: Wofür Geld verdienen? Aber die Antwort ist ja nicht schwer.

Darsteller: Um leben zu können!

Erzähler: Doch damit wollte Herr Norm sich noch nicht zufrieden geben. Daraus ergab sich nämlich noch eine dritte Frage: Wofür leben?

Darsteller: Wofür leben? – Wofür eigentlich?

Erzähler: Kurz, nachdem Herr Norm sich diese Frage gestellt hatte, war der vorhin erwähnte Zeitabschnitt von anderthalb Minuten oder 12 Bolzen zu Ende. Die Arbeitspause wurde unterbrochen durch seinen Kollegen Egon Gleichmut, der von seiner Maschine herüberrief, was denn los sei. Ob er, Willi Norm, keine Lust mehr habe, oder ob er schon zuviel über Akkord gearbeitet habe.

Diese Frage erinnerte Herrn Norm an seine Pflicht. Er lächelte dünn zu Egon Gleichmut hinüber und spannte den nächsten Bolzen ein. Noch ehe er den Fußschalter bediente, dachte er: Wenn ich dem Egon erzählen würde, was ich eben gedacht habe ...

Darsteller: Wenn ich dem Egon erzählen würde, was ich eben gedacht habe, der würde meinen, ich spinne.

Erzähler: Der dächte, ich sei übergeschnappt, vermutete Herr Norm. Ist ja auch eine verrückte Frage: Wofür leben?!

Darsteller! Wofür leben?! Ist ja auch eine verrückte Frage!

Erzähler: Und dann schaltete Herr Norm die Härtemaschine wieder ein. Seitdem hat er solche abwegigen Gedanken kaum noch gehabt.

Er arbeitete fleißig und verdiente gut. Und wahrscheinlich wird es auch noch lange so weitergehen.

Es kann natürlich sein, daß bald eine Maschine konstruiert wird, die die Arbeit von Willi Norm vollautomatisch übernimmt. Technisch wäre das möglich. Aber vorläufig wäre solch eine Automatik noch teurer als der Arbeitslohn von Herrn Norm.

Es könnte sogar sein, daß die Automatik so lange auf sich warten läßt, bis Herr Norm pensioniert wird. Dann würde er noch 23 Jahre dieser Beschäftigung nachgehen. Jeden Morgen würde er pünktlich um 6 Uhr an seiner Maschine sitzen. Nur ab und zu würde er nicht erscheinen: jährlich einmal wegen Urlaub, alle zwei Jahre wegen Grippe und vielleicht alle sechs oder acht Jahre wegen Streik.

Wenn man die Unterbrechungen abrechnet, wird Herr Norm wahrscheinlich noch etwa 5400 Tage arbeiten, das bedeutet 45 942 Stunden, oder 2 756 520 Minuten oder 22 052 160 Bolzen.

(Song, siehe S. 126)

2. Teil

Darsteller: *(Mimt alle im folgenden geschilderten Handlungen, z.B. bei der Straßenbahn steht er schaukelnd auf der Bühne und hält sich in der Luft fest)*

Erzähler: Ich habe noch nicht alles von Willi Norm erzählt. Natürlich besteht sein Leben nicht nur aus Arbeit.

Um 13.45 Uhr hat er Feierabend, um 13.57 Uhr verläßt er gewaschen und umgezogen das Fabrikgelände. Er steigt in die Straßenbahn der Linie 7 und fährt etwa 25 Minuten bis zur Humboldtstraße. Dort steigt er aus und geht noch etwa 9 Minuten zu Fuß. Um 14.31 Uhr oder 14.32 Uhr ist er meistens zu Hause.

Erst gibt er seiner Frau einen Kuß. Dann kramt er aus seiner Tasche die leere Frühstücksdose, die Bildzeitung, die er am Morgen gekauft hat, und alle 14 Tage einen schmutzigen Arbeitsanzug.

Dienstags und freitags stellt er die Mülltonne raus.

Beim Abendessen sieht er dann seine Töchter. Die jüngere, 11 Jahre alt, erzählt ununterbrochen vom Spielen und von der Schule. Die ältere ist 15, geht zur städtischen Realschule und erzählt nichts.

Manchmal muß sich Herr Norm sehr zusammennehmen, daß er das Messer nicht wie einen Bolzen anfaßt. Das wäre lächerlich, und was lächerlich ist, scheut er.

Das Abendessen ist die einzige halbe Stunde des Tages, wo er ganz Vater seiner Töchter ist. Und er nimmt seine Erziehungspflicht in diesen 30 Minuten sehr ernst.

Mindestens dreimal sagt er der 11jährigen, sie solle still sitzen und nicht so viel reden. Und der 15jährigen wirft er vor – manchmal gelingt ihm ein richtig strenger Ton – sie sei am Abend vorher zu spät heimgekommen oder habe das Licht so lange brennen gehabt oder habe zu laut Radio gehört.

Über den Rest des Tages ist nicht viel zu berichten. Ob Willi Norm allein vor dem Fernsehgerät sitzt oder mit den Töchtern, das hängt vom Programm ab. So lebt er heute, so wird er morgen leben. So lebt Willi Norm, so lebt Egon Gleichmut, und so lebt … nun, viele leben so.

Das Wochenende ändert nicht viel daran. Nur daß er dann länger schläft, mehr vor dem Fernsehschirm sitzt und auch mittags seine Töchter erzieht. Dann und wann eine kleine

Reparatur am Haus oder ein Spaziergang mit seiner Frau die Straße hinunter.

Natürlich wünschte er sich, wie alle Leute, daß es immer Sonntag wäre. Aber tief inwendig wäre er wohl darüber auch nicht glücklich. Er kommt sich nämlich am Wochenende immer etwas gelangweilt vor. So, als wäre er im Weg – oder überflüssig, als wäre er irgendwie aus der Bahn geworfen.

Dieses Empfinden wird ihm zwar nie richtig bewußt, sondern schwelt nur im Untergrund. Aber es bewirkt doch, daß es ihm nicht allzu schwerfällt, am Montag wieder pünktlich an seiner Härtemaschine zu sitzen.

So lebt er, der Herr Norm. Tag für Tag, Woche für Woche, Monat für Monat, Jahr für Jahr.

Eines Tages – es war ein Mittwoch – dachte Herr Norm nach. Das kam dadurch, daß er allein im Zimmer und das Fernsehprogramm schlecht war.

Irgendeine Bemerkung aus dem Lautsprecher brachte ihn noch einmal auf die seltsame Frage, die er längst abgetan und erledigt glaubte: Wofür lebe ich eigentlich?

Darsteller: *(Mit ausgestreckten Beinen wie im Fernsehsessel)* Wofür lebe ich eigentlich?

Erzähler: Es wäre wohl ein bißchen zu wenig, dachte Herr Norm, wenn ich nur darum den ganzen Tag arbeite, um abends fernsehen zu können. Er war ein Mensch, der zuweilen wirklich ernst fragen konnte. Nicht so oberflächlich wie z.B. sein Kollege Egon Gleichmut.

Man müßte doch auf die Frage nach dem Wofür eine Antwort finden! Nicht, daß er sich gleich aufhängen wollte, wenn er keine Antwort fände, nein, nein!

Aber trotzdem – eine Antwort wollte Herr Norm gern haben.

Darsteller: Wofür das alles? *(Setzt sich aufrecht)* Wofür mühe ich mich Tag für Tag, Jahr für Jahr ...?

Erzähler: Herr Norm tat etwas, was er noch nie getan hatte: er schaltete das Fernsehgerät ab, um zu denken. Um nachzudenken über die Frage: wofür lebe ich? Natürlich gab es eine Antwort: für die Kinder!

Darsteller: *(Befreit aufatmend)* Für die Kinder!

Erzähler: Aber indem er sich diese Antwort gab, die ja so naheliegend war, so altgewohnt, so selbstverständlich – indem er sich diese Antwort gab, erschien sie ihm schon etwas fadenscheinig. Nur für die Kinder?

Darsteller: Nur ...

Erzähler: Sollte man nicht auch ein bißchen sein eigenes Leben leben? War es nicht eine Flucht in die Illusion, nur die goldene Zukunft der Kinder im Auge zu haben und sich eine falsche Zufriedenheit mit der trockenen Gegenwart einzubilden?

Darsteller: Und außerdem – mein Vater hat schon genau so gedacht wie ich: Er wollte selbst nichts vom Leben haben, nur für seinen Sohn sorgen. Und jetzt sorge ich nur für meine Kinder.

Erzähler: Jetzt sorge ich nur für meine Kinder, dachte Herr Norm. Das legte die Vermutung nahe, daß auch die beiden Kinder einmal selbst kein sinnerfülltes Leben haben, sondern nur für ihre Kinder leben werden. Und nachher ...

Darsteller: Und nachher wird keiner ein eigenes Lebensziel gehabt haben, sondern jeder hat das Ziel auf die nächste Generation weitergeschoben.

Erzähler: Herr Norm grübelte lange über diese Frage nach. Endlich kam er zu dem Schluß: Man müßte dem Leben einen tieferen Sinn abgewinnen können!

Darsteller: Einen tieferen Sinn als arbeiten, essen, schlafen, fernsehen und die Zukunft sichern. Aber wie ...?

Erzähler: Aber wie? Das war die große Frage! Wie sollte man aus dem täglichen Trott etwas Sinnvolles machen? Oder wie sollte man das herausbekommen? – Es müßte einen großen Knall geben ...

Darsteller: Einen Knall – alles wäre anders!

Erzähler: Aber wie anders? Aber es war ja sinnlos, darüber nachzudenken, den großen Knall würde es niemals geben. Herr Norm dachte: Ich spinne!

Darsteller: Ich spinne wieder!

Erzähler: ... stand auf und schaltete das Fernsehgerät wieder ein. Als es warm geworden war, kam gerade Werbung für das Lotto. Herr Norm hörte gespannt zu.

Darsteller: 500 000,– DM? Das wäre allerdings ein großer Knall!

Erzähler: Herr Norm faßte die Werbung in diesem Augenblick als einen Wink des Schicksals auf. Sofort besorgte er sich einen Lottoschein, füllte ihn aus und schickte ihn ein. Seitdem spielt Herr Norm regelmäßig, wie er auch alles andere regelmäßig tut.

Darsteller: *(Steht auf, geht über die Bühne, Straßenbahn, setzt sich; mimt Bolzenhärten bis zum Schluß)*

Erzähler: Bis jetzt ist zwar der große Knall, der plötzlich alles ganz anders machen soll, noch nicht gekommen. Aber Herr Norm wartet darauf. Regelmäßig!

Zwar sagt ihm die Zukunft, daß die Wahrscheinlichkeit verschwindend gering ist, daß es ihn treffen könnte, aber er hat wenigstens eine Hoffnung! Wenn auch keine große! Sein Leben ist auch nicht anders geworden seitdem. Nein, er härtet seine Bolzen und erzieht seine Kinder noch genauso wie früher. Nur, daß er jetzt außerdem jede Woche ein bißchen hofft.

Manchmal sagt ihm eine leise Stimme, er würde sich mit dieser Hoffnung nur selbst betrügen. Er hätte sich auf seine Frage keine wirkliche Antwort gegeben, sondern sie nur zum Schweigen gebracht, indem er sich künstlich ein Recht zum Warten schuf. Aber dann sagt sich Herr Norm: Ich will doch nicht spinnen – und macht so weiter.

Wahrscheinlich wird er bis zu seiner Pension so weitermachen. Und jedesmal, wenn er empfindet, daß das Leben leer und sinnlos ist, wird er sich trösten mit dem Gedanken: Es kann ja vielleicht noch anders werden! Damit wird die Frage dann wieder erledigt sein.

Auf diese Weise wird er ein genauso zufriedener Staatsbürger sein wie sein Kollege Egon Gleichmut, der nie über solche Fragen nachdachte.

Er wird immer so weitermachen, wie bisher. Tagaus – tagein, jahraus – jahrein. Er wird in die Bildröhre schauen, für die Kinder sorgen und Bolzen härten – immer so weiter ...

Song für das Spiel »Die Frage des Herrn Norm«

(Wird monoton gesprochen mit unterlegter Musik)
Ich frage mich,
Ich frage dich:
Was hat das Leben für 'nen Sinn?
Wo kommt es her? Wo geht es hin?
Da schuften wir von früh bis spät,
bis unser Leb'n zu Ende geht;
und wissen nicht einmal, wofür!
Weißt du's vielleicht? Dann sag es mir!
Ich frage mich,
Ich frage dich!

Da gönnen wir uns keine Ruh,
und wissen nicht einmal, wozu!
Damit man nicht verhungern muß?
Und je und dann etwas Genuß!
Wenn's das nur ist, dann ist's nicht viel!
Wir brauchen mehr, ein höhers Ziel!
Ich frage mich,
ich frage dich:
Was hat's für Wert, was bringt es ein,
nur um zu leben da zu sein?
Wir warten auf den großen Knall,
der alles plötzlich ändern soll.
Der Knall kommt nie und nimmermehr.
Wir machen weiter wie bisher.
Ich frage mich,
ich frage dich!
Ich frage mich,
ich frage dich!
Ich frage mich, ich frage dich! Ich frage ... *(leiser werden)*

E. z. Nieden

Der Tod des Dr. Weber

Anspiel in zwei Szenen

Botschaft:
Ewiges Gericht (Hebr 9, 23)

Personen:
Dr. Weber
Frau Weber
Schreiber 1 – 2
Redakteur
Sekretärin Schmidt
Richter 1 – 3
Nachbar

Regieanleitung:
Durch das Spiel soll das alltägliche Leben, wie es ist oder sein könnte, in seiner Unsicherheit, Ohnmacht und Schuld in Gottes Sicht deutlich gemacht werden. Das geschieht dadurch, daß die Bühne geteilt wird. Auf der einen Seite spielt sich das gewöhnliche Leben ab, während die andere Seite zeigt, wie dies von Gott her gesehen werden muß. Da aber Gottes Gedanken nicht dargestellt werden können, treten dafür symbolische Figuren ein. Das muß dem Publikum vor einer Aufführung zum besseren Verständnis erklärt werden. Der Unterschied der beiden Welten wird leicht dadurch erreicht, daß man auf die Alltagsszene gewöhnliches Licht fallen läßt, während die symbolischen Figuren im Halbdunkel bleiben. Die Trennung erfolgt durch eine Zwischenwand (span. Wand o.ä.). Zwischen den Szenen läßt man einige Strophen aus einem Ewigkeitslied singen.

1. Szene

(Gedeckter Tisch mit Kaffeekanne, Tassen, Teller, Brot. Frau Weber sitzt am Tisch, ihr Mann kommt herein. Hinter einem Tisch sitzen zwei Schreiber vor großen Büchern, in die sie Eintragungen machen. – Man kann ihnen von der Seite her durch zwei Taschenlampen oder Diaprojektoren das Gesicht beleuchten)

Frau Weber: Guten Morgen, hast du gut geschlafen?

Dr. Weber: Danke. *(Setzt sich)* Gut, daß der Kaffee schon fertig ist. Ich muß mich nämlich sehr beeilen, sonst werde ich heute mit meiner Arbeit nicht fertig.

(Sie gießt Kaffee ein, er streicht sich ein Brot)

Schreiber 1: Seine Eile wird ihm nichts nützen.

Schreiber 2: Wieso, droht ihm denn Gefahr?

Schreiber 1: Der Tod wird ihm heute begegnen.

(Sie schreiben weiter.)

Frau Weber: Was mußt du denn heute Besonderes schaffen?

Dr. Weber: Ach, ich habe noch so viele Briefe zu erledigen, daß es sehr spät werden wird, bis ich heimkomme. Du brauchst nicht darauf zu warten.

(Sie trinken Kaffee und essen. Er sieht dabei in die Zeitung)

Schreiber 1: Zur Arbeit wird er nicht mehr kommen, ein anderer wird sie tun. Die letzte Seite seines Lebensbuches liegt aufgeschlagen da.

Schreiber 2: Aber sieh doch, wie frisch und munter er noch ist. Von Krankheit merk ich keine Spur.

(Sie schreiben weiter)

Frau Weber: Hoffentlich schadest du deiner Gesundheit nicht, wenn du so wenig an Schlaf denkst.

Dr. Weber: Morgen früh kann ich doch lange schlafen, vielleicht bis elf, vielleicht bis zwölf.

Frau Weber: Ach ja, es ist ja Sonntag. Aber weißt du, als der Pfarrer uns besuchte, haben wir ihm doch versprochen, morgen mal zum Gottesdienst zu gehen.

Dr. Weber: Die Arbeit geht jetzt vor.

(Er liest weiter in der Zeitung)

Schreiber 2: Ein solch arbeitsamer Mann ist doch nicht krank!

Schreiber 1: O doch! Merkst du denn nicht, wie seine Seele krank, ja tot ist? Das war nicht immer so. Er arbeitete einmal als Kindergottesdiensthelfer mit. Doch was er den Kindern damals sagte, tat er selbst nicht! Heute ist ihm das Geschäft wichtiger als Gott.

(Sie schreiben weiter)

Dr. Weber: Wir werden uns dann einen schönen Tag machen, hinaus an den See fahren und dort Kaffee trinken. Sollen wir am Abend in die Oper gehen?

Frau Weber: O ja, das wäre fein.

(Er steht auf und nimmt einige Papiere in seine Mappe)

Schreiber 1: Sieh, dafür hat er Zeit; doch weh, sein Planen ist umsonst, in sein Geschäft wird er schon nicht mehr kommen.

(Sie schreiben weiter)

Dr. Weber: Ich freue mich so. Wenn unser Haus mal fertig ist, dann habe ich nicht immer diesen weiten Weg und kann später aufstehn.

(Sie bringt den Mantel und hilft ihm hinein)

Schreiber 1: Die eitlen Hoffnungen werden bald zunichte. Bald ist sein Leben zu Ende, und das Gericht folgt.

Schreiber 2: Oh, das muß furchtbar sein, wo wir so viele Sünden hier notieren, zumal er weiß, daß Gottes Gnade nicht verspielt werden darf.

(Sie schreiben weiter)

Frau Weber: Vor allem wegen des Verkehrs werde ich froh sein. Fahr doch bitte jetzt vorsichtig!

Dr. Weber: Mach dir keine Sorgen, das tue ich immer. Was soll mir schon passieren?

Frau Weber: Aber ein andrer könnte dir drauffahren. Bleib wenigstens unter 60!

Dr. Weber: *(Erregt)* Jetzt willst du mir schon wieder Vorschriften machen. Ich habe bald genug davon. Schließlich weiß ich selbst, wie ich zu fahren habe.

(Er geht hinaus und schlägt die Tür zu. Die Frau setzt sich und stützt den Kopf in die Hand)

Schreiber 1: Im Streit schied er von ihr und sie werden sich nicht mehr versöhnen können.

Schreiber 2: O weh, sie werden sich also nicht mehr sehen?

Schreiber 1: Nein, dafür ist es zu spät, gleich wird er eines der vielen Verkehrsopfer sein.

(Schlägt das Buch zu)

(Licht aus)

(Schreiber gehen)

Frau Weber: Wenn er so fortgeht, sehe ich ihm auch nicht nach.

(Vom Tonband: Auto fährt an und weg)

Aber ich höre es – er ist zu schnell weggefahren.

(Sie räumt den Tisch ab)

Frau Weber: Schade, daß wir so voneinander gegangen sind. Doch wenn er heute abend heimkommt, werde ich warten und aufbleiben, damit wir uns wieder versöhnen können.

(Tonband: Martinshorn des Unfallwagens)

Frau Weber: Nanu, schon wieder ein Unfall?

(Geht zum Fenster)
(Tonband: Feuerwehrhorn)
Frau Weber: So ein Krach heute!
(Kleine Pause; es klopft)
Frau Weber: Ja, bitte.
Nachbar: *(Kommt herein)* Frau Weber, ach, entschuldigen Sie, Ihrem Mann ist gerade etwas zugestoßen. Ein Unfall. Es war ein Arzt in der Nähe und hat ihn in die Klinik gefahren.
Frau Weber: O weh, ist es denn schlimm mit ihm?
(Sie zieht ihren Mantel an)
Nachbar: Das wird man erst dort feststellen. Gehen Sie doch am besten gleich hin. Ich muß mich beeilen, noch rechtzeitig zur Arbeit zu kommen. Ich wollte Ihnen nur schnell Bescheid sagen.
(Geht)
Frau Weber: *(In Eile)* Hab ich es nicht geahnt! Hoffentlich, hoffentlich war's nicht so schlimm. *(Geht)*

2. Szene

(An einem Tisch sitzen drei Richter mit dunklem Anzug und schwarzem Käppchen – leicht aus schwarzer Pappe herzustellen –, evtl. auch mit dunkler Decke verhangener Tisch. Der mittlere Richter kann etwas höher sitzen. An einem Tisch auf der anderen Seite sitzt eine Sekretärin vor einer Schreibmaschine)
Redakteur: *(Kommt herein und sagt zu ihr)* Fräulein Schmidt, denken Sie, Dr. Weber ist eben gestorben. Ein andrer ist ihm mit hoher Geschwindigkeit auf seinen Wagen gefahren! Wir müssen schnell noch einen Nachruf aufsetzen. Der kann dann morgen schon erscheinen. Ich will gerade ein paar Notizen über Herrn Weber suchen. Machen Sie sich schon fertig zum Diktat.
(Sie stellt die Maschine weg und ordnet Papiere. Er sucht nach Material)
Richter 1: Wir bearbeiten die Akte Weber. Ich fasse die gegen ihn erhobenen Beschuldigungen zusammen. *(Blättert in seinen Papieren)*
Redakteur: Hier hab ich's, sind Sie soweit?
Frl. Schmidt: Jawohl.
Redakteur: An den Folgen eines Autounfalls verschied leider heute der Chemiker Dr. Weber im blühenden Alter von 50 Jahren.

(Der Reporter geht auf und ab und sieht ab und zu in seine Papiere)

Richter 1: *(Zu Richter 2)* Herr Kollege, Sie nehmen die Punkte zu Protokoll. Ich werde deshalb langsam vorlesen *(Richter 2 schreibt)*

(Die Sekretärin schreibt)

Redakteur: Er wurde in unserer Stadt geboren und verlebte auch seine Jugendzeit hier. Nach nur dreijähriger Grundschule besuchte er das Gymnasium.

(Sekretärin schreibt)

Richter 1: Er hat seinen Eltern das Leben durch Ungehorsam und Lügenhaftigkeit so schwer wie möglich gemacht.

(Richter 2 schreibt)

Redakteur: Das Abitur legte er als einer der Besten im Jahre 1948 ab und bezog anschließend die Universität Göttingen.

(Sekretärin schreibt)

Richter 1: Das Elternhaus verließ er im Streit. Sein Vater ist an dem Kummer über ihn zerbrochen. Er wurde zum Mörder.

(Richter 2 schreibt)

Redakteur: Dort studierte er Naturwissenschaften, besonders aber Chemie als eigentliches Interessengebiet.

(Sekretärin schreibt)

Richter 1: Seinen Doktortitel hat er sich erschlichen, denn er hat ein wichtiges Buch nicht angegeben. Das war einwandfrei betrogen.

(Richter 2 schreibt)

Redakteur: Kurze Zeit war er im Ruhrgebiet in der kohleverarbeitenden Industrie tätig.

(Sekretärin schreibt)

Richter 1: Alles, was er im Ruhrgebiet gegen das 6. Gebot gesündigt hat: Du sollst nicht ehebrechen, steht auf den Seiten 438 bis 458 des 3. Registers.

(Richter 2 schreibt)

Redakteur: Anschließend konnte er seine umfangreichen Kenntnisse in mehreren großen Fabriken ganz Deutschlands anwenden ... Komma!

(Sekretärin schreibt)

Richter 1: Er hat seine Untergebenen dort durch fast tägliche Zornesausbrüche sehr gequält. Allein in einem Jahr waren es 1042, insgesamt in seinem Leben 23 418.

(Richter 2 schreibt)

Redakteur: ... bis das chemische Werk unserer Stadt diesen allenthalben empfohlenen und von seinen Mitarbeitern geschätzten Mann zum Chef des Laboratoriums berufen konnte.

(Sekretärin schreibt)

Richter 1: Trotz seiner guten Stellung hat er für arme Menschen seiner Umgebung nichts übrig gehabt. Von den 2 100 318,10 DM, die er in seinem Leben verdient hat, gab er bei wohltätigen Sammlungen durchschnittlich 1,50 DM und in die Kirchenkollekten zwischen 20 und 60 Pfennig.

(Richter 2 schreibt)

Redakteur: Er verheiratete sich hier mit der Tochter unseres beliebten ehemaligen Bürgermeisters, so daß ihm auch ein glückliches Familienleben beschieden war.

(Sekretärin schreibt)

Richter 1: In dieser Zeit hat er seine Frau oft hintergangen und durch sein Mitverschulden insgesamt 1592 Mal mit ihr gestritten, zuletzt erst heute morgen. Versöhnung ist nun nicht mehr möglich.

(Richter 2 schreibt)

Redakteur: Als Kapazität auf seinem Gebiet konnte ihn auch der Konkurs der Firma, in welcher er beschäftigt war, nicht in seiner Karriere stoppen! Strichpunkt!

(Sekretärin schreibt)

Richter 1: Trotzdem war er in dieser Zeit auf den Nachfolger des erst berufenen Direktors beständig neidisch.

(Richter 2 schreibt)

Redakteur: Er übernahm die bankrotte Firma und baute sie zu einem großen Konzern auf. Damit hat er unsere Stadt wirtschaftlich außerordentlich gefördert.

(Sekretärin schreibt)

Richter 1: *(Scharf anklagend)* Nie hat er das Gelübde jener Nacht, von da an für Gott zu leben, wenn er gerettet würde, erfüllt. Gott vergißt den Eidbruch nicht.

(Richter 2 schreibt)

Redakteur: Bei einem Terroranschlag verlor er sein Haus und wurde selbst verletzt.

(Sekretärin schreibt)

Richter 1: Den Verstand, die Kraft, das Geschick gab ihm Gott. Er pries ihn nie dafür, sondern im Gegenteil, er war hochmütig, verachtete die Armen, die Kinder, die Arbeiter, die doch alle Gottes Geschöpfe sind.

(Richter 2 schreibt)

Redakteur: Als Vorsitzender des Briefmarkenvereins trat er auch privat mit seinen Gaben hervor.

(Sekretärin schreibt)

Richter 1: Das war sein Götzendienst. Er hat ihm leidenschaftlich gedient. 4019 Stunden seines Lebens gingen dafür hin, das sind zusammen über 5 Monate, doch für den Gottesdienst hatte er nur etwa 100 Stunden Zeit.

(Richter 2 schreibt)

Redakteur: Sein Leben, das nun so vorzeitig beendet wurde ... Komma!

(Sekretärin schreibt)

Richter 1: War bis zum Rande voll von Sünde und Unrecht.

(Richter 2 schreibt)

Redakteur: ... hat ihn zu großen Erfolgen in wissenschaftlicher, geschäftlicher und privater Hinsicht geführt.

(Sekretärin schreibt)

Richter 1: Er hat Gott, den Herrn aller Herren, als maßgebend im Großen und Kleinen überhaupt nicht beachtet.

(Richter 2 schreibt)

Redakteur: Es soll uns dazu anspornen, ebenso eifrig zu sein.

(Sekretärin schreibt)

Richter 1: Sein Leben ist darum umsonst gelebt worden.

(Richter 2 schreibt)

Redakteur: Denn alle, die den Verstorbenen gekannt haben, werden ihn in angenehmer und ehrender Erinnerung behalten.

(Sekretärin schreibt)

Und er selbst ruht nun, das dürfen wir der trauernden Witwe als Trost sagen, von seiner Arbeit aus ... So, das wär's. Lesen Sie alles nochmal durch und fragen Sie, wenn etwas unklar ist.

(Redakteur geht; Pause)

Richter 1: Der Angeklagte konnte sich in keinem Punkt rechtfertigen.

(Er legt einige dicke Bücher und ein Heft zurück)

Das hohe Gericht zieht sich zur Beratung zurück.

(Richter gehen ab)

Frl. Schmidt: Nach unserem Artikel war der heimgegangene Dr. Weber ein wirklich tüchtiger und guter Mensch. Ich wünschte, ich bekäme auch einmal einen solchen Nachruf. *(Geht)*

(Die Richter kehren zurück, Richter 1 als erster. Die Beisitzer setzen sich erst, wenn er sich setzt)

Richter 1: Wir kommen zur Urteilsverkündung.

(Alle stehen auf)

Das Gericht hat nach eingehender Prüfung des Sachverhaltes unter Würdigung aller Umstände für Recht erkannt: Der Angeklagte ist in allen Anklagepunkten schuldig. Ein Rechtsmittel gegen diese Entscheidung ist nicht zulässig.

Richter 2: Schuldig.

Richter 3: Schuldig.

W. Heiner

Was halten Sie vom Christentum?

Interview mit fünf prominenten Persönlichkeiten

Botschaft:
Römer 1, 19 – 23

Personen:
Mick Jaegger (Rockstar)
Wernher von Braun (Wissenschaftler)
Heinrich Böll (Schriftsteller)
Friedrich Nietzsche (Philosoph)
Johnny Cash (Sänger)
Reporter

Regieanweisung:
Auf der Bühne sitzen an einem Tisch mit dem Reporter (ähnlich wie beim Internationalen Frühschoppen) fünf Sprecher, die vor sich ein Schild haben mit dem Namen der Person, die sie sprechen.

Mick Jaegger (Rockstar)

Reporter: Könnten Sie, Herr Jaegger, an einen Gott glauben?

Herr Jaegger: Hören Sie doch auf mit Ihrem dummen Geschwätz von Gott! Ich würde dann an einen Gott glauben, wenn er mir gegenüberstehen würde und ich ihm die Hand schütteln könnte!

Reporter: Können Sie sich vorstellen, daß Ihnen Jesus etwas bieten könnte?

Herr Jaegger: Hey Mann, ich habe schon so ziemlich alles ausprobiert was es gibt! Ich hab mich mal 'ne Zeit lang für schwarze und weiße Magie interessiert, aber mehr als mir das gebracht hat, wird mir auch Ihr Jesus nicht geben können. Wenn jemand von Jesus erzählt, dann vibriert zwar etwas in mir und selbst wenn das etwas zu bedeuten hätte, ich bin jedenfalls noch nicht so weit, daß ich das für mein Leben gebrauchen könnte.

Wernher von Braun (Wissenschaftler)

Reporter: Herr Braun, was halten Sie vom christlichen Glauben?

Herr Braun: Durch die Begegnung mit einem einfachen Gemeindepastor in Texas wurde mir zum ersten Mal klar, daß unser christlicher Glaube nicht an die Kirchen und Kathedralen gebunden ist. Auch ab und zu an Gott denken, wenn ich in Not bin, ist nicht christlicher Glaube.

Reporter: Welche Erkenntnis haben Sie daraus gezogen?

Herr Braun: Ich habe verstanden, daß Ordnung und Beständigkeit nicht nur meine Forschungsarbeit, sondern vor allem mein Verhältnis zu Gott prägen müssen.

Reporter: Wie bringen Sie Ihre Arbeit und Begriffe wie Naturwissenschaft und Religion miteinander in Einklang?

Herr Braun: Die Weltraumfahrt dient in erster Linie der Naturwissenschaft. Die Naturwissenschaft aber, in ihrem Wunsch die Schöpfung zu verstehen und die Religion in ihrem Wunsch den Schöpfer und seine Absichten zu verstehen, haben trotz aller Schwierigkeiten miteinander viel Gemeinsames in ihren Zielen.

Reporter: Wie unterscheiden Sie und wie überwinden Sie eine mögliche Kluft zwischen Religion und Wissenschaft?

Herr Braun: Der Wissenschaftler gibt zu, daß er keinen Anspruch darauf erhebt, die absolute Wahrheit zu kennen. Er bezeugt aber zugleich den Wunsch, der absoluten Wahrheit so nahe wie möglich zu kommen. Die christliche Religion hingegen gedeiht auf dem Boden des Glaubens, auf einem tief verwurzelten Vertrauen in die ewige Wahrheit der Heiligen Schrift. Wahrscheinlich kann die immer noch bestehende Kluft zwischen Wissenschaft und Glaube nur dann überbrückt werden, wenn die Naturwissenschaft beweiskräftig zeigen kann, daß es außer den Dimensionen von Raum, Zeit und Materie noch weitere Dimensionen gibt, ohne die ein Verstehen der »letzten Realitäten« unmöglich ist.

Heinrich Böll (Schriftsteller)

Reporter: Herr Böll, was stellen Sie sich unter dem Christentum vor?

Herr Böll: Unter Christentum habe ich mir noch nie etwas vorstellen können, wohl unter den einzelnen Kirchen, Sekten, Strömungen innerhalb dessen, das man zu dem Sammelbegriff »Christentum« zusammenfaßt.

Reporter: Was macht Sie bei diesem Begriff fragend?

Herr Böll: Ich frage mich, was der eben getaufte Kongo-Neger mit einer Vokabel wie »Abendland« anfangen kann oder wie ein chinesischer Christ über das »christliche Europa« denken mag, dessen größter Friedhof »Auschwitz« heißt. Ich frage mich vieles, vor allem das eine: Wie ist es möglich, daß 800 Millionen Christen diese Welt so wenig zu verändern vermögen, eine Welt des Terrors, der Unterdrückung, der Angst.

Reporter: Können Sie sich diese Fragen selbst beantworten, oder sehen Sie keinen Sinn im Glauben?

Herr Böll: Ich kann diese Fragen nicht beantworten, aber ich habe in mir und für mich Antwort gefunden. Ich glaube an Christus, und ich glaube trotz meiner Fragen daran, daß 800 Millionen Christen auf dieser Erde das Antlitz dieser Erde verändern könnten, und ich empfehle es der Nachdenklichkeit und der Vorstellungskraft der Zeitgenossen, sich eine Welt vorzustellen, auf der es Christus nicht gegeben hätte. – Selbst die allerschlechteste christliche Welt würde ich der besten heidnischen vorziehen, weil es in einer christlichen Welt Raum gibt für die, denen keine heidnische Welt je Raum gab: für Krüppel und Kranke, Alte und Schwache. Und es gibt noch mehr als Raum für sie: Es gibt Liebe für die, die der heidnischen wie der gottlosen Welt nutzlos erschienen und erscheinen.

Friedrich Nietzsche (Philosoph)

Reporter: Was halten Sie, Herr Nietzsche, vom Christentum?

Herr Nietzsche: Erst das Christentum hat den Teufel an die Wand der Welt gemalt; erst das Christentum hat die Sünde in die Welt gebracht, und dieser Glaube, der eigentlich Heilmittel sein sollte, ist selbst zur Krankheit geworden.

Reporter: Sie sprachen den christlichen Glauben an. Glauben Sie, daß es einen Gott gibt?

Herr Nietzsche: Ich glaube, daß für alle jene Gelegenheiten, wo der Christ das unmittelbare Eingreifen eines Gottes erwartet, aber umsonst erwartet – weil es keinen Gott gibt, seine Religion in Ausflüchten und Gründen zur Beruhigung erfinderisch genug ist.

Reporter: Sie meinen, daß der Glaube den Menschen nur etwas vormacht?

Herr Nietzsche: Ja, auf diesem Gebiet ist das Christentum sicher eine geistreiche Religion. – Zwar hat der Glaube bisher noch keine wirklichen Berge versetzen können, obschon dies, ich weiß nicht, wer, behauptet hat; aber er vermag Berge dorthin zu setzen, wo keine sind.

Johnny Cash (Sänger)

Reporter: Können wir Ihre Meinung zum Christentum, Herr Cash, auch noch hören?

Herr Cash: Ich habe mich als Kind bekehrt, habe aber später meinen Körper dem Teufel hingegeben. Ich bin wirklich durch die Hölle gegangen.

Reporter: Können Sie uns das genauer erklären?

Herr Cash: 1956 hatte ich zwar einen guten Start in meiner Tätigkeit. Ich wurde zum verheißungsvollsten Sänger Amerikas gewählt, aber mit meinen persönlichen Problemen wurde ich nicht fertig. Ich wurde tablettensüchtig und mußte täglich fast 100 Pillen schlucken. Die Entziehungskur, zu der ich mich während einer Gefängnisnacht in Georgia durchgerungen habe, bedeutete noch einmal eine furchtbare Zeit. Aber nicht zuletzt durch den aufopfernden Einsatz meiner Frau June konnte ich es schaffen. Kurz nach meiner Genesung erkannte ich, daß die Gebete meiner Angehörigen mich durchgebracht haben und daß Gott etwas mit mir vorhat.

Reporter: Was bedeutet Ihnen Jesus Christus?

Herr Cash: Ich gehöre einer kleinen christlichen Gemeinde in Nashville an und unterstütze notleidende Kirchen, soziale Aktionen und Missionare. Um es kurz auszudrücken: Alles, was ich habe, und alles, was ich tue, soll vollständig auf Jesus Christus ausgerichtet sein.

Reporter: Meine Herren, vielen Dank für Ihre Auskunft!

MFB-Team

Der Turm

Anspiel zum Thema Ehre

Botschaft:
Die Menschen übertreffen sich gegenseitig mit »Ehre«. Jeder will größer sein als der andere. Sie stapeln symbolisch Kartons übereinander, aber der Turm muß umstürzen, nachdem aus der Weihnachtsgeschichte zitiert worden ist: »Ehre sei Gott in der Höhe und Friede auf Erden bei den Menschen seines Wohlgefallens.«

Personen:
Personen 1 – 8
Stimme aus dem Hintergrund

Material:
9 große Kartons
Tisch
Leiter

Regieanweisung:
Person 1 trägt zwei Kartons, alle anderen jeweils einen. Alle Personen stellen sich nach ihrem Auftritt links und rechts vom Tisch in einer Reihe auf. Nur Person 8 befindet sich noch auf der Leiter, wenn der Turm einstürzt.

(Person 1 und 2 treffen sich auf der Bühne. In der Mitte stehen ein Tisch und eine Leiter)

Person 1: *(Hält in jedem Arm einen Karton)* Hallo, wie geht's denn?

Person 2: Oh, mir geht's blendend! Gestern hab ich mir einen neuen Mercedes gekauft! Da muß es mir doch gut gehen, oder nicht? Kannst du dir sowas auch leisten?

(Stellt einen Karton auf den Tisch. Langsam kommt Person 3 hinzu)

Person 1: Was heißt denn hier leisten? Letzte Woche bin ich zum Abteilungsleiter befördert worden! Ist das etwa nichts? *(Stellt einen Karton auf den ersten)* Außerdem hat man mich im Verein zum Vorsitzenden gewählt! *(Stapelt den zweiten Karton auch noch dazu. Person 2 verdrückt sich mit gesenktem Kopf. Langsam kommen Personen 4–5 hinzu)*

Person 3: Was ist denn da schon dran bewundernswert? Schon 'mal was von Tugend gehört? Ich spende jeden Monat 1000 Mark. Für wohltätige Zwecke, versteht sich! Was meint ihr, wie ich angesehen bin! *(Stellt seinen Karton oben drauf)*

Person 4: Spenden *(Überheblich)* – wie kann man nur ... Meinen Swimmingpool müßtet ihr sehen! Alle Freunde gehen bei mir ein und aus! Letzte Woche hatte ich den Herrn Finanzminister zu Besuch! *(Stellt seinen Karton oben drauf. Personen 6–8 kommen langsam hinzu)*

Person 5: Was hat man denn davon! Die Welt mußt du gesehen haben! Badeurlaub auf den Bahamas! Da ist es immer warm! Da trifft man große Leute dieser Welt! Auch mich kannst du dort treffen! *(Stellt seinen Karton oben drauf)*

Person 6: Hey Fans! She loves me, ye ye ye, she loves me, ye ye ye ... diese Woche den ersten Platz in der Hitparade! Das ist Leben, Fans, das ist Karriere, Fans, das macht mir erst mal nach! *(Setzt seinen Karton oben drauf)*

Person 7: Primitiv – kann ich da nur sagen! Schon was von Bildung gehört? Mache jetzt die Promotion zum Doktor phil.! Noch ein Semester, dann bin ich fertig! Mich übertrifft keiner mehr! *(Setzt seinen Karton oben drauf, klettert dabei auf die Leiter)*

Person 8: Doch ich bin noch da! Hört mir doch auf mit diesem Weltkram! Ich bin jetzt schon im Kirchenvorstand! Jetzt gibt es wieder Hoffnung für den Glauben. Ohne mich wären die aufgeschmissen! Ich werde's dem Pfarrer geben! Ich werde die Sache in die Hände nehmen! Ich bin unabkömmlich! Ich bin... ich bin... *(Klettert dabei auf die Leiter)* ich bin der Größte! *(Stellt den Karton oben drauf)*

Stimme aus dem Hintergrund: »Und alsbald war da bei dem Engel die Menge der himmlischen Heerscharen, die lobten Gott und sprachen: Ehre sei Gott in der Höhe und Friede auf Erden bei den Menschen seines Wohlgefallens« (Lk 2, 13-14). *(Der Kistenturm wird umgestoßen!)*

G. Baumann

Der Christ und die Kapuzenmänner

Anspiel zum Thema Anfechtung

Personen:
Christ
Sorge
Zweifel
Angst
Depression

Material:
4 Kapuzenmäntel
großer Sack
großes Fragezeichen aus Pappe oder Sperrholz
Riesenhandschuh für die übergroßen Hände
langer Holzspeer nach Schwabenart

Regieanweisung:
Vier Kapuzenmänner, die gemeinsam einen langen Speer tragen, kommen auf einen Menschen zu. Nacheinander drücken sie aus, wer sie sind und wie sie den Menschen angreifen. Der Mensch sitzt in der Mitte der Bühne auf einem Stuhl. Die vier Männer mit dem Speer gehen einmal hin und her, bevor sie zum Einzelangriff starten.

Sorge: *(Kommt gebückt mit dem großen Sack auf seinem Rücken und versucht, ihn dem Menschen aufzuladen. Beinahe gelingt es)*
Christ: Weichet von mir, alle Sorgen, denn es steht geschrieben: »Euer Vater weiß, was ihr bedürft« (Mt 6, 8).
(Sorge schleicht sich schleppend mit der Last davon)
Zweifel: *(Kommt grübelnd mit einem großen Fragezeichen in der Hand, das er dem Menschen geben möchte. Er schleicht sich um Christ herum)*
Christ: »Des Herrn Wort ist wahrhaftig, und was er zusagt, das hält er gewiß!« – So steht es geschrieben im 33. Psalm (Ps 33,4)!
(Zweifel wirft das Fragezeichen fort und flieht)

Angst: *(Kommt mit übergroßen Händen und versucht, den Menschen zu würgen)*

Christ: *(Als er zwischendurch Luft bekommt)* Jesus sagt: »In der Welt habt ihr Angst; aber seid getrost, ich habe die Welt überwunden« (Joh 16, 33).

(Angst läßt ab und schreckt zurück)

Depression: *(Kommt schnell, läßt dann Hände und Kopf hängen; ruft)* O wie traurig – o wie schlimm – o wie gemein! – du hast versagt – du bist gemieden – du bist am Ende! Alles sinnlos – o wie traurig – mach doch ein Ende – o wie traurig …

Christ: »Laßt uns aufsehen zu Jesus, dem Anfänger und Vollender des Glaubens« (Hebr 12, 2).

(Depression schaut auf und flieht eilends)

G. Baumann

Der Anruf

Anspiel zum Thema Gebet

Personen:
Bettina als Anruferin
Hans als Gesprächspartner
Der schwarze Mann als Störenfried
Elektriker

Regieanweisung:
Die Geräusche in der Leitung können über die Lautsprecheranlage wiedergegeben werden.

Bettina: *(Wählt und sagt einige Ziffern vor sich hin. Besetztzeichen ertönt)*
Ach, Mann, so was Dummes ... ausgerechnet jetzt ...
(Wählt noch einmal. Rufzeichen ertönt zweimal und Hans nimmt ab)
Hans: Guten Tag, hier spricht –
Bettina: *(Unterbricht ihn)* Na endlich, Hans – du hast vielleicht lange telefoniert!
Hans: Ich – telefoniert? Das muß wohl ein Irrtum sein.
Bettina: Aber Hans, ich hab' doch ein Besetztzeichen gehört – du hast sicher gesprochen!
Hans: Vielleicht war das –
Bettina: *(Unterbricht ihn)* Kann sein, Hans – weißt du, ich bin gerade auf der Kreiskonferenz in Mörfelden. Der Pastor hat seinen Vortrag extra unterbrochen, damit ich dich anrufen kann!
Du, das Thema ist wirklich interessant! Wenn man in Verbindung mit Jesus bleibt – hat er gesagt – dann darf man Gott um alles bitten. Um alles! Und das hat er nicht nur gesagt, das steht so und nicht anders im Wort Gottes! Du, das hab' ich jetzt echt kapiert!
Hans: *(Bewußt zweideutig)* Das kann ich mir gar nicht vorstellen.
Bettina: Man muß sich das ja auch nicht vorstellen können. Ich erkläre dir das später in aller Ruhe! Hans, ich bin ja so froh, daß ich dich noch erreicht habe. Ich wollte doch Opa Karl heute im Krankenhaus besuchen. Aber nun ist ja die Kreiskonferenz *(Hier kann die eigene Veranstaltung genannt werden).* Kannst du das nicht für mich erledigen?

Hans: Du Bettina, eigentlich wollte ich –

Bettina: *(Unterbricht ihn)* Ja, ja, weiß schon – du bist wirklich ein Kavalier, Hans. Danke, daß du Verständnis für mich hast!

(Der schwarze Mann ist inzwischen da, hat aufmerksam dem Gespräch gelauscht – für Bettina unsichtbar – hebt jetzt die Leitung hoch und quetscht sie mit dem rechten Fuß am Boden. Es knackt und rattert in der Leitung)

Bettina: Was war denn das? Bist du noch dran, Hans?

Hans: Ja, ich kann dich noch hören, Bettina. Aber weißt du –

Bettina: *(Unterbricht ihn; hektisch)* Da fällt mir noch ein – das Rezept hätte ich ja beinahe vergessen! Das Rezept müßte heute noch unbedingt eingelöst werden – ohne die Tropfen kann ich unmöglich einschlafen! Und noch etwas, Hans, die Jugendstunde – am Samstag –, ich kann mich nun wirklich nicht mehr vorbereiten –

(Knackgeräusche stören wieder das Gespräch, die der schwarze Mann verursacht, indem er demonstrativ einen Knoten in die Leitung macht)

Bettina: – schon wieder dieses Geräusch. Was sind denn das nur für schlechte Leitungen. Hallo?! Hans – hörst du mich?

Hans: Ja, ich höre dich wieder Bettina. Du, ich wollte dir sagen – *(wird unterbrochen)*

Bettina: *(Unterbricht ihn)* Die Zeit ist gleich um, Hans. Die Leute werden schon langsam unruhig, und der Pastor will sein Thema weiter vortragen – Also, die Jugendstunde, könntest du mich in der Jugendstunde ausnahmsweise mal vertreten?
Ich danke dir, Hans. Ich danke dir von ganzem Herzen, aber warum ich überhaupt angerufen habe – ich wollte dich fragen, ob du mir einen ganz großen Gefallen tun und mich heute Nachmittag –

(Knacken in der Leitung, weil der schwarze Mann sie mit einer großen Schere demonstrativ – aber auch den richtigen Zeitpunkt abwartend – durchschneidet)

Elektriker: *(Der Elektriker läuft vorbei und bleibt stehen)* Nur nicht aufregen, junge Frau. Ich bin zwar nicht von der Entstö-

rungsstelle, aber vielleicht kann ich Ihnen auch sagen, was los ist.
(Hebt die zerschnittene Leitung auf und untersucht sie)
Die Leitung ist stark strapaziert. An einigen Stellen ist sie brüchig. In der Mitte ist sie ganz zertrennt.

Bettina: Ja, wie ist denn das nur möglich – und ausgerechnet jetzt? Wie konnte nur so etwas passieren?

Elektriker: Das kann ich Ihnen sagen, liebe Frau. Dafür gibt es eigentlich nur eine Erklärung: *(Laut)* zu viel geredet – zu wenig gehört!

Bettina: *(Wendet sich aufgeregt zum Gehen)* Wie bitte? Meinen Sie das ernst?

Elektriker: Jawohl, das meine ich ganz ernst ...

(Beide ab)

G. Baumann

Alltagsentrüstungen

Anspiel zum Thema Friede

Botschaft:
Die Menschen, die miteinander im Streit stehen, finden den Frieden durch das Kreuz Christi (Eph 2).

Personen:
Hausfrauen 1 – 2
Ehefrau
Ehemann
Christen 1 – 2
Anklagender (Mann oder Frau)
Stimme aus dem Hintergrund

Material:
Schrubber
Einkaufskorb
Kopftuch und Schürze
Tageszeitung
zwei Bibeln
vier große Pappraketen zum Aufstellen

Regieanweisung:
Das Kreuz kann als Dia eingeblendet werden.

1. Szene

(Zwei Nachbarsfrauen kommen von rechts auf die Bühne und streiten. Die eine hält einen Schrubber in der Hand, die andere einen Einkaufskorb)

Hausfrau 1: Sie haben's wohl nicht nötig, das Treppenhaus zu putzen, was?

Hausfrau 2: Wie reden Sie denn mit mir, Sie …! Jeder kommt dran. Einmal im Monat. Ich habe meine Arbeit getan. Gründlich! Gestern am Freitag!

Hausfrau 1: Sie haben ihre Arbeit getan? Daß ich nicht lache! Schauen Sie sich doch mal die Sauerei da unten an! Nennen Sie das gründlich?

Hausfrau 2: Hören Sie, wenn Ihre beiden Flegel noch nicht gelernt haben, sich die Füße abzuputzen, wenn sie vom Fußballplatz kommen, dann hat das mit Ihrer Erziehung zu tun und nicht mit meiner Sauberkeit, verstanden?!

Hausfrau 1: *(Fängt an, mit dem Schrubber zu fuchteln)*
Also ... Das ist ja ... Unerhört, kann ich da nur sagen! Warten Sie nur, bis mein Mann nach Hause kommt!

Hausfrau 2: Sie sollten sich an Ihre eigene Nase fassen und die Kiste etwas leiser drehen – nach 22 Uhr. Andere Leute wollen auch schlafen!

(Das Kreuz erscheint, und sie werden stille)

Stimme: Er ist unser Friede, der aus beiden eines gemacht hat.

(Die Frauen neigen beschämt ihre Köpfe, reichen sich versöhnlich die Hand und bleiben am anderen Ende der Bühne neben dem Kreuz stehen)

2. Szene

(Ein Ehepaar kommt von rechts auf die Bühne und zankt sich. Die Frau hat ein Kopftuch umgebunden und eine Schürze an. Der Mann hat eine Tageszeitung in der Hand)

Ehefrau: Ich halte das nicht mehr aus. Ich bin doch nicht dein Dienstmädchen! Da liebt ja der Bauer seine Kühe mehr ...

Ehemann: Also Liebling, ich weiß gar nicht, was du hast. Ich wollte nur mal die Schlagzeilen von heute ... man muß doch schließlich informiert sein, oder?

Ehefrau: Immer dasselbe bei uns. Zuerst kommst du eine Dreiviertelstunde zu spät nach Hause, das kalte Essen wird heruntergeschlungen – und dann diese Tageszeitung. Ich hasse Zeitungen, ich hasse Schlagzeilen, ich hab' die Nase voll von unsrer Ehe!

Ehemann: Du weißt überhaupt nicht, wie sich die Arbeit heute überschlagen hat im Büro. Außerdem: die Suppe war wieder versalzen. Du solltest froh sein, daß ich ein gutes Einkommen habe.

Ehefrau: Ein herzloser Grobian bist du. Von Verständnis keine Spur ... Ich pfeife auf dein Geld!

Ehemann: Liebling, du kannst dich nun wirklich nicht beschweren. Andere Ehemänner ... andere Ehemänner ...

Ehefrau: *(Zieht den Schuh aus und fängt an zu drohen)*
Also, ich finde das gemein, du kannst mir gestohlen bleiben! Ich könnte dich, ich, ich ...
(Das Kreuz erscheint, und sie werden still)
Stimme: Er ist unser Friede, der aus beiden eines gemacht hat.

(Die beiden reichen sich die Hand und umarmen sich. Gehen auf die linke Seite und bleiben dort stehen)

3. Szene

(Zwei Christen streiten sich über geistliche Fragen. Beide haben eine Bibel in der Hand)
Christ 1: Die Stimme von eurem Pastor ist mir wirklich unsympathisch. Und wie der redet. Da fehlt der Pfiff! Du müßtest mal bei uns sein. Die Predigten, kann ich dir sagen, die haben's in sich!
Christ 2: Da merkt man aber nicht viel von bei dir. Deine Meinung über die Endzeit kann ich übrigens nicht teilen. Es steht geschrieben ... Jesus hat gesagt ...
Christ 1: *(Unterbricht ihn)* Warum trägt der eigentlich immer einen Talar. Ein Talar ist doch der Rock des Advokaten.
Christ 2: Nun laß doch endlich unseren Pastor in Ruhe! Du kennst ihn überhaupt nicht. Ist denn die Kleidung so wichtig? Bei euch vermisse ich die Ehrfurcht. Bei euch ist alles so locker. Nicht feierlich genug!
Christ 1: Ich habe den Eindruck, du willst dir nichts sagen lassen. Du wirst schon sehen, wie es bergab geht.
Christ 2: Das gleiche kann ich auch von dir behaupten. Wenn du immer wieder von demselben Kram anfängst, dann pfeife ich auf unsere Gemeinschaft!!
Christ 1: Das überrascht mich nicht. So sagt es ja auch Paulus: »Spaltungen müssen sein, auf daß die Treuen offenbar werden!«
Christ 2: Ich will mit dir nichts mehr zu tun haben, du Pharisäer!
(Das Kreuz erscheint, und sie besinnen sich)
Stimme: Er ist unser Friede, der aus beiden eines gemacht hat.

(Die beiden bitten um Vergebung, nehmen sich in den Arm und stellen sich zu den anderen)

4. Szene

(Ein Mensch, Pappraketen unter dem Arm, rebelliert gegen Gott, indem er anklagende Fragen stellt. Nach jeder Anklage stellt er eine Rakete auf)

Anklagender: Nein, ich kann nicht glauben und will nicht glauben.
2000 Menschen im Erdbeben zu Tode gekommen. Warum läßt Gott das zu? Wenn es einen Gott gibt, warum ...
(Stellt eine Rakete ab)
Täglich sterben Menschen, weil sie nichts zu essen haben. Wenn Gott ein Gott der Liebe wäre, dann, dann würde er doch etwas tun!
(Stellt eine Rakete ab)
Wie man sich so als ein Christ verhalten kann, wie der eine von gestern, tsss ... Schon wieder ein Grund weniger zu glauben.
(Stellt eine Rakete ab)
Ich sehe überhaupt nicht ein, warum die Bibel Gottes Wort sein soll. Das haben doch nur irgendwelche Menschen geschrieben. Religiöse Fanatiker! Da gibt es so viele Widersprüche. Kann mir jemand sagen, wo Kain seine Frau herbekommen hat?

(Er steht am Kreuz und schaut es nachdenklich an. Mit seiner Hand greift er zum Kinn und überlegt)

Stimme: Er ist unser Friede, der aus beiden eines gemacht hat.

(Er geht zurück, sammelt seine Raketen wieder ein und stellt sich auf die andere Seite)

G. Baumann

BIBLISCHE TEXTE

Das Gleichnis vom barmherzigen Punker

Personen:
Erzähler
Chor (fünf bis fünfzehn Darsteller)

Regieanweisung:
Der Witz dieses Anspiels liegt zum einen in der Übertragung eines Gleichnisses Jesu in unsere Zeit, zum anderen darin, daß das Stück durch die ständig wiederkehrenden Eisenbahngeräusche und -gesten Tempo und Schwung erhält. Es ist sehr wichtig, daß die Akteure gut aufeinander eingespielt sind, damit die simultanen Bewegungen präzise und genau gleichzeitig durchgeführt werden. Man muß sie nicht genauso wie hier beschrieben einüben, aber es ist wichtig, daß sich die Gruppe auf Gesten einigt, die von jedem der Akteure genau ausgeführt werden, sonst gibt das Ganze kein einheitliches Bild. Das Stück geht so vor sich: Der Erzähler kommt am besten zuerst herein, anschließend laufen die Akteure, der Größe nach geordnet (kleinste Person vorn) ein und stellen sich in einer Reihe, die linke Seite dem Publikum zugekehrt, auf. Anschließend sagt immer der Erzähler einen Satz, dann führen die Akteure die entsprechende Geste durch oder sprechen im Chor.

Erzähler	**Chor**
Ein Mann fuhr im Zug von Kassel nach Bonn.	*(Mimt einen Zug, indem jeder die Hände auf die Ellbogen des Vordermannes legt und alle gleichzeitig im Takt leicht in die Knie gehen)* Kassel nach Bonn, Kassel nach Bonn, Kassel nach Bonn, Kassel nach Bonn.
Und als er sich hinsetzte, um seine Zeitung zu lesen,	*(Ein Junge löst sich aus der Gruppe, geht nach vorne, faltet eine imaginäre Zeitung auseinander und liest)*

fiel er unter eine Gruppe von Fußball-Fans,

(Akteure lösen sich aus der Zugformation, klatschen rhythmisch, indem sie sich um den Mann herum aufstellen, ohne ihn jedoch zu beachten, und schreien im Chor den Namen eines Vereins, z.B. F-C-S)

die ihre Mannschaft gerade hatten verlieren sehen.

(Voller Wut und Enttäuschung rufen sie laut »Buh«, »Mist« oder dergleichen und stampfen gleichzeitig auf, ballen die Fäuste o.ä. Ausnahmsweise ist es nicht nötig, daß alle die gleichen Gesten machen)

Also verprügelten sie den Mann und raubten ihm seinen Geldbeutel und seinen Mantel.

(Im Takt schlagen die Akteure den Mann nieder und schreien dabei)
Uh – Ah!
Uh – Ah!
(Einer tut so, als nähme er Mantel und Geldbeutel des Opfers. Dann gehen alle, ausgenommen das Opfer, das am Boden liegenbleibt, in die Zugformation zurück. Während sie das tun, stimmt einer den Schluß des Fußballsongs an: »Das sind die Fans, die schlagen wir tot.« Dann mimen sie wieder den Zug wie am Anfang)
Kassel nach Bonn *(4×)*

In demselben Zug befand sich ein Pfarrer,

(Der Pfarrer macht einen Schritt nach vorne, alle anderen drehen sich ebenso zum Publikum, falten genau wie er die Hände und singen im Chor mit ihm)
A-a-a-men.

dem tat der Mann leid.

(Der Pfarrer tut so, als wische er sich mit dem Finger die Nase, alle tun es ihm nach, indem sie mit dem Kopf simultan einmal nach links, dann nach rechts, dann links, dann rechts gehen)

Also versteckte er sich in der Zugtoilette, um zu beten.

(Alle schnipsen mit der rechten Hand, um den Lichtschalter anzudeuten, falten dann beide Hände vor der Brust zum Gebet und bedienen anschließend mit der linken eine Wasserspülung. Geräusch: »Pschschsch«. Anschließend schnell wieder einen Zug bilden)
Kassel nach Bonn *(4×)*

Ebenso befand sich darin eine Sozialarbeiterin,

(Die Sozialarbeiterin dreht sich zum Publikum, macht einen Schritt nach vorn, stellt den rechten Fuß vor den linken – Gewicht bleibt auf dem linken –, führt mit der Rechten eine Zigarette zum Mund. Die Akteure drehen sich fast gleichzeitig mit ihr um und tun es ihr gleich)

die jede Menge Erfahrung mit jugendlichen Straftätern hatte.

(Sozialarbeiterin, ganz lässig)
Diese armen Kinder tun mir ja sooo leid!

Sie taten ihr so leid, daß sie sich eilends an die Bar begab, um sich mit einem Drink zu stärken.

(Sozialarbeiterin macht einige Schritte zur Seite, nimmt ein imaginäres Glas zum Mund, der Chor ebenfalls, alle kippen den imaginären Inhalt mit einem lauten »Gluck« herunter. Sozialarbeiterin geht an ihren Platz zurück, reiht sich ein. Zugmimik wie vorher)
Kassel nach Bonn. *(4×)*

Ebenso befand sich darin der Chef einer Punkerbande.	*(Der Punker tritt mit einer sprunghaften, teils gefährlich, teils hektisch wirkenden Bewegung heraus und schaut sich, eine imaginäre Kette schwingend, um. Der Chor macht mit den Worten »Punk! Punk!« ungeordnete Armbewegungen)*
Er galt als der gemeinste der gemeinen, brutalen Kerle.	*(Chor tut so, als übergebe er sich. Punker tut so, als spucke er ihnen vor die Füße)*
Aber er zog die Notbremse,	*(Chor macht Quietschgeräusche und fällt nach vorne, als sei der Zug plötzlich zum Stillstand gekommen. Das Opfer wird von dem Schwung auf die andere Seite gewälzt)*
rief den Krankenwagen,	*(Punker mimt Telefonanruf, Chor begleitet ihn mit Geräuschen: Wählen – »Krk drr, krk drr, krk drr« Warten – »Dü – dü – dü!« Sprechen – »Rha barber, rha barbaba« Punker legt auf. Zwei Akteure lösen sich aus dem Zug, eine imaginäre Bahre zwischen sich tragend, während der Rest des Zuges ein Martinshorn imitiert. Sie knien mit der Bahre vor dem Opfer und versorgen es)*
gab dem Krankenpfleger 100 DM, um dem Opfer einen neuen Mantel zu kaufen,	*(Punker macht entsprechende Geste, Chor sagt voll Rührung)* Aaach!
und schickte sie ins Krankenhaus.	*(Erneutes Martinshorn, bei dem Opfer und Pfleger aufstehen und sich an ihren Platz im Zug zurückstellen, ebenso der Punker)*

Wo dieser Mann herkam, gab es keine Punker.	*(Chor macht abwehrende Handbewegung und sagt in überheblichem Ton)* Iiiih!
Aber: es gab einen Pfarrer	*(Chor dreht sich um und singt mit gefalteten Händen)* A-a-a-men!
und mehrere Sozialarbeiterinnen.	*(Chor mimt Rauchen, sagt)* Diese armen Kinder tun mir ja sooo leid! *(Läßt Zigarette fallen und drückt sie mit dem rechten Fuß aus)*
Aber als es darauf ankam, wer war diesem Mann da ein wirklicher Nächster?	*(Chor sieht sich ratlos an. Schließlich hat die dumme Schülerin einen Geistesblitz und meldet sich begeistert)* Fräulein, Fräulein!
Ja, X? *(Namen der Person einsetzen)*	*(Dumme Schülerin voll Stolz) Der, der etwas für ihn getan hat! (Restlicher Chor hat ein großes Aha-Erlebnis)* Ach ja, natürlich! Der, der etwas für ihn getan hat.
(Belehrend) Der ihm Liebe zeigte!	Chor: Ach ja, Liebe!
Jesus sagt:	*(Chor macht einen Schritt nach vorne, zeigt mit dem Finger auf Publikum, sagt laut, so daß das Publikum erschrickt)* Geh hin!
und tue desgleichen.	*(Chor, sich gegenseitig umarmend)* Liebe, liebe, liebe deinen Nächsten! *(Dumme Schülerin, nachdenklich)* Fräulein, Fräulein!
(Geduldig) Ja, X?	Wer ist denn mein Nächster?

(Sich zum Chor wendend, leise zählend, damit dieser auf Kommando antworten kann)

(Chor, vorwurfsvoll zum dummen Mädchen – wie kann man nur so dumm sein)
Jedermann!
(Dumme Schülerin, verärgert, daß sie auf diese Antwort nicht selbst gekommen ist)
Ach ja, natürlich! Jedermann!
(Chor nimmt wieder Zugformation ein. Mimik wie am Anfang)
Kassel nach Bonn,
Kassel nach Bonn,
Kassel nach Bonn,
Kassel nach Bonn, tschschsch...

OM-Team[10]

Und dann kam das Wasser

Botschaft:
Noah und seine Nachbarn (1. Mose 6-7)

Personen:
Noah
Der Reiche
Der Arme
Der Alte
Der Junge
Stimmen 1 – 3
Fremdenführer
Chronist
Volk

Regieanweisung:
Die Szenen 1, 3, 5 und 7 spielen vor der Bühne. Der Chronist kann über die Lautsprecheranlage kommen. Die Szenen 4,6,8 und 10 spielen vor einer angedeuteten Arche (Halbwand hinter der Noah steht) auf der Bühne.

1. Szene

(Gruppe mit Volk als Touristen kommen. Der Arme, Reiche, Junge, Alte sitzen unter den Zuhörern und kommen erst zur Gruppe, wenn Stimme 1 gefragt hat)

Fremdenführer: Und hier sehen Sie das Kidron-Tal und dort hinten den Ölberg. Dies dort ist der alte Friedhof der Stadt und dahinter sind die Weinberge des Bürgers Noah.

Stimme 1: Wer ist Noah?

Fremdenführer: Kennen Sie Noah nicht?

Stimme 2: Nein.

Stimme 1: Ist hier jemand, der den Noah kennt?
Kennt ihr einen Mann mit Namen Noah?

Der Reiche: Noah? Kenne ich, kenne ich, Äcker hat er, Vieh, Weinberge, täuscht niemand, wenn er etwas verkauft oder tauscht oder kauft, heißt es. Er sei fromm! Fromm und gottesfürchtig. Wenn das wahr ist, hätte er mir doch ein Stück von seinem Weinberg verkaufen müssen. Er weiß doch, daß ich es brauche, der Geizhals. Oder nicht? Wenn ihr mir einen Rat wißt, wie ich zu diesem Weinberg kommen kann, sagt mir's. Ich muß ihn soweit bringen, daß er mir den Weinberg gibt, irgendwie, ob er will oder nicht.

Stimme 1: Das ist's, was du von Noah weißt, reicher Mann?

Der Reiche: Ja, das ist's.

Stimme 1: Ist sonst noch einer da, der den Noah kennt?

Der Arme: Ja, ja, ja, ich, und wie ich ihn kenne! Ich bin schon manches Mal zu seinem Haus gekommen und habe um Geld gebettelt, denn ich bin arm, müßt ihr wissen, und er hat mir immer etwas gegeben, immer, aber immer nur etwas zum Essen, eine Suppe, ein Stück Brot, Gemüse, ein Mittagessen, kein Geld. Du kannst bei mir arbeiten, sagt Noah, dann bekommst du zum Essen auch den Tagelohn. Versteht ihr das? Sie sagen, und alle sagen das, er sei fromm, aber wenn das wahr wäre, dann müßte er mir doch mehr geben als nur Essen oder nur Arbeit. Man soll ja niemand etwas Schlechtes wünschen, aber wenn er nur selbst einmal an den Bettelstab käme, damit er spürt, wie einem da zumute ist.

Stimme 1: Das ist's, was du von Noah weißt, armer Mann?

Der Arme: Ja, ja, ja, das ist's, das ist's.

Stimme 1: Ist sonst noch einer da, der den Noah kennt?

Der Junge: Ich, ich kenne seine Söhne gut. Sie sind so alt wie ich, die drei. Na, die haben's vielleicht schwer mit ihrem Vater.

Stimme 2 und 3: Warum?

Der Junge: Er ist so anders, so streng, so gleichmäßig, so – na eben anders als man heutzutage ist. Sie sagen, er sei fromm und fürchte Gott. Er kniee oft nieder und rede mit ihm – beten nennen sie das. Ich halte nichts davon. Was soll man schon davon haben, wenn man immer zuerst seinen Gott fragen muß, bevor man was tut? Womöglich ist er dann gar nicht dafür. Und in allen Sachen sich von dem dreinreden lassen?! Wenn das wahr ist, daß der Noah fromm ist, dann ist fromm sein nichts für mich.

Stimme 1: Das ist's, was du von Noah weißt, junger Mann? Ist noch einer da, der …?

Der Alte: Ich kenne ihn von klein auf, den Vater hab ich auch gut gekannt. Ja, Haus und Hof hat er in Ordnung, er tut niemand ein Unrecht. Aber eins ist seltsam: Er hält für wichtiger, was sein Gott ihm sagt, als jeden guten Rat und die Erfahrungen, die wir Alten ihm voraus haben. Das ist wie ein Unrecht. Ist unsereiner denn nichts? Wir kennen doch das Leben schon viel länger als er. Sie sagen, er sei fromm. Ich meine, es ist eher Eigensinn, Starrköpfigkeit, Hochmut, sonst würde er doch mehr auf unsere Erfahrungen, mehr auf unsere Weisheit geben als auf seinen Gott, den doch noch niemand gesehen hat.

Stimme 1: Das ist's, was du von Noah weißt, alter Mann?

Der Alte: Das ist's!

Stimme 1: Ist noch einer da, der den Noah kennt? *(Lange Pause)* Ist noch einer da?

2. Szene

Chronist: Ja, Gott! Gott kennt ihn besser als alle Menschen, denn Gott sieht das Herz an. Gott sieht die Menschen, wie sie sind, und sagt, wie sie sind.

Stimme 2: Und was sagt er von den Menschen?

Chronist: »Als aber der Herr sah, daß der Menschen Bosheit groß war auf Erden und alles Dichten und Trachten ihres Herzens nur böse war immerdar, da reute es ihn, daß er die Menschen gemacht hatte auf Erden, und es bekümmerte ihn in seinem Herzen, und er sprach: Ich will die Menschen, die ich geschaffen habe, vertilgen von der Erde, denn es reut mich, daß ich sie gemacht habe« (1. Mose 6, 5-7).

Stimme 3: Und was sagt Gott von Noah?

Chronist: Aber Noah fand Gnade vor dem Herrn. Da sprach Gott zu Noah: »Das Ende alles Fleisches ist bei mir beschlossen, denn die Erde ist voller Frevel von ihnen; und siehe, ich will sie verderben mit der Erde. Mache dir einen Kasten von Tannenholz und mache Kammern darin und verpiche ihn mit Pech innen und außen... Denn siehe, ich will eine Sintflut kommen lassen auf Erden. Alles, was auf Erden ist, soll untergehen. Aber mit dir will ich meinen Bund aufrichten« (1. Mose 6, 8. 13-14. 17-18).

Stimme 2: Das ist's also, was Gott zu Noah gesagt hat?

Chronist: Mehr noch. Wie groß sie sein soll, die Arche. Und daß er die Tiere mitnehmen soll, Tiere von allen Arten. Aber das ist das Wichtigste, daß Gott ihn rief. Ihn allein und ihm befahl, ein Schiff auf dem Berg zu bauen.

Stimme 1: Das tat Noah?

Chronist: Alles, was Gott ihm gebot.

3. Szene

Stimme 3: Habt ihr schon gehört? Noah schlägt seinen Wald. Sieben Stämme legt er um.
Der Reiche: Er wird bauen wollen, der Noah.
Der Arme: Und unsereiner hat kein Dach über dem Kopf.
Stimme 2: Ich weiß nicht, mir kommt die ganze Geschichte nicht geheuer vor. Ich glaube, das gibt gar kein Haus.
Stimme 3: Einen Turm vielleicht?
Stimme 2: Eine große Scheune?
Der Alte: Ha, er hält uns alle zum Narren. Wir raten daran herum, was das werden soll, und er lacht sich ins Fäustchen.
Der Reiche: Weißt du, man müßte ihn fragen. Ich lauf ihm ja sonst nicht nach, aber um der Sache willen. Ich geh hinauf und frag ihn, was das werden soll.
Der Arme: Ich auch!
Der Junge: Ich auch!
(Mehrere Stimmen durcheinander)
Der Arme: Ich auch!
Chronist: Noah aber tat alles, was Gott ihm geboten hatte.
(Der reiche Mann geht zu Noah)

4. Szene

Der Reiche: Noah! He! Noah!
Noah: Ah, du bist es Nachbar! Sei gegrüßt! Was führt dich hierher?
Der Reiche: Mh! Nichts Besonderes! Du baust ja seltsame Sachen hier oben, das muß man schon sagen. – Groß, sehr groß. – Dein ganzer Wald steckt da drin, nicht?
Noah: Ja, mein ganzer Wald.
Der Reiche: Sehr groß.– Das ist gut und gar so lang wie 10 Häuser und 2 Häuser breit und 3 Stockwerke hoch. Eine ordentliche Scheune wird das, wahrhaftig!
Noah: Es wird keine Scheune.
Der Reiche: Nicht? Ein Haus?
Noah: Nein! Kein Haus.
Der Reiche: So! Was dann?
Noah: Ein Schiff.
Der Reiche: Ein was? Ein Schiff?!
Noah: So lang wie 10 Häuser, so breit wie zwei und drei Stockwerke hoch.

Der Reiche: *(Lacht lang und laut)* Ein Schiff – hier auf dem Berg. Dazu brauchst du das viele Pech, da hast du Recht. Aber das Wasser. Du meinst, daß es irgendwann einmal hier oben Wasser gibt? Daß du den Kasten da zum Schwimmen bringst?

Noah: Das meine ich nicht, Nachbar, das weiß ich ganz gewiß.

Der Reiche: Oho! Von wem?

Noah: Von Gott selbst.

Der Reiche: Ah, daher also weht der Wind. Und dein Gott hat dir gesagt …

Noah: Er hat gesagt: »Das Ende alles Fleisches ist bei mir beschlossen, denn die Erde ist voller Frevel von ihnen; und siehe, ich will sie verderben mit der Erde. Mache dir einen Kasten von Tannenholz …«

Der Reiche: *(Höhnisch)* Den da?

Noah: Wie du siehst.

Der Reiche: Und in den steigst du hinein, wenn das Wasser kommt und schwimmst davon. Ausgezeichnet! *(Lacht lang und laut)*

Noah: Es wäre besser, du würdest nicht lachen.

Der Reiche: Sondern?

Noah: Dich warnen lassen.

Der Reiche: Von dir? Von deinen verrückten Geschichten mir Angst einjagen lassen, meinst du? Sei froh, daß ich Spaß verstehe. Nein, nein, nein, baue du nur dein Schiff auf dem Berg weiter, Noah. Und wenn du etwas verkaufen möchtest oder mußt; Äcker, Weinberge oder so, mh, dann komm getrost zu mir. Darüber können wir dann reden. Aber laß mich in Ruhe mit deinem Märchen vom Wasser. Da, der Himmel, klar und blau. Siehst du auch nur ein einziges Wölkchen?

Noah: Nein! Aber was beweist das?

Der Reiche: Ohne Wolken kein Regen. Noah, ist doch klar. Für mich ist das wahr, was ich mit meinen Augen sehe.

Noah: Du traust deinen Augen viel zu.

Der Reiche: Aaach – denk an die schlimmen Regengüsse und Überschwemmungen in den letzten Jahren. Ist doch alles schon passiert. Einige Brücken sind davongeschwemmt, ja, und ein paar Leute. Auch einige Wiesen waren nachher verschlammt. So war es immer. Warum soll es diesmal anders sein?

Noah: Weil Gott uns nicht länger zusieht.

Der Reiche: Gott? Gott! Ist das deine ganze Antwort? Traust du Gott mehr als deinen eigenen Augen und deinem Verstand?

Noah: Ja.

Der Reiche: Ach, mit dir ist nicht zu reden, Noah! Leb wohl! Viel Spaß mit deinem Schiff, wirklich. Viel Spaß. *(Anhaltendes Lachen, geht zum Volk)*

5. Szene

Stimme 2: Ein richtiges Schiff baut er.
Stimme 1: Er ist ja völlig verdreht.
Stimme 3: Baut ein Schiff auf dem Berg?
Der Reiche: Ihr könnt mir's glauben.
Stimme 2: Wie kommt er nur auf diesen Einfall?
Stimme 3: Eine Flut soll kommen, die alles überschwemmen wird.
Stimme 2: Eine Flut, sagst du?
Der Reiche: Er baut so eilig, als ob das Wasser schon den Berg herauf käme.
Der Alte: Was ist nur in diesen Noah gefahren?
Chronist: Noah aber tat alles, was Gott ihm geboten hatte.

6. Szene

Der Arme: Um eine milde Gabe bitte ich, Noah, eine milde Gabe für einen armen Mann, der ohne eigenes Verschulden um Haus und Hof gekommen ist.
Noah: Geh hinüber zum Feuer, es ist gleich Essenszeit. Du kannst mit uns essen. Willst du?
Der Arme: Ja schon, aber – ja, ja, gern – ich wußte gar nicht, daß du Schiffe bauen kannst, Noah.
Noah: Ich wußte es auch nicht.
Der Arme: Aber wo hast du's gelernt?
Noah: Gott hat mir gesagt, wie ich bauen soll.
Der Arme: Ach, Gott? – Derselbe, der dir das mit der großen Flut gesagt hat?
Noah: Es gibt nur einen.
Der Arme: Hm, das weiß man nicht so genau. Es ist nur schade, daß dieser Gott dich daran hindert, wirklich fromm zu sein.
Noah: Wie meinst du das? Rede frei heraus.
Der Arme: Wenn du, als Beispiel genommen, wenn du ein frommer Mann sein wolltest, dann müßtest du nicht nur an dich,

sondern auch an andere Menschen denken, die deine Hilfe brauchen könnten – etwa an mich, nur zum Beispiel. Und könntest mir Gutes tun, wäre das nicht fromm, Noah?

Noah: Fromm sein heißt: Gott gehorchen, Freund.

Der Arme: Also, ein Schiff bauen, auf dem du mit deinen Leuten fortschwimmen willst, während wir zugrunde gehen, so meinst du das doch, nicht.

Noah: Gott hat es mir aufgetragen, also gehorche ich. Würdest du an meiner Stelle nicht dasselbe tun?

Der Arme: Nein, Gott soll segnen, was wir tun, aber nicht uns Angst machen. Mach dein Schiff wieder auseinander. Mach Häuser daraus. Schenke diese Häuser den Armen, dann glaub ich dir, daß du ein frommer Mann bist, eher nicht.

Noah: Kein Haus nützte dir dann noch etwas, wenn die große Flut kommt.

Der Arme: Was geht mich diese Flut an, die irgendwann einmal kommt? Was heute ist, das ist mir viel wichtiger. Von der Flut sehe ich nichts, aber heute sehe ich, daß ich kein Haus habe und du hast eines. Wenn du schon etwas Besonderes tun willst, um deinem Gott zu gefallen, dann schenk mir doch ein Haus, gib mir einen Weinberg oder einen von deinen Äckern. Denn dann hast du ein gutes Werk getan, und jeder sieht, daß du fromm bist.

Noah: Ich weiß, es sieht so aus, als ob ich alle andern Menschen vergesse, als wäre ich lieblos und hart und eigennützig, weil ich dieses Schiff baue. Aber ich darf nicht anders. Gott hat es gesagt und daran halte ich mich. Was du auch immer dagegen sagst.

Der Arme: Hör auf zu bauen, sage ich dir, reiße das Schiff wieder auseinander. *(Geht)*

Noah: Bleib hier!

Der Arme: Nein, von dir mag ich nichts mehr nehmen und nichts mehr hören.

Noah: So bleib doch!

Der Arme: Nein, nein, ich gehe. Noah! – *(Geht zum Volk)* Ja, das ist wahr, will er wirklich fromm sein, dann müßte er den Armen Häuser bauen und kein Schiff.

7. Szene

Der Alte: Ach, hört auf, davon zu reden. Das bringt uns bloß Ärger und zerrüttet uns alle.

Der Junge: Mir macht die Sache Spaß. In unserer langweiligen Gegend ist schon lange nicht mehr so was Ausgefallenes passiert. Ich geh auch mal hinaus und schaue mir an, was er da macht. *(Geht zu Noah)*

Chronist: Noah aber tat alles, was Gott ihm geboten hatte.

8. Szene

Der Junge: Kann man dein Wunderwerk von Schiff mal besichtigen, Noah?

Noah: Das darfst du, komm mal rauf!

Der Junge: In ein paar Wochen habt ihr das gebaut? Nicht schlecht. Jetzt versteh ich, warum man deine Söhne nie mehr zu sehen bekam, auf keinem Fest und bei keinem Vergnügen mehr.

Noah: Wir haben keine Zeit mehr zu verlieren.

Der Junge: Ich weiß, ich weiß. Was gibt das für einen großen Boden da oben! Das wäre ein Tanzboden. Kannst du mir Bescheid geben, wann das Wasser kommt und wann ihr in See stecht, damit ich kommen und mitfahren kann?

Noah: Wenn das Wasser kommt, wird es zu spät sein. Jetzt müßtest du glauben, daß es kommt. Müßtest dich danach richten und Gott bitten, daß er sich deiner erbarme.

Der Junge: Och, dazu wird noch Zeit sein, wenn das Wasser tatsächlich kommt. Und was du sagst, das vom Glauben und dem allem, das ist recht und schön. Wenn man sowieso Sorgen hat, da ist man dann eher bereit, Gott zu bitten, daß er einem das schwere Leben ein wenig erleichtert.

Noah: Du irrst dich, Gottes Gnade macht uns das Leben nicht leichter, sondern das ist seine Gnade, daß wir unter unserer Last Frieden finden.

Der Junge: *(Schnell)* Das ist mir zu schwierig, das versteh ich nicht. Und wenn ich's verstehen wollte, es wäre mir auch zu anstrengend.

Noah: Sieh mich an! Glaubst du nicht, daß für mich mein altes Leben leichter wäre, wenn ich mich um meine Äcker und Wiesen, meinen Weinberg, meinen Wald, mein Vieh zu kümmern hätte und sonst um nichts? Nun aber hat Gott zu mir geredet und wenn er das tut, wird das Leben nicht leichter, im Gegenteil: Er stellt uns Aufgaben, vor denen wir verzagen möchten.

Der Junge: Was gibt denn das hier?
Noah: Hast du mir nicht zugehört?
Der Junge: O doch, gewiß, gewiß. Ja, ja, du hast ganz recht. Sag mal, das gibt aber eine große Tür. Richtig, du willst ja auch Tiere mitnehmen von jeder Art, habe ich mir erzählen lassen. Wer muß denn die alle zusammenbringen, auch deine Söhne?
Noah: Ja.
Der Junge: Allerhand Arbeit. *(Kleine Pause)* Ich finde, ihr arbeitet alle ein bißchen zu viel und ein bißchen zu heftig, Noah. Das ist's. Du weißt gar nicht, wie vergnüglich die Welt sein kann. Du hast dir bis jetzt einfach keine Zeit dazu genommen, habe ich recht? Oder gefällt dir die Welt ganz und gar nicht?
Noah: Die Welt gefällt mir, aber es kommt nicht darauf an, was mir gefällt. Wir Menschen gefallen Gott nicht. Nur unseretwegen wird auch die Flut kommen.
Der Junge: Mach kein so finsteres Gesicht, Noah. So schlimm ist das alles gar nicht, wie du das heute ansiehst. Genieße dein Leben und du brauchst das Schiff gar nicht. Leb wohl! *(Geht)*

9. Szene

Der Reiche: Nein! Dazu kenne ich ihn zu gut. Das glaub ich nicht. Von dieser Sache bringst du ihn so leicht nicht ab. Er hat jetzt damit angefangen, jetzt kann er auch nicht mehr damit aufhören.
Stimme 3: Aber ihr seht, was daraus wird.
Der Alte: Ich frage mich ernsthaft, ob er wohl noch ganz bei Verstand ist. Vielleicht weiß er gar nicht mehr richtig, was er tut. Jetzt will auch ich zu ihm hinaufgehen.
Chronist: Noah aber tat alles, was Gott ihm geboten hatte.

10. Szene

Stimme 1: Nun geht der alte Mann auf den Berg, wo Noah die Arche baut.
Der Alte: Sie reden viel von dir da unten, Noah.
Noah: Ich weiß. Ich hatte gehofft, sie würden endlich mal von etwas anderem reden.
Der Alte: Wovon?

Noah: Davon, daß das vielleicht die letzte Warnung an sie ist.

Der Alte: Was Gott dich hier tun heißt, die letzte Warnung? Wie meinst du das?

Noah: Ich habe keinem verschwiegen, was Gott zu mir gesagt hat: daß die große Flut kommen und alles verschlingen wird. Aber seltsam, niemand wollte das hören. Es hätte sie gestört. Sie hätten sich ändern müssen, wenn sie mir geglaubt hätten. – Das ist es wohl. – Da steht nun die Arche wie ein Zeichen dafür, daß es mir ernst ist mit dem, was Gott gesprochen hat. Aber niemand will das sehen. Glaub mir, ich hätte sie gern umsonst gebaut. Aber es soll nun so kommen, wie er gesagt hat.

Der Alte: Noah – hör mich an: Du bist noch nie sehr bereit gewesen, auf gute Ratschläge zu hören, weil dir dein Gott immer wichtiger war als unsere Erfahrungen und unsere Weisheit. Dir allein soll Gott gesagt haben, was geschehen wird? Du bist eingebildet, Noah. Willst du der einzige sein, der im Recht ist? Dieses Schiff ist eine Beleidigung gegen jeden Menschen, der sich redlich müht, auf seine Weise recht zu sein und recht zu leben.

Noah: Ich kann dir nicht sagen, warum es Gott gefallen hat, zu mir zu reden, aber er hat es getan. Und nun muß ich tun, was er gesagt hat.

Der Alte: Genau so, wie Gott es gesagt hat, hast du das Schiff gebaut?

Noah: Ja.

Der Alte: Wo ist denn der Mast für die Segel?

Noah: Es gibt keinen Mast und keine Segel.

Der Alte: Du willst das Schiff einfach so treiben lassen? Wo ist denn das Steuer?

Noah: Es gibt kein Steuer.

Der Alte: Kein Steuer? Und keine Fenster in der Seitenwand?

Noah: Kein Fenster. – Nur eine Öffnung im obersten Boden.

Der Alte: Ist das dein Ernst, Noah? Du willst also nicht segeln, sondern dich treiben lassen. Willst dich treiben lassen ohne zu steuern. Und willst dabei nicht einmal sehen, wohin es dich treibt?

Noah: Es wird mich nicht treiben. Gott wird das Schiff lenken, wohin er will.

Der Alte: Noah, bis zu diesem Augenblick war ich noch bereit, dich anzunehmen, jetzt nicht mehr. Selbst wenn du recht hättest und die Flut käme, dann wäre es Wahnsinn, das Schiff einfach dem Wasser zu überlassen. Du dauerst mich, Noah, du und deine armen Söhne, deren Erbgut du verschleuderst. Du wirst dich noch vor ihnen verantworten müssen, was du hier tust. Aber ich glaube, du weißt nicht, was du tust.

Noah: Gott weiß, was er mich tun heißt.

Der Alte: Leb wohl!

Stimme 2: So waren sie nun alle bei Noah und bei seinem Schiff auf dem Berge. Der Reiche und der Arme, der Junge und der Alte.

Stimme 1: Noah ist nicht ernst zu nehmen.

Der Alte: Er denkt ja bei allem nur an sich selbst. Er ist zu bedauern.

Stimme 3: Es ist zum totlachen. *(Ende)*

Chronist: – Und dann kam das Wasser.

Bearbeitung: W. Heiner

Debatte nach dem Tod!

Anspiel zum Thema: »Tod und was dann?«

Botschaft:
Die Geschichte vom reichen Mann und dem armen Lazarus (Lk 16, 19-31)

Personen:
Reicher Mann
Vater Abraham
Sprecher

Regieanweisung:
Die Bühne muß durch markante Gegenstände in zwei Teile aufgeteilt werden, um die Trennung zwischen Himmel und Hölle ganz klar erkennbar werden zu lassen. Wenn es auf verschiedenen Ebenen gespielt werden könnte, wäre es sehr vorteilhaft.

Sprecher: Er liest den Text nach der Guten Nachricht: Lk 16, 19-23

Reicher Mann: He, Vater Abraham, hilf mir! Hier ist es so wahnsinnig heiß, und ich komme um vor Durst!
Du kannst ja den Lazarus zu mir schicken, daß er mir etwas zu trinken bringt.

Vater Abraham: Es tut mir leid, ich kann dir nicht helfen. Du siehst doch, daß es zwischen unseren beiden Welten keine Verbindung gibt!

Reicher Mann: Ach, das stimmt doch gar nicht. Ich kann doch sehen und hören. Also, sag Lazarus, daß er zu mir kommen soll, quäle mich doch nicht so!

Vater Abraham: Ich kann wirklich nichts für dich tun. Du und Lazarus, ihr seid nach dem gemessen worden, wie ihr auf der Erde gelebt habt. Deswegen seid ihr hier für immer getrennt, und es gibt keine Verbindung!

Reicher Mann: Aber das ist ungerecht! Das hätte man mir vorher sagen müssen, daß es einmal so sein wird. Das wußte ich nicht! Diese Ungerechtigkeit!

Vater Abraham: Du sagst nicht die Wahrheit. Du hattest die Möglichkeit, dich mit der Bibel zu beschäftigen, und du hast auch die Botschaft der Bibel gehört. Jetzt schreist du nach Gerechtigkeit, aber in deinem Leben hast du nur an dich gedacht. Erinnere dich an Lazarus!

Reicher Mann: Das ist doch jetzt vorbei. Jetzt geht es um mich. Ich habe das zwar alles gehört. Aber woher sollte ich denn wissen, daß das alles die Wahrheit ist? Das konnte doch kein Mensch ahnen.

Vater Abraham: Du hattest die Möglichkeit, dich zu informieren. Die Bibel gibt ganz klar Auskunft darüber. Aber du hast das ja immer als Märchen abgetan; nun kannst du nicht andere für deine Nachlässigkeit verantwortlich machen!

Reicher Mann: Dann mache wenigstens meine fünf Brüder aufmerksam, denn die leben genauso wie ich, und ich möchte nicht, daß sie dasselbe durchmachen müssen.

Vater Abraham: Für sie gilt dasselbe wie für dich. Auch sie haben eine Bibel im Bücherschrank und hören in der Kirche die Botschaft von Gott! Mehr kann man nicht tun, sie haben ihren eigenen Willen!

Reicher Mann: Nein, du mußt ihnen ein Zeichen geben! Schicke ihnen Lazarus! Wenn sie sehen, daß er von den Toten auferstanden ist, werden sie auf ihn hören und sich ändern!

Vater Abraham: Du täuschst dich. Sie würden es nicht glauben, daß Lazarus auferstanden wäre. Sie fänden Argumente, um dies logisch zu erklären. Wenn sie nicht bereit sind, ihr Leben nach der Bibel auszurichten, werden sie auch keine Blicke für die Wunder Gottes haben. Es tut mir leid, aber ich kann nichts für dich und deine Brüder tun.

A. Glaum

Warum so viel Leid?

Personen:
Prokurist
Schmied
Hiob
Boten 1 – 4
Sprecher oder Prediger des Abends

Regieanweisung:
Das Bühnenbild besteht aus einem Tisch mit zwei Stühlen und einer Wandtafel. Bei leichter Veränderung des Textes kann man das Stück auch mit nur einem Boten spielen.

Erster Teil

1. Szene

Prokurist: *(Schreibt an die Tafel – für die Zuschauer sichtbar den Bestand der Herden usw. Dahinter jeweils 10 % Opfer)*

		10 %
Schafe	7 000	700
Kamele	3 000	300
Rinder/Joch	500	50
Eselinnen	500	50
Sklaven	800	80
Grundbesitz ha	21 000	2 100
Rücklagen für Erben/Talente	175 000	17 500

(Liest beim Schreiben)
... wer hätte das gedacht, daß sich die Zahlen seit dem letzten Jahr so erhöhen würden? Sklaven 811 – na sagen wir 800. Es geht ja nur um eine grobe Aufstellung. Der Wert, den Hiob dem Herrn opfern will, wird schon genug sein.
21 000 ha könnte hinkommen, wenn man die neuen Besitzungen am Euphrat mitrechnet. 175 000 Talente in gutem Silber...

2. Szene

Hiob: *(Kommt, geht schweigend vor die Tafel, nickt grüßend)* Es geht uns gut! *(Pause)* Hm – schreiben Sie 15 % für das Opfer.

Prokurist: 15 Prozent, Herr?

Hiob: Ja, 15 Prozent!

Prokurist: Wenn noch eine Frage erlaubt ist, Hiob: Bei der letzten Zucht von den Weiden am Euphrat waren einige gescheckte Tiere dabei, die sich wohl nicht so gut für die Weiterzucht eignen. Ist es Ihnen recht, wenn ich die dazunehme?

Hiob: Sie sind ein guter Verwalter meines Eigentums, das ist lobenswert. Aber lassen Sie die weniger wertvollen Tiere mal leben. – Sie wissen, daß ich übermorgen reisen will? Werden Sie bis dahin alles fertig haben?

Prokurist: Ich werde mich beeilen, Herr, und denke, daß ich das schaffe. Ich werde veranlassen, daß die Opfertiere ausgesucht werden und daß die Gaben für die Armen, Witwen und Waisen fertiggemacht werden.

Hiob: Gut! Auf Wiedersehen!

Prokurist: Auf Wiedersehen, Herr!

(Löscht 10 % aus und schreibt 15 %.	1 050
Rechnet und schreibt.	450
Murmelt dabei Zahlen vor sich hin)	75
	75
	120
	3150
	26 250

3. Szene

Schmied: *(Betritt den Raum)* Guten Tag.

Prokurist: Der Herr Schmiedemeister! Guten Tag.

Schmied: Ich habe neue Eisenwaren geliefert: Pflugscharen und Waffen. Ich soll mir bei ihnen die Bezahlung abholen.

Prokurist: Einen Moment noch, Schmied, einen ganz kleinen Moment.
(Schreibt geschäftig)
Nehmen Sie doch bitte Platz!
1050 – 450 – 75 – Zahlen sind das!

Schmied: Um was für eine Aufstellung handelt es sich da – wenn man fragen darf?

Prokurist: Ich bin gerade dabei, die Kapitalbestände Hiobs festzustellen. Hiob möchte übermorgen zum Opfer reisen. Bis dahin müssen alle Opfertiere ausgesucht, die Höhe der mildtätigen Spenden festgelegt sein usw. usw. Es ist immer viel Arbeit.

Schmied: Sagen Sie – bedeuten die 15 % etwa die Höhe seines Opfers?

Prokurist: Allerdings! Wundert Sie das? Hiob ist ein frommer Mann! Seit ich bei ihm angestellt bin, hat er nie weniger als 10 Prozent geopfert, wie es das Gesetz vorschreibt! Und mit steigendem Wohlstand – man kann ja bei Hiob fast von einem Wirtschaftswunder sprechen – mit steigendem Wohlstand hat er nicht nur den Prozentsatz beibehalten, sondern sogar noch erhöht. Man sollte sich an seiner Frömmigkeit ein Beispiel nehmen!

Schmied: Er kann es sich leisten, fromm zu sein. Denn er hat viel, wovon er opfern kann. Wenn er von tausend Schafen eins opfert, fällt das gar nicht ins Gewicht. Wenn ich so viel hätte...

Prokurist: Sie irren, Meister. Es geht um den Prozentsatz, den könnten Sie auch einhalten. Er opfert ja eben nicht eins von tausend, sondern hundertfünfzig von tausend!

Schmied: Das stimmt. Aber er kann sich einen so hohen Prozentsatz auch nur leisten, weil dann noch genug übrig bleibt. Wir aber, die wir jede Münze erst zehnmal umdrehen müssen, bevor wir sie ausgeben... Ich behaupte jedenfalls, er ist nur fromm, weil er so reich ist!

Prokurist: Ich bin vom Gegenteil überzeugt: Er ist reich, weil er fromm ist! Weil er alle Gebote Gottes hält, segnet ihn Gott und läßt es ihm gutgehen.

Schmied: Eine Frage mal: Opfern Sie auch so viel wie Hiob?

Prokurist: Ich? – äh – also – ich opfere auch! Wieviel, nun, man spricht nicht gerne über diese religiösen Dinge.

Schmied: Wenn Sie genauso opfern, warum läßt Gott Sie dann nicht genauso wie Hiob zu Reichtum kommen?

Prokurist: Mich? Hm – ich weiß nicht. *(Fängt sich wieder aus seiner Verlegenheit)* Auf jeden Fall werden Sie doch nicht bestreiten, daß ein Zusammenhang besteht zwischen Hiobs Reichtum und seiner Frömmigkeit. Denn er ist nicht nur der reichste, sondern auch der frömmste Mann weit und breit.

Schmied: Allerdings – ein Zusammenhang besteht: Weil er reich ist, ist er fromm. Aber lassen Sie es ihm mal so richtig dreckig gehen. – Sie werden sehen, daß dann sein Glaube auch am Ende ist.
Prokurist: Das ist eine müßige Überlegung...

4. Szene

(Es klopft)
Prokurist: Herein!
Bote 1: Ich habe eine schreckliche Nachricht zu bringen! Die räuberischen Nomadenstämme aus Saba fielen über unsre Rinder- und Eselherden her. Alle Sklaven brachten sie um, nur ich konnte fliehen. Sie haben die ganze Herde mitgenommen. *(Pause)* Ich war bereits bei Hiob, um es ihm zu sagen. Er schickte mich her. *(Geht ab; Pause)*
Schmied: Na, dann löschen Sie mal die entsprechenden Zahlen aus Ihrer Liste aus! Ich bin ja mal gespannt, wieviel Opfer er jetzt bei den Schafen einspart.

5. Szene

(Es klopft)
Prokurist: Herein!
Bote 2: Ich habe Furchtbares zu berichten...
Prokurist: Was, Sie auch?
Bote 2: Ein Steppenbrand hat unsre ganze Schafherde vernichtet! Und was das Schlimmste ist: die Hirten sind alle mit umgekommen! Wahrscheinlich hat ein Blitz das trockene Gras entzündet. Der Fluß war zu weit entfernt, Rettung war ausgeschlossen. Ich bin der einzige, der das Wasser noch vor dem Brand erreichen konnte! *(Pause)*
Prokurist: Weiß Hiob Bescheid?
Bote 2: Ja, ich war gerade bei ihm und habe ihm alles erzählt. *(Prokurist löscht langsam aus)*

6. Szene

Bote 3: Verzeihen Sie, daß ich so plötzlich hereinstürze. Aber ich habe etwas Wichtiges zu berichten. Die Chaldäer haben unsre Kamelherden überfallen und weggeführt. Wir Hirten haben uns zur Wehr gesetzt, aber die Übermacht war zu groß. Alle sind im Kampf gefallen, ich konnte als einziger entkommen.

Bote 2: *(Zu Bote 3)* Wie, noch ein solches Unglück? Mir ist etwas ganz Ähnliches passiert. Hör zu! *(Schildert den Anfang seiner Erlebnisse, während beide hinausgehen)*

(Prokurist löscht mit Anzeichen der Erschütterung die entsprechenden Zahlen aus)

Schmied: Na, nun wollen wir mal sehen, wie weit sein Glaube reicht. Bald wird es damit vorbei sein – spätestens, wenn er nichts mehr hat.

Prokurist: Ich bin überzeugt, daß er an Gott festhält – an dem Gott, der ihn bisher so gesegnet hat...

Schmied: Und der ihn jetzt so ins Unglück gestürzt hat!

Prokurist: *(Pause)* Dann muß ich wohl den Grundsatz auch auslöschen. Und der Bestand an Sklaven ist auch kaum noch nennenswert. *(Löscht zögernd beides aus)*

7. Szene

Hiob: *(Kommt, geht schweigend, langsam auf die Tafel zu. Schmied steht bei seinem Eintritt auf. Hiob löscht den Opfersatz der Rücklagen für Erben und schreibt statt 26 500 = 40 000. Sieht Prokurist an. Geht langsam ab)*

8. Szene

Prokurist: *(Sieht Schmied triumphierend an)* Was sagen Sie nun? Beweist das nicht mehr als alle Worte, daß ihm sein Glaube über allem steht?

Schmied: Na ja, es hat ihn noch nicht ganz persönlich getroffen! Materiellen Verlust kann man verkraften. Schließlich ist er ja jetzt immer noch reicher als ich. Aber wenn er mal so richtig tief drin sitzt in der Tinte – ich bin überzeugt, dann ist es auch aus mit seiner Frömmigkeit!

Prokurist: Sie schämen sich wohl gar nicht, Mann? (Zornig) Statt diesen Mann, den es so hart getroffen hat, zu trösten, ihm zu helfen, ihn aufzurichten, fällt Ihnen nichts Besseres ein, als seinen Glauben zu bezweifeln und zu kritisieren! Sie sind ein ganz gehässiger Kerl, ein Satan sind Sie!
Nun geben Sie Ihre Papiere her, damit ich Sie nicht länger aufhalten muß! *(Schreibt am Tisch)*

9. Szene

(Es klopft)

Prokurist: *(Ärgerlich)* Herein!

Bote 4: *(Langsam, schwer)* Ich komme soeben von Hiob... Ein schweres Unglück hat ihn getroffen...

Prokurist: Ich weiß schon. Alles Vieh ist geraubt oder umgekommen, er hat sozusagen nichts mehr.

Bote 4: Nein, es geht nicht um das Vieh. Seine Söhne und Töchter...

Prokurist: *(Springt auf)* Was? Was ist los? So reden Sie doch!

Bote 4: Alle sind tot...

Prokurist: *(Packt ihn am Hemd)* Mann, das ist doch gar nicht möglich!

Bote 4: Ein großes Fest im Haus des Ältesten. Auf einmal ein Krachen und Bersten ... Panik ... Außer mir konnte keiner entkommen. Das Haus ist zusammengestürzt und hat alle unter sich begraben!

(Prokurist geht erschüttert auf und ab. Schaut eine Weile auf die Tafel. Winkt Bote 4, daß er entlassen ist. Der geht. Prokurist setzt sich gequält. Schmied steht höhnisch grinsend auf, nimmt den Lappen und löscht alles aus, was noch auf der Tafel stand. Vorhang zu)

Zwischenwort

Sprecher: Und es kam noch schlimmer mit Hiob.

Eine furchtbare Krankheit plagte ihn, und er saß ausgestoßen draußen auf dem Komposthaufen und kratzte sich mit einer Tonscherbe den Eiter aus seinen Beulen.

Seine Frau schimpfte mit ihm und verlangte, er sollte Gott absagen, statt ihn zu trösten und ihm zu helfen.

Seine drei besten Freunde kamen, um ihn zu besuchen. Aber sie führten nur philosophische Streitgespräche mit ihm und machten ihm Vorwürfe.

Er war in seiner tiefsten Not von allen verlassen.

Warum nur?

Wie konnte Gott das zulassen?

Aber die Geschichte Hiobs geht noch weiter: Was wir jetzt zeigen wollen, mag sich etwa zwanzig Jahre später abgespielt haben.

Zweiter Teil

1. Szene

Prokurist: *(Macht an der Tafel wieder Bilanz)*

Schafe	14 000
Kamele	26 000
Rinder/Joch	1 000
Eselinnen	1 000
Sklaven	16 000
Grundbesitz ha	27 000
Rücklagen f. Erben/Talente	210 000

(Murmelt wieder vor sich hin. Atmosphäre der Geschäftigkeit)

2. Szene

Schmied: *(Kommt)* Guten Morgen!

Prokurist: Sechzehntausend... Ach, der Herr Schmiedemeister! Guten Morgen! Bitte nehmen Sie Platz und entschuldigen Sie mich noch einen Moment. Siebenundzwanzigtausend, abgerundet ... Zahlen sind das, man kommt ja kaum noch mit, fast täglich steigt unser Kapital.
Sagen Sie schon mal, Herr Schmied, worum sich's handelt. Ich muß nur eben die Gesamtaufstellung fertigmachen. Hiob wird heute danach fragen, weil er demnächst wieder opfern will.

Schmied: Das verstehe ich nicht!

Prokurist: Was verstehen Sie nicht? Ist irgend etwas mit Ihrer Lieferung nicht den rechten Weg gegangen?

Schmied: Ich verstehe nicht, wie Hiob auf einmal wieder zu solchem Reichtum kommen konnte! Er hatte doch gar nichts mehr, damals nach seiner Krankheit, kein noch so geringes Anfangskapital!

Prokurist: Ja, es gibt eben einen Gott, der Wunder tut, auch wenn Sie das nicht wahrhaben wollen. Gott hat ihn wieder gesegnet.

Schmied: Herr Prokurist, erinnern Sie sich noch an unser Gespräch damals, vor Hiobs Krankheit?

Prokurist: Äh – dunkel, Herr Schmiedemeister, dunkel erinnere ich mich. Was vertraten Sie doch damals gleich für eine irrige Anschauung?

Schmied: Ich finde meine Anschauungen von damals bestätigt, Herr Prokurist. Es muß ein seltsamer Gott sein, der seine Frommen nach seiner Willkür mal in Glück und mal in Unglück fallen läßt, ohne ersichtlichen Grund.

Prokurist: Reden Sie nicht so gotteslästerlich, Mann. Jedenfalls ist doch offensichtlich, daß dieser »seltsame Gott«, wie Sie sich ausdrücken, Hiob nun doppelt so reich gemacht hat, wie er vorher war. Weil Gott ihn liebt!

Schmied: *(Spöttisch)* So, Gott liebt ihn! Hätte er sich dann in seiner Allmacht nicht den Umweg über das Leid ersparen können?

Prokurist: Hätte – hätte – *(Verlegen)*

3. Szene

(Hiob kommt. Beide erheben sich)

Hiob: Unterhalten Sie sich ruhig weiter.
(Schweigen)
Haben Sie die Aufstellung fertig?

Prokurist: So ziemlich, Herr. Allerdings kann man immer nur ungefähre Zahlen einsetzen. Ich weiß genau, wenn ich die Nachricht über die Bestände aus Mesopotamien bekomme, sind sie schon wieder überholt. *(Händeringend)* Man kommt überhaupt nicht mehr mit!

Hiob: *(Überlegt)* 20 Prozent!

Prokurist: 20? Aber, Herr, mit Verlaub, so hoch war der Satz noch nie!

Hiob: Nicht? Nun, dann fangen wir eben jetzt damit an. *(Pause; zum Schmied)* Nun, Meister, ich warte immer noch darauf, daß Sie Ihr Gespräch fortsetzen. Ich würde gerne ein bißchen mitplaudern. *(Schweigen)*

Prokurist: Er hat ein Problem, der Schmied. – Sagen Sie ruhig, Meister, was Sie zu sagen haben.

Schmied: Ich verstehe Ihren Gott nicht, Hiob. Wenn er wirklich Ihr Geschick in der Hand hat – wie Ihr Prokurist immer dann behauptet, wenn es Ihnen gut geht –, wenn er also wirklich Ihr Schicksal in der Hand hat, warum mußte es Ihnen dann so schlecht gehen? Warum mußten Sie so tief hinunter? Warum?

Hiob: Warum? – Ja, wenn ich das wüßte! *(Langsam, leise)* Aber, verstehen Sie, am tiefsten Punkt hat mich Gott gelehrt, aufzuhören mit der Warumfrage. Ich weiß nur eins: Daß mein Leben in Gottes Hand ist, ob es mir nun gerade gutgeht oder schlecht. Aber – warum? *(Hebt die Schultern)*

(Vorhang zu)

E. z. Nieden

Du hast Worte des ewigen Lebens

Spielmotette nach Johannes 6, 67-71

Botschaft:
Es gibt für Christen keine Alternative

Personen:
Lektor
Sprecher 1–4 (Simon Petrus, Simon von Kana, Matthäus, Nathanael)
Frau des Petrus
Simons Vater
Levis Frau
Nathanaels Freund

Regieanweisung:
Lektor links, vier Sprecher rechts, in der Mitte ein Tisch und zwei Stühle für die Szenen

1. Lesung

Lektor: *(Liest Joh 6, 66-67 langsam aus der Bibel vor)* »Von da an wandten sich viele seiner Jünger ab und gingen hinfort nicht mehr mit ihm. Da fragte Jesus die Zwölf: Wollt ihr auch weggehen?«
Sprecher 1: Wollt ihr?
Sprecher 2: Bitte, ihr seid frei!
Sprecher 3: Es gibt keinen Zwang bei Jesus!
Sprecher 4: Erst recht keinen Zwang zur Nachfolge!
Lektor: »Wollt ihr auch weggehen? Da antwortete ihm Simon Petrus: Herr, wohin sollen wir gehen?«
Sprecher 1: Wohin?
Sprecher 2: Wohin lohnt sich's zu gehen?
Sprecher 3: Wer könnte uns mehr bieten als du, Herr?
Sprecher 4: Was könnte uns von dir weglocken?
Sprecher 1: Die anderen, die anfangs begeistert mit uns Jesus nachfolgten, sind nun alle wieder in ihr altes Leben zurückgekehrt.
Sprecher 2: Sie haben Jesus verlassen.
Sprecher 3: Wir könnten das auch tun.

Sprecher 4: Natürlich – wenn wir nicht wüßten...
Sprecher 1: Ich, Petrus, entsinne mich noch genau wie es war, als die Arbeit mein einziger Lebensinhalt war...

1. Szene

(Sprecher 1 geht zum Tisch und stellt Petrus dar. Seine Frau kommt dazu)
Frau: Ach, da bist du ja, Simon. Nun, wie war es diesmal?
Petrus: Nichts. *(Setzt sich ärgerlich an den Tisch)*
Frau: Nichts? Gar nichts habt ihr gefischt? *(Seufzt)*
Petrus: Die ganze Nacht haben wir gearbeitet, und nichts gefangen! Gestern auch nur einen kleinen Korb voll. Ich möchte mal wissen, ob es überhaupt noch Fische im See Genezareth gibt!
Frau: Nun werde nicht mürrisch, Simon! Sei froh, daß wir überhaupt noch etwas haben. Solange wir noch nicht hungern müssen, solltest du zufrieden sein!
Petrus: Ich will nicht nur arbeiten, um nicht zu verhungern! Ich will mehr haben! Ich kann keinen Sinn darin sehen, tagaus – tagein im selben Trott weiterzuschuften, und nicht zu wissen, wofür.
Man hat kein richtiges Ziel. Man kann nicht mal was zurücklegen. Und selbst wenn ich könnte, wüßte ich nicht, wofür.
Frau: Du polterst wieder so, Simon! Rede dich nicht so in Eifer! Es bringt doch nichts ein!
Petrus: Nicht, daß ich nicht gerne arbeiten würde. Manchmal macht es ja auch ein bißchen Spaß. Aber wenn das alles sein soll! Wenn ich mein Leben lang nur immer arbeiten soll, ohne ein größeres, höheres Ziel, dann stünde ich besser, wenn ich der Esel unseres Nachbarn wäre. Der arbeitet noch weniger als ich und braucht auch nicht zu verhungern!
Frau: Bitte, Simon, beruhige dich doch! Wie ich dich kenne, läßt du dich in deinem Temperament sonst wieder zu einer Kurzschlußhandlung hinreißen, die du hinterher bereust! Ehrbare Arbeit muß doch sein!
Petrus: Du verstehst mich völlig falsch, Frau! Ich will doch nicht meine Arbeit hinschmeißen! Ich will nur etwas haben, was mehr ist! Einen Sinn für mein Leben, irgend ein größeres Ziel, für das sich zu leben lohnt! Aber so... Es ist alles so langweilig, so leer... *(Geht an seinen Platz als Sprecher zurück; Frau des Petrus ab)*

2. Lesung

Lektor: »Wollt ihr auch weggehen?«
Sprecher 2: Wohin sollen wir gehen?
Sprecher 3: Wir könnten in unseren Alltag zurückgehen.
Sprecher 4: Wir könnten Erfüllung in unserer täglichen Arbeit suchen.
Sprecher 1: Wir könnten – wenn wir nicht wüßten, daß das Leben dabei so leer sein kann, wenn wir nicht wüßten, daß einen die Sinnfrage des Lebens umtreiben und quälen kann.
Lektor: »Von da an wandten sich viele seiner Jünger ab und gingen hinfort nicht mehr mit ihm. Da fragte Jesus die Zwölf: Wollt ihr auch weggehen?«
Sprecher 1: Wohin sollen wir gehen?
Sprecher 2: Nun – wenn der Alltag uns keinen Lebensinhalt bietet, dann könnten wir danach suchen.
Sprecher 3: Wir könnten irgendeine große Idee zu unserm Lebensinhalt machen. Schon viele haben das getan.
Sprecher 4: Wir könnten – wenn wir nicht wüßten...
Sprecher 2: Ich, Simon von Kana, oder auch Simon Zelotes genannt, ich kann mich noch genau entsinnen, wie es war, als ich für eine große Idee lebte. Es war eine politische Idee: die Freiheit und das Wohl meines Volkes. Gibt es ein besseres Ideal?

2. Szene

(Sprecher 2 geht zur Mitte und stellt Simon von Kana dar. Vater tritt auf)
Simon: Vater, unsere Bewegung hat wieder einen tollen Erfolg erzielt: Wir haben einen von diesen verhaßten Römern aus unserem Land geekelt. Hör zu, wie wir das gemacht haben: Wir haben erst seine Familie mürbe gemacht durch anonyme Drohungen usw. Du weißt, daß die höchsten Offiziere manchmal ihre Familien dabeihaben. Dann haben wir ihn selbst bearbeitet: Mit mehreren Versuchen, Gift in seine Küche zu schmuggeln, mit einem Überfall auf die Pferdeställe der Kaserne und anderen kleinen Tricks – jetzt hat er in Rom um Ablösung gebeten... Du scheinst dich nicht sonderlich zu freuen, nach deinem Gesicht zu schließen.
Vater: Simon, du weißt genau, daß ich nicht glücklich bin über deine Beteiligung beim Widerstand...

Simon: Wieso nicht, Vater? Liebst du etwa die Besatzungsmacht?

Vater: Keineswegs! Ich wünschte auch, wir könnten wieder in Freiheit leben...

Simon: Aha – und du hoffst wohl, daß die Römer von selbst auf den Gedanken kommen, nach Hause zu ziehen?

Vater: Nein, aber daß du dich persönlich so in Gefahr begibst – das gefällt mir nicht! Sie nennen dich schon überall »Simon Zelotes«. Wenn das die Römer hören, brauchen sie ja wohl nicht lange zu suchen, um einen ihrer Hauptfeinde zu finden.

Simon: *(Begeistert)* Vater, eine große Sache ist es wert, daß man sich auch ganz dafür einsetzt. Ohne persönliche Opfer ist noch nie eine Idee verwirklicht worden!

Vater: Du redest sehr große Worte, mein Sohn. Aber du solltest etwas mehr auf dem Boden der Tatsachen bleiben!

Simon: Und was sind die Tatsachen?

Vater: Das will ich dir sagen: Der Erfolg eurer jahrelangen gefährlichen Wühlarbeit ist, daß ein einziger von zigtausend Römern nach Hause fährt. Und auch das ist kein Erfolg, denn es wird wieder ein Neuer für ihn kommen.

Simon: *(Etwas eingeschüchtert)* Ja, aber – was sollen wir denn sonst tun? Sollen wir die Hände in den Schoß legen?

Vater: Simon, glaubst du denn im Ernst, ihr könntet mit eurer Untergrundbewegung die Römer vertreiben? Dieses Riesenreich? Lächerlich!
Selbst wenn es euch gelingen sollte, das ganze jüdische Volk zu einem geschlossenen Aufstand zu gewinnen – was noch zu bezweifeln ist –, das Ende wäre nur schlimmer, als es jetzt ist. Die Römer würden mit ihren Heeren Palästina überschwemmen, würden alle Soldaten kreuzigen und alle anderen als Sklaven verkaufen. Am Ende werdet ihr dann mit eurem sinnlosen Widerstand euer Volk nur zerstören, oder mindestens auf Jahrhunderte hinaus seiner Heimat und seiner Kraft berauben, statt ihm zu helfen.

Simon: *(Sichtlich beeindruckt, Pause)* Vater, du weißt nicht, was du mir nimmst, wenn du mir die Betätigung in der Widerstandsbewegung verbietest. Ich – ich habe doch bisher nur dafür gelebt und darin mein Ideal gesehen ... den Sinn meines Lebens ...

Vater: So, der Sinn deines Lebens ist das? Und wenn nun die Römer doch Sieger bleiben, was dann? Hat dein Leben dann keinen Sinn mehr?

Simon: Hm. *(Geht auf und ab)* Ich weiß nicht – du hast in gewisser

Hinsicht recht, Vater. *(Fängt sich aus seiner Verlegenheit)* Aber selbst wenn mein Volk sich nicht behaupten kann – ich habe dann wenigstens ein Ziel gehabt, für das ich leben konnte.

Vater: Aha – Hauptsache, du hast ein »wertvolles« Leben geführt, wenn es auch deinem Volk nichts genützt hat! Ein merkwürdiges Ideal ...! *(Ab; Simon geht an seinen Platz als Sprecher zurück)*

3. Lesung

Lektor: »Wollt ihr auch weggehen?«

Sprecher 1: Wohin sollen wir gehen?

Sprecher 3: Wir könnten uns mit Eifer in einer guten Sache engagieren, um unser Leben sinnvoll zu machen.

Sprecher 4: Wir könnten einem großen Ideal nachstreben.

Sprecher 2: Wir könnten – wenn wir nicht wüßten, wie fragwürdig diese Ideale sind, wenn wir nicht wüßten, daß das keine wirklich helfende, ewig gültige Antwort auf die Sinnfrage des Lebens ist.

Lektor: Von da an wandten sich viele seiner Jünger ab und gingen hinfort nicht mehr mit ihm.
Da fragte Jesus die Zwölf: Wollt ihr auch weggehen?

Sprecher 1: Wohin sollen wir gehen?

Sprecher 3: Es gibt ja auch Menschen, die pfeifen auf alle großen Ideale. Sie versuchen auf mehr oder weniger ehrliche Weise zu Reichtum zu kommen und auf diesem Umweg zu einem glücklichen Leben. Wir könnten das auch tun.

Sprecher 2: Wir könnten auch versuchen, soviel Geld wie möglich zusammenzuscheffeln.

Sprecher 4: Wir könnten – wenn wir nicht wüßten ...

Sprecher 3: Ich, Levi, oder auch Matthäus genannt, ich entsinne mich noch genau, wie es war, als mein Leben noch ganz von der Jagd nach dem Geld bestimmt war.

3. Szene

(Sprecher 3 geht zum Tisch und stellt Levi dar. Seine Frau kommt dazu)

Frau: Nun, Levi, wie war's heute am Zoll? Allerhand eingenommen?

Levi: *(Knurrt ärgerlich und setzt sich)* Mir steht's bis hier.

Frau: *(Pause)* Du bist in letzter Zeit so unzufrieden mit deiner Stellung.

Levi: Wie die mich immer alle angucken! So von oben herunter! Ich sehe schon gar nicht mehr hin. Man gilt überhaupt nichts mehr, weder bei den Juden, noch bei den Römern.

Frau: Aber du hast dich doch damals so um den Posten gerissen. Du wußtest doch da auch schon, daß die Zöllner nicht gerade zu den beliebtesten Menschen gehören!

Levi: Ja, ich weiß, ich bin selbst schuld, aber ich habe auch nicht geahnt, daß es so schlimm würde. Und ich habe es gemacht, weil mich das viele Geld gelockt hat.

Frau: Ha, diesbezüglich bist du doch auch nicht enttäuscht worden! Im Gegenteil, du verdienst mehr, als du erwartet hattest.

Levi: »Verdienst« ist gut ...

Frau: Gilt denn das nicht mehr? Du hast doch genug Geld!

Levi: Geld! – Geld macht auch nicht glücklich!

Frau: Ach, diese Erkenntnis ist aber auch neu bei dir.

Levi: Meinetwegen. *(Knurrt ärgerlich)*

Frau: Sag mal, Levi, warum hörst du denn nicht auf, wenn du keine Lust mehr hast? Schmeiß den Römern doch ihre ganze Steuerwirtschaft vor die Füße und werde wieder ein anständiger jüdischer Bürger!

Levi: Unsinn – das geht nicht.

Frau: Warum nicht?

Levi: Das verstehst du nicht, Frau! Wenn man einmal angefangen hat, auf großem Fuß zu leben, dann kann man das nicht einfach von heute auf morgen wieder aufgeben. Oder willst du dich jahrelang nur von Brot und Fischen ernähren?

Ich will ja schon ... Ich würde gerne ein anständiges Leben führen. So, daß ich nicht mehr vor mir selber auszuspucken brauche. Ich will schon ...

Aber ich kann eben nicht.

Laß uns doch mal ehrlich sein, Frau: Ich bin doch kein edler Mensch. Ich bin doch nicht einmal ein Betrüger von Format. Ich bin einfach ein ganz kleiner bis mittelmäßiger Gauner. Und wo soll denn so ein kleiner Gauner auf einmal die Moral hernehmen, ein anständiger Mensch zu werden.

Frau: Hm – wenn du meinst – dann müssen wir eben immer so weitermachen. *(Ab; Levi geht an seinen Platz als Sprecher zurück)*

4. Lesung

Lektor: »Wollt ihr auch weggehen?«
Sprecher 1: Wohin sollen wir gehen?
Sprecher 2: Wir könnten auch zusehen, daß wir zu etwas kommen und daß wir's zu etwas bringen.
Sprecher 4: Und zwar auch nach dem Motto unserer Zeitgenossen: Jeder ist sich selbst der Nächste.
Sprecher 3: Wir könnten – wenn wir nicht wüßten, daß einen das auch nicht zutiefst befriedigt, wenn wir nicht wüßten, daß man sich manchmal vor sich selbst ekeln kann, wenn einem erst einmal die Augen aufgegangen sind.
Lektor: »Von da an wandten sich viele seiner Jünger ab und gingen hinfort nicht mehr mit ihm.
Da fragte Jesus die Zwölf: Wollt ihr auch weggehen?«
Sprecher 1: Wohin sollen wir gehen?
Sprecher 4: Es gibt Menschen, die führen ihr Leben in Anständigkeit und sind fromm, obwohl sie nicht zu den Leuten Jesu gehören. Sie suchen mit Fleiß nach Wahrheit und Gerechtigkeit und sind mit ihrem Leben ein Vorbild für viele. Das könnten wir auch tun!
Sprecher 2: Wir könnten auch religiöse Wahrheitssucher werden.
Sprecher 3: Wir könnten – wenn wir nicht wüßten ...
Sprecher 4: Ich, Nathanael, kann mich noch genau an dieses Leben erinnern. Sogar der Meister hat mir damals das Zeugnis ausgestellt: Ein echter Israelit, an welchem kein Falsch ist!

4. Szene

(Sprecher 4 geht zur Mitte und stellt Nathanael dar; sein Freund kommt dazu)
Freund: Ah, Nathanael, alter Freund, daß ich dich wieder treffe! Ich brauche gar nicht zu fragen, wo du herkommst, denn ich sehe es an deiner Marschrichtung. Immer, wenn ich dir in der Stadt begegne, kommst du entweder vom Tempelberg herunter, oder du bist auf dem Wege dorthin. Stimmt's?
Nathanael: Du hast recht, ich bin oft oben, um mir die Schriftgelehrten anzuhören. Und ich wundre mich, daß ich dich nicht mehr da treffe. Früher sind wir oft zusammen oben gewesen und haben uns anschließend über das Gehörte unterhalten.

Freund: Ehrlich gesagt, ich habe keine Lust mehr. Wir haben immer neuen Problemen gegenübergestanden, wieviele wir auch gelöst hatten. Wir haben die verschiedenen Lehrer gehört, und alle haben immer etwas anderes gesagt, so daß man am Ende auch nicht klüger war als vorher. Wozu dann das alles? Wozu immer über diese religiösen Probleme nachgrübeln, wenn man doch nie zu einem Schluß kommt? Oder kannst du sagen, daß du inzwischen *die* Wahrheit gefunden hättest?

Nathanael: Nein, sonst wäre ich nicht mehr auf der Suche.

Freund: Dann laß das Grübeln sein und gib dich zufrieden, wie ich.

Nathanael: Bist du wirklich zufrieden mit deinen Erkenntnissen und deinem Leben?

Freund: Ja, ich versuche, soviel mir möglich ist von dem zu halten, was uns von den Gesetzeslehrern gesagt wird.

Nathanael: »Versuche, soviel wie möglich zu halten!« Damit kann ich mich nicht zufrieden geben! Ich möchte konsequent sein; vielleicht hältst du das für einen Spleen von mir. Aber ich meine: Wenn es wahr ist, was die Schriftgelehrten sagen, dann muß es auch ganz wahr sein, und man muß auch konsequent danach leben und nicht die Forderungen Gottes aufweichen durch Begriffe wie »versuchen« und »soviel wie möglich«! Wenn es aber nicht wahr ist, dann sollte man es auch ganz lassen. Wenn ich die Masse unseres Volkes ansehe ...! Mit einer unheimlichen Seelenruhe sprechen sie alle von dem gerechten Gott und seinen Geboten. Und mit der gleichen Seelenruhe leben sie alle so in ihrer Gesetzlosigkeit dahin, als gäbe es diesen Gott nun doch nicht! Das paßt doch nicht zusammen! Oder sieh dir unsere Gesetzeslehrer an, sogar die Pharisäer! Sie predigen das Gesetz und halten es selbst am allerwenigsten. Sie sind wie ... *(Sieht sich um)* ja, wie das Grabmal da drüben, siehst du es? Von außen wunderbar getüncht, leuchtend weiß in der Sonne. Und inwendig voller Dreck.

Freund: Du hast da schon recht, Nathanael.

Nathanael: Ich verstehe das einfach nicht! Entweder glauben sie selbst nicht, was sie sagen, oder sie sind zu dumm, ihre Lehren auch auf sich selbst anzuwenden. Beides halte ich für unwahrscheinlich. Aber wo liegt dann die Wahrheit?

Freund: Ich verstehe dich durchaus, Nathanael. Aber es hat doch keinen Zweck, immer und immer wieder auf diesen ungelösten Fragen herumzukauen.

Nathanael: Du sagst, du verstehst mich, aber du verstehst mich nicht! Ich kann einfach nicht zur Ruhe kommen, ehe ich die Wahrheit gefunden habe. Ungelöste Fragen, die nicht nur mein ganzes Leben, sondern auch meine Ewigkeit betreffen, kann ich nicht einfach ungelöst liegen lassen.
Ich muß die Wahrheit finden ... die Wahrheit! *(Nimmt seinen Platz als Sprecher 4 wieder ein; Freund ab)*

5. Lesung

Lektor: »Wollt ihr auch weggehen?«
Sprecher 1: Wohin sollen wir gehen?
Sprecher 2: Wir könnten versuchen, durch unser Nachdenken die Wahrheit zu finden.
Sprecher 3: Wir könnten versuchen, ein Leben in Anständigkeit und Gerechtigkeit zu führen.
Sprecher 4: Wir könnten – wenn wir nicht wüßten, daß solche Versuche immer kläglich scheitern müssen, wenn wir nicht wüßten, daß wir so nie zum Ziel kommen.
Lektor: »Von da an wandten sich viele seiner Jünger ab und gingen hinfort nicht mehr mit ihm.
Da fragte Jesus die Zwölf: Wollt ihr auch weggehen?

(Pause)

Da antwortete ihm Simon Petrus: Herr, wohin sollen wir gehen? Du hast Worte des ewigen Lebens; und wir haben geglaubt und erkannt: Du bist der Heilige Gottes.«
Sprecher 1: Wo fänden wir sonst heilsame Worte?
Sprecher 2: Wo fänden wir sonst ewiges Leben?
Sprecher 3: Wo fänden wir sonst Vertrauen auf einen mächtigen Herren?
Sprecher 4: Wo fänden wir sonst Erkenntnis des Sohnes Gottes?
Sprecher 1: Wo fänden wir Worte des Friedens?
Sprecher 2: Worte der Hoffnung?
Sprecher 3: Worte der Freude?
Sprecher 4: Worte des Lebens?
Lektor: »Wollt ihr auch weggehen?«
Sprecher 1: Du, Johannes?
Sprecher 2: Oder du, Philippus?

Sprecher 3: Du, Andreas?
Sprecher 4: Oder du, Jakobus?
Sprecher 1: Oder du, Judas?
Sprecher 2: Wollt ihr weggehen von Jesus?
Sprecher 3: Warum sagst du nichts, Judas?
Sprecher 4: Judas, warum gibst du keine Antwort?
Lektor: *(liest die Verse 70-71)* »Jesus antwortete ihnen: Habe ich nicht euch Zwölf erwählt? Und einer von euch ist ein Teufel. Er redete aber von Judas, dem Sohn des Simon Iskariot. Der verriet ihn hernach und war einer der Zwölf.«

(Kurze Pause)

Alle: »Wollt ihr auch weggehen?«

E. z. Nieden

Gott muß mit mir zufrieden sein

Spiel nach Lukas 15, 25-32

Botschaft:
Kannst du vergeben?

Personen:
Simon, der ältere Sohn
Joel, der jüngere Sohn

(Simon sitzt am Tisch und schreibt. Joel kommt herein)

Joel: Guten Morgen, Simon!

Simon: *(Schweigt, schaut nicht auf)*

Joel: Sag mal, Simon, weißt du, wo Vater ist?

Simon: *(Schaut langsam auf, mustert seinen Bruder lange)* Denk mal an, der ist ohne seinen Liebling in die Stadt geritten! Und sogar, ohne seinen jüngsten Sohn um Erlaubnis zu fragen. Unerhört, nicht wahr?

Joel: Warum bist du nur immer so gehässig, Simon? Kannst du denn nicht ... *(Während der Worte setzt er sich auf die Tischkante)*

Simon: Runter von dem Tisch!!!

Joel: *(Erschrickt, lehnt sich an die Wand)*

Simon: *(Schreibt)*

Joel: *(Nach einer Weile)* Merkst du nicht, daß du es dir selber unnötig schwer machst?

Simon: *(Schaut langsam auf zu Joel, grübelt, schaut wieder auf seine Arbeit)*

Joel: *(Nach einer Weile)* Kann ich dir irgend etwas helfen?

Simon: Nein!

Joel: Warum denn nicht? Ich helfe dir gerne!

Simon: *(Pause)* Ich rechne die Löhne für unsere Arbeiter aus. Das mache ich alleine. Finanzdinge sind nichts für Playboys.

(Er rechnet, während Joel auf und ab geht)

Simon: *(Ärgerlich)* Stimmt nicht!

Joel: Soll ich mal nachrechnen?

Simon: Halt die Klappe! Du machst mich nur nervös! Du solltest lieber etwas tun, statt mich dauernd von der Arbeit abzuhalten!

Joel: Vater sagt, wenn er nicht da ist, soll ich mir von dir Arbeit geben lassen.

Simon: Füttere das Vieh!

Joel: Hab ich schon.

Simon: Hm, stell das Werkzeug raus, damit die Arbeiter nachher gleich anfangen können!

Joel: Schon erledigt.

Simon: *(Seufzend)* Hier, rechne nach! *(Wirft den Stift hin, steht auf)*

Joel: *(Setzt sich, rechnet nach, während Simon auf und ab geht. Nach einer Weile)* Jetzt stimmt's. Du hattest einen Posten vergessen. *(Steht auf)* Manchmal kommt man weiter, wenn man sich helfen läßt.

Simon: Was soll das heißen? He? Was willst du damit sagen?

Joel: Eigentlich wollte ich gar nichts Besonderes damit sagen. Ich meinte nur die Rechnung.

Simon: Und uneigentlich?

Joel: *(Zuckt die Achseln)* Wenn du meinst, es paßt in deine Situation ... Hast schon recht! Oft kommt man weiter, wenn man zugibt, daß man selbst nicht weiter kann, oder einen Fehler gemacht hat, oder so ...

Simon: *(Setzt sich auf die Tischkante)* Hör mal zu, Joel! Jetzt meinst du wohl, du müßtest mir noch Moralpredigten halten. Ich verstehe euch nicht! Und – und mich auch nicht, glaube ich! Aber ich verstehe vor allem euch nicht, dich und Vater! Ja, Vater! Ich schufte hier von morgens bis abends so treu, daß mir beim besten Willen niemand etwas vorwerfen kann. Alle Nachbarn sagen das! Und Vater ...? Er ist ja nicht schlecht zu mir, aber er hält mich kurz! Da haben die Söhne unsrer Nachbarn ein Paradies der Freiheit dagegen! *(Pause)*
Und du...! Junge, ich wünschte, ich hätte mal solche Freiheiten! Ich wüßte was Besseres damit anzufangen und mit dem vielen Geld! Wahrhaftig! Und nachdem der Dreckskerl alles in Bars und Bordellen verjubelt hat, kommt er nach Hause und wird vom Vater wie ein Prinz empfangen! Ich verstehe das nicht, wirklich nicht!

Joel: Freiheit ist gut ... Erst hab ich's auch für Freiheit gehalten, deswegen bin ich auch beim Schweinetrog angekommen! Denn wer den Strudel, der einen nach unten zieht, für ein lustiges Spiel mit dem Wasser hält, der ist viel mehr gefährdet, als der, der die Gefahr kennt.

Simon: Wenn du meinst, das verstände ich besser ...

Joel: Weißt du, Simon, am tiefsten Punkt, da ist mir etwas aufgegangen: Was ich jetzt brauche, das ist mein Vater! Ich brauche jetzt keine Schoten vom Affenbrotbaum, das Schweinefutter ... ich brauche auch kein Geld, keine »Freundinnen«, keine Freiheit – ich brauche meinen Vater! Und darum bin ich wiedergekommen!

Simon: *(Geht eine Weile schweigend auf und ab)* Das ist keine Antwort auf meine Frage! Ich will ja nicht wissen, warum du die Unverschämtheit besessen hast, wiederzukommen, sondern ich will wissen, warum dich Vater so empfangen hat! ... und ich ...!

Joel: Ich weiß, warum du Vater nicht verstehst. Weil du ihn siehst als einen Herrn, der jedem so begegnen muß, wie er's verdient. So wie du den Arbeitern den Lohn austeilst, die bei uns arbeiten: Jedem so viel, wie er gearbeitet hat. Wenn du mittags an den Markt gehst und siehst die Leute müßig stehen, dann stellst du sie auch an ihre Arbeit. Manchmal hast du sogar schon spät abends welche geworben. Und am Abend kriegt jeder soviel Geld, wie er gearbeitet hat. Das ist ja auch nicht mehr als recht! Nur – so ist das Verhältnis eines Herrn zu seinen Leuten, aber nicht eines Vaters zu seinen Kindern! Es hat lange gedauert, bis ich das gelernt habe.

Simon: *(Spöttisch)* Du triffst den Nagel auf den Kopf! Das weiß ich längst, daß Vater nicht so ist! Das ist es ja, was mich ärgert. Er soll aber gerecht sein!

Joel: Vater ist wie ein Arzt. Die Gesunden brauchen keinen Arzt, aber die Kranken. Ich wußte, daß ich ihn brauchte, und darum hat er mich angenommen!

Simon: Du hast wohl in Kleinasien gelernt, in Bildern zu reden, wie? Aber wenn du meinst, deswegen würde mir die Ungerechtigkeit einleuchten, dann irrst du dich! Vater als Arbeitgeber, Vater als Arzt ... hast du vielleicht noch so 'ne schöne Geschichte?

Joel: Wenn du willst ...*(Pause)* Ich möchte ihn mit Gott vergleichen!

Simon: *(Stockt erschrocken)* Bist du verrückt? Nimm keine Lästerungen in den Mund!

Joel: Ich habe mir wohl überlegt, was ich sage. Und nicht nur überlegt! Durchlebt! Du gehst mit Vater um, wie die Pharisäer und die Frommen unseres Volkes mit Gott: Wir erfüllen alle

Pflichten, und du bringst uns in den Himmel! Aber unsere Propheten haben schon im Auftrag Gottes gesagt: »Ich habe Lust an der Liebe, und nicht am Opfer ...«

Simon: Hör auf! Wenn du abgerutschter Playboy mir noch 'ne Predigt halten willst, dann kommt mir das Frühstück hoch! *(Geht eine Weile wütend umher, setzt sich, stützt den Kopf in die Hände)*

Joel: *(Sanft)* Simon, ich will nicht den Eindruck erwecken, als wollte ich dir eine Predigt halten, oder dir Moral beibringen. Ich weiß wohl, daß ich am allerwenigsten Grund dazu habe. Verzeih mir, wenn ich dich geärgert habe. Ich ... ich wollte nur sagen ... ich habe begriffen, daß mein Vater meine Liebe wollte. Sonst nichts, gar nichts!
Und daß ich für seine Liebe dankbar bin!
Aber ich wollte eben keine Liebe, sondern Recht. –
Bis ich am Ende war und merkte, daß ich die Liebe meines Vaters brauchte. Ich bat darum und ... ja ... dann schenkte er sie mir ... So unglaublich, so überwältigend! *(Das alles zögernd, langsam, Pause)*

Simon: *(Ohne aufzusehen)* Was ... was habe ich denn nur falsch gemacht?

Joel: Eigentlich gar nichts, Simon. Du hast alles recht und gut gemacht. Dein Fehler war nur, daß du meintest, darum wärst du auch ein rechtes und gutes Kind deines Vaters. *(Pause)*
Du hast das Verhältnis zu deinem Vater gesehen wie ein gutes und gerechtes Geschäft – und dabei ist es doch so unendlich viel mehr!

Simon: *(Springt auf, geht hin und her)* Du – hast – recht, Joel! Liebe ... da hat's gefehlt!

Joel: Oder meinst du, Vater hätte dich weniger lieb als mich?

Simon: Nnnnnein ... Nein, bestimmt nicht! Hör zu, Joel, was er zu mir gesagt hat: »Mein Sohn ... mein Sohn, du bist allezeit bei mir – alles, was mein ist, ist dein!« – Allezeit bei mir ... *(Betont)* mein Sohn!

(Vorhang fällt – falls vorhanden)

E. z. Nieden

Attentat auf den Sohn

Anspiel in vier Szenen nach Matthäus 21, 33-40

Botschaft:
Passion

Personen:
Herr Richter (Chef)
Herr Stohr (Geschäftsführer)
Herr Keller (sein Freund)
Herr Steiner (Ingenieur)
Frau Kästner (Sekretärin)

Material:
Ein überdimensional großer Abreißkalender, bei dem folgende Daten aufeinander folgen: 14. April, 23. Oktober, 14. Dezember, 17. Dezember

Regieanweisung:
Der Kalender wird vor der Bühne aufgehängt oder aufgestellt und zwischen jeder Szene abgerissen.

1. Szene: 14. April

(Stohr sitzt an einem Tisch; Tür geht auf)

Keller: Guten Tag, Arno!
Stohr: Tag! Prima, daß du gleich gekommen bist. Bitte nimm Platz!
Keller: Was gibt es Neues? Meine Frau war ganz aufgeregt über deinen Anruf. Ich hatte kaum das Haus betreten, da rief sie mir schon durchs Treppenhaus zu, ich solle gleich zu dir kommen. Um was geht es denn, ist es dringend?
Stohr: Ich bin froh, daß du gleich gekommen bist, denn ich brauche deine Hilfe.
Keller: Wozu denn?
Stohr: Mein Chef wird nach Argentinien reisen und dort eine Niederlassung unseres Betriebes aufbauen.
Keller: Wie lange will er denn in Südamerika bleiben?

Stohr: Er meint, es könnte ein Jahr dauern.

Keller: Dann bist du ja während der Zeit mit seinem Sohn allein.

Stohr: Zum Glück nicht. Den nimmt er mit. Außerdem hat er sich noch als technischen Leiter Ingenieur Steiner ausgesucht. Wie lange Steiner bleibt, weiß er noch nicht genau. Ich glaube nicht, daß das Werk schon in einem Jahr läuft. – Tja, und mich hat er zum Geschäftsführer ernannt. Ich soll hier in der Zwischenzeit den Betrieb weiter leiten.

Keller: Waaas? Du? Ich staune, was aus dir noch alles wird!

Stohr: Ich kann das auch kaum begreifen. 30 Jahre hat er den Betrieb allein geführt, und jetzt legt er ihn in die Hände eines Angestellten. Er war sonst immer sehr verschlossen und ließ sich kaum in die Karten sehn. Naja, warum soll er nicht auch die große Mode mitmachen. Andere Unternehmen haben schon lange eigene Niederlassungen auf anderen Kontinenten.

Keller: Jeder Geschäftsmann versucht, sein Kapital zu sichern. Ob das da drüben gerade sicher ist, möchte ich allerdings bezweifeln.

Stohr: Erst im letzten Jahr haben wir die neue Produktionshalle V bauen lassen und im Frühjahr auf einen Schlag 80 Leute eingestellt. Inzwischen ist die Belegschaft auf 560 Mann angewachsen. Frag nicht, was das für Arbeit bringt. Aufträge haben wir in Hülle und Fülle.

Keller: Da kann ich dir also gratulieren zu deiner neuen Position als Chef eines aufwärtsstrebenden Unternehmens. Entschuldige, daß ich erst jetzt darauf komme, aber die Überraschung war zu groß.

Stohr: Vielen Dank! Doch noch etwas, Klaus, du bist der richtige Mann für mich.

Keller: Wie meinst du das?

Stohr: Paß auf, ich brauche einen fähigen Mitarbeiter, einen Mann, der mir bei der schwierigen Aufgabe unter die Arme greifen kann. Der Vorschlag kam vom Chef selbst. Wir zwei haben doch schon manches Ding zusammen gedreht, deshalb habe ich sofort an dich gedacht.

Keller: Ja, aber – das ist doch nicht dein Ernst. Das ist doch unmöglich!

Stohr: Wieso unmöglich? Es ist doch selbstverständlich, daß ich in diesem Fall sofort an meinen besten Freund gedacht habe.

Keller: Wäre es denn nicht besser, jemand aus dem Fachbereich des Betriebes zu nehmen, der Geschäftsvorgänge besser überschaut?

Stohr: Das will ich ja gerade vermeiden. Die sind ja alle neidisch, daß ich diesen Posten erhalten habe. Ich hätte zu keinem Vertrauen. Dir ist der Betrieb ja auch nicht unbekannt, da du mit mir zusammen hier gelernt hast.

Keller: Aber ich kann doch nicht einfach aus meinem Betrieb aussteigen. So eine Stelle bekomme ich nie wieder. Wenn dein Chef nach einem Jahr zurückkommt, sitze ich auf der Straße.

Stohr: Mach dir keine Sorgen. Du kündigst bei deiner Firma und fängst bei uns an. Sollten Herr Richter und sein Sohn bald wiederkommen, so werde ich schon dafür sorgen, daß du nicht brotlos wirst. Unser Gehalt können sie nicht kürzen. Übrigens, daß du ein anständiges Gehalt bei uns bekommst, dafür bürge ich als der neue Chef der Firma Richter & Sohn. Damit dürfte alles klar sein. Wir haben völlig freie Hand. Uns macht keiner Vorschriften. Einverstanden?

Keller: Ich möchte allerdings noch mit meiner Frau darüber sprechen. Für meinen Teil kann ich sagen: abgemacht! Du kannst dich darauf verlassen, ich werde arbeiten, als wäre es für mich selbst.

2. Szene: 23. Oktober

Keller: 4 000 ... 8 000. Du, die 33 000 aus Kairo sind inzwischen auch hier eingetroffen. Von Baumann & Co. haben wir einen Auftrag über 11 800 Stück erhalten. Der Alte würde staunen, wenn er wüßte, wie unser Betrieb sich entwickelt hat in dem halben Jahr. Uns wächst ja der Laden fast schon über den Kopf.

Stohr: Keine Angst, das schaffen wir schon. Die Produktionsziffern des vergangenen Monats haben wir heute schon überschritten und dabei schreiben wir erst den 23. Oktober.

Keller: Wo soll das noch hinführen? Das Schlimmste an der Sache ist, wir haben keine Arbeitskräfte. Heute morgen telefonierte ich noch mit dem Arbeitsamt, aber die haben auch keine brauchbaren Leute. Selbst Gastarbeiter sind zur Zeit nicht zu bekommen.

Stohr: Ich wüßte einen Ausweg. In der Schweiz gibt es eine Maschine, die nur von 10 Mann bedient werden muß. Die Maschine leistet die Arbeit von 200 Mann. Aber der Haken an der Sache ist, die Maschine wird von unserer Konkurrenz in Zürich hergestellt. Diese fordert von uns als Lieferbedingung, daß wir die Schweiz nicht mehr beliefern.

Keller: Das mußt du allerdings genau abwägen, wo du besser wegkommst. Ein Risiko ist das schon.

Stohr: Das Positive der Maschine wäre, daß ich nicht mehr vom Personal abhängig wäre. Wenn ich dem Alten das schreibe, kann der sich gar kein Bild machen über unsere jetzige Lage! – Aber laß uns erst einmal darüber schlafen. Übrigens, ich habe vor, meinen alten Wagen abzustoßen. Als Leiter einer solchen Firma kann ich doch nicht mehr mit so einer alten Karre durch die Gegend fahren.

Keller: Und was für einen Wagen willst du dir dafür anschaffen?

Stohr: Ich bin auf einen größeren Wagen aus.

Keller: Der kostet aber eine schöne Stange Geld!

Stohr: Etwa 45 000 DM. Aber ich bin ja am Umsatz prozentual beteiligt. Wenn ich mir meinen Anteil vom letzten halben Jahr auszahlen lasse, wäre das finanzielle Problem fast schon gelöst. Den Rest nehme ich aus meiner Spezialkasse. Ich glaube kaum, daß der Alte dahintersteigen wird.

Keller: Du, ich gönne dir den Wagen. Ich wäre allerdings schon froh, wenn ich mir einen neuen für 30 000 DM kaufen könnte.

(Es klopft)

Stohr: Herein! – Ah, wie? Herr Ingenieur Steiner, welch eine Überraschung!

Keller: Wir dachten, sie wären in Südamerika!

Steiner: Mein Schwiegervater ist gestorben, und Herr Direktor Richter hat freundlicherweise den Überflug bezahlt.

Stohr: Darf ich Ihnen mein herzliches Beileid aussprechen?

Steiner: Danke! Ich werde allerdings nächste Woche wieder nach Argentinien fliegen.

Keller: Wie weit ist der Aufbau vorangeschritten?

Steiner: Die ersten Maschinen laufen schon. Wir hoffen, daß in zwei Monaten der ganze Betrieb läuft.

Stohr: Das ist erfreulich – bei uns geht es auch voran.

Steiner: Ich habe Ihnen einen Brief von Direktor Richter mitgebracht!

(Stohr öffnet den Brief, liest ihn leise, lacht und gibt ihn an Keller)

Stohr: Hier, lies mal! Der Chef verlangt, daß wir nun endlich den Gewinn auf sein Spezialkonto überweisen.

(Klingelt der Sekretärin)

Stohr: Frau Kästner, kümmern Sie sich doch bitte um Herrn Steiner. *(Zu Steiner)* Ich danke Ihnen, Herr Steiner, für die Übermittlung des Briefes.

Steiner: Bitte, keine Ursache.

(Steiner und Sekretärin gehen)

Keller: Ich hätte an deiner Stelle nicht so sehr über den Brief gelacht, vielleicht könnte Steiner das in den falschen Hals bekommen haben.

Stohr: Stimmt. Daran habe ich nicht gedacht. Aber wie sich der Direktor das nur denkt. Geld überweisen …

(Steht auf und geht im Zimmer umher)

Stohr: Wir brauchen das Geld. – Weißt du was, wir müssen irgendwie verhindern, daß Steiner zurückfliegt, und wenn wir …

Keller: Wie meinst du das?

Stohr: Das laß nur meine Sorge sein. Zuerst einmal machen wir Mittag, und dann sehn wir weiter.

Keller: Hast recht, mir knurrt schon der Magen.

Stohr: Mahlzeit!

3. Szene: 14. Dezember

(Geschäftsführer und Freund sitzen am Schreibtisch)

Stohr: Heute haben wir schon den 14. Dezember. In 10 Tagen ist Weihnachten.

Keller: Und seit neun Monaten bist du Chef. Du hast deine Sache bis jetzt gut gemacht.

Stohr: Diesmal werde ich die Weihnachtsansprache halten.

(Sekretärin tritt ein)

Sekretärin: Ein Telegramm für Sie, Herr Stohr! *(Gibt es ihm; ab)*

Stohr: Ein Telegramm aus Buenos Aires? Was ist denn da drüben schon wieder los?

(Öffnet das Telegramm)

Stohr: Ankunft meines Sohnes am 16.12., 14 Uhr, Rhein-Main-Flughafen. Bitte abholen. Ferdinand Richter.

Keller: Jetzt wird's ernst. Ich habe mir schon gedacht, daß der Alte etwas gerochen hat, als Steiner nicht zurückkam. Nun schickt er seinen Sohn.

Stohr: Stell dir vor, er ist der Erbe des Unternehmens, dem gehört alles. Der ist jetzt volljährig. Wenn der hierbleibt, sind wir wieder die Angestellten.

Keller: Du, ich habe eine Idee. Das ist doch der einzige Sohn. Wie wäre es, wenn es ihm ähnlich wie Steiner erginge? Ein Unfall ist doch etwas Alltägliches.

Stohr: Mann, bist du wahnsinnig?

Keller: Nein, aber ich denke an unsere Zukunft. Der Alte kann sowieso nicht beide Betriebe übernehmen. Und soviel wir gehört haben, hat er sich drüben eine schöne Villa in den Bergen gebaut. Mit allem Komfort, sogar mit Swimming-Pool. Der denkt sicherlich nicht an eine Rückkehr. Und außer seinem Sohn hat er niemand mehr.

Stohr: Meinst du, daß wir diesmal wieder mit einem blauen Auge davonkommen?

Keller: Ich mache einen Vorschlag. Du hast doch den Flugzeugführerschein. Du fliegst mit seinem Sportflugzeug zum Rhein-Main-Flughafen. So wie ich unseren Junior kenne, wird er natürlich selbst zurückfliegen wollen. Da es ein Einsitzer ist, mußt du mit dem Zug zurück. Du hast sicherlich auch noch etwas in Frankfurt zu erledigen.

Stohr: Das habe ich, ja ...!

Keller: Wenn er dann in dem Vogel sitzt, fällt das Ding plötzlich vom Himmel. Wer will dir etwas nachweisen, daß du daran schuld bist? Vermuten kann man es wohl, aber beweisen kann dir keiner was. Du läßt den Kasten erst vorher untersuchen. Schließlich fällt fast jeden Tag so ein Vogel vom Himmel.

(Wenn Keller erklärt, läßt er einen Kugelschreiber, mit dem er das Flugzeug andeutet, aus der Hand fallen)

Stohr: Ich muß über deine Ideen staunen. Gut, abgemacht. Ich lasse das Flugzeug von Herrn Klein startbereit machen. Es stand nun schon über ein Jahr in der Halle und wird manchen Fehler haben. Zum TÜV muß es erst im Februar.

Keller: Siehst du, wieder ein Gedanke. Die lange Standzeit könnte zur Ursache werden, daß das Ding vom Himmel fällt.

Stohr: Sorge auch dafür, daß die Papiere in Ordnung sind.

Keller: Geht klar!

4. Szene: 17. Dezember

(Stohr am Telefon)

Stohr: Ist dort die Redaktion der Frankfurter Allgemeinen? Ich möchte eine Traueranzeige aufgeben für etwa 6 000 DM.
Text: Durch einen tragischen Unfall aus bisher unbegreiflichen Gründen verunglückte am 16.12. mit seinem Sportflugzeug unser sehr verehrter Juniorchef Konrad Richter im Alter von 20 Jahren. Er war uns stets – trotz seiner jungen Jahre – ein gutes Vorbild. Die Belegschaft verliert in ihm einen Vorgesetzten, dessen Platz wohl nicht mehr auszufüllen ist.
Die Trauerfeier findet am 20.12. in der Kapelle des Nordfriedhofes statt.
Wir werden seine Person stets in Ehren halten.
Werksleitung, Betriebsrat und Belegschaft
Ferdinand Richter & Sohn

W. Heiner

Die Einladung

Vier Szenen nach Matthäus 22

Personen:
Mann 1–2
Frau
Gastgeber

1. Szene

(Ein Mann sitzt, seine Post sortierend, am Tisch. Er macht einen sehr streßgeschädigten Eindruck)

Mann 1: *(Im Selbstgespräch)* Rechnung, Rechnung, Finanzamt, Mahnung, unwichtig, unwichtig, Werbung – wozu hat man eigentlich eine Sekretärin, wenn man mit soviel überflüssigem Papierkram belastet wird – nanu, der läßt auch wieder mal etwas von sich hören. *(Öffnet gespannt den Brief)*
Ich lach mich tot, eine Einladung *(Liest)*: »Ich würde mich freuen, Sie bei meinem Fest begrüßen zu können. Viele Grüße an Ihre Frau.«
Ist ja mal 'ne kleine Abwechslung in diesem Streß, aber ich ahne schon wieder Fürchterliches. *(Kramt in seinen Taschen nach dem Terminkalender, schlägt ihn auf)*
Na, bitte, mir war doch gleich so, als wäre der Termin besetzt, Bauplatzbegutachtung, zweifellos unaufschiebbar, dann eben nicht, Termine sind doch das scheußlichste im Leben eines Menschen, ich komme mir manchmal vor wie ein Sklave.

(Nimmt sein Diktiergerät und diktiert)

Fräulein Annette, schreiben Sie doch bitte folgenden Brief:
Sehr geehrter Herr!
Es tut mir leid, Ihre Einladung für den Samstag absagen zu müssen. Geschäftsnotwendige Termine erlauben keinen Aufschub und zwingen mich, entgegen meinen Wünschen auf die Teilnahme an Ihrem Fest zu verzichten.
Ich hoffe, bei anderer Gelegenheit ein paar nette Stunden mit Ihnen verbringen zu können.
Mit freundlichen Grüßen usw.

2. Szene

(Ein Landwirt geht auf seine am Tisch sitzende, kartoffelschälende Frau zu und bringt ihr eine freudige Nachricht)

Mann 2: Du, Inge, stell dir vor, am Samstag wird endlich unser Traktor geliefert. Das wurde ja auch Zeit. Lieferfristen haben die heute, das ist kaum zu glauben! Hoffentlich steckt dieses Modell, was die Hydraulik betrifft, nicht auch noch in den Kinderschuhen.

Frau: Oh, Ernst, ausgerechnet am Samstag, wo wir doch eingeladen sind, das wird jetzt wieder nichts.

Mann 2: Ich denke, du freust dich mit mir, und da kommst du mit dieser albernen Einladung. Als Landwirt habe ich eben nicht die Freiheit, am Samstag auf Feste zu gehen. Da steht man mit beiden Füßen im Existenzkampf, der Hof hat da noch immer Vorrang.

Frau: Du hast zwar nicht die Freiheit, am Samstag Pause zu machen, dafür hast du aber die Freiheit, mit 50 Jahren an Herzinfarkt zu sterben. Außerdem sind wir nicht erst seit heute eingeladen.

Mann 2: Es nützt nichts, es gibt Dinge, die sind nun einmal wichtiger, du mußt absagen.

3. Szene

(Junges Ehepaar bespricht das Wochenendprogramm)

Frau: Du, auf das Wochenende freue ich mich, endlich mal wieder gemütlich ausgehen und tanzen, so richtig wie in alten Tagen.

Mann: Ich glaube, du hast vergessen, daß wir eingeladen sind.

Frau: Eingeladen? Das ist mir vollkommen entfallen, aber ist das denn so wichtig? Komm, wir lassen das einfach sausen, als jungverheiratetes Paar hat man das Recht mal ein Wochenende in Ruhe und Zweisamkeit zu machen, oder? Die Freiheit muß man einfach haben.

Mann: Ist gut, die Freiheit haben wir, ich sage gleich ab.

4. Szene

(Gastgeber sitzt am Tisch, Briefe in der Hand)

Gastgeber: Absagen, nichts als Absagen! Wozu haben denn die Menschen heute noch Zeit? Und ich habe alles in gutem Glauben vorbereitet. Es wäre ein prachtvolles Fest geworden. Doch meine Gäste sind alle verhindert – Geschäfte, Termine, persönliche Gründe. Was soll man mit solchen Menschen auch anfangen, die sich so an die Umstände ketten lassen?
Aber ich werde mein Fest trotzdem feiern! Es muß doch Menschen geben, die frei sind von solchen Ketten, die nichts weiter haben als ein sinnlos gewordenes Leben. Ich will die einladen, die irgendwo auf den Straßen herumlungern, die nicht wissen woher und wohin, die abseits stehen und deshalb nicht an die Notwendigkeit der Gesellschaft gebunden sind.
Mein Fest soll ihre Leere füllen und ihrem Leben wieder Freude und Ziel geben.
Das will ich tun.

B. Stabernack

Unterbrich mich nicht, Herr, ich bete

Personen:
Sprecher 1-2

Regieanweisung:
Sprecher 2 bleibt am besten unsichtbar und kommt über Lautsprecher.

Sprecher 1: Vater unser, der du bist im Himmel –
Sprecher 2: Ja?
Sprecher 1: Unterbrich mich nicht! Ich bete!
Sprecher 2: Aber du hast mich doch angesprochen.
Sprecher 1: Ich dich angesprochen? Äh ... eigentlich nicht. Das beten wir eben so. – Vater unser, der du bist im Himmel –
Sprecher 2: Da, schon wieder! Du rufst mich an, um ein Gespräch zu beginnen, oder? Also, worum geht's?
Sprecher 1: Geheiligt werde dein Name –
Sprecher 2: Meinst du das ernst?
Sprecher 1: Was soll ich ernst meinen?
Sprecher 2: Ob du meinen Namen wirklich heiligen willst. Was bedeutet denn das?
Sprecher 1: Es bedeutet ... es bedeutet ... meine Güte, ich weiß nicht, was es bedeutet. Woher soll ich das wissen?!
Sprecher 2: Es heißt, daß du mich ehren willst; daß ich dir einzigartig wichtig bin; daß dir mein Name wertvoll ist.
Sprecher 1: Aha. Hm. Ja, das verstehe ich. – Dein Reich komme, dein Wille geschehe, wie im Himmel, so auf Erden –
Sprecher 2: Tust du etwas dafür?
Sprecher 1: Daß dein Wille geschieht? Natürlich! Ich gehe regelmäßig zum Gottesdienst, ich zahle Kirchensteuer und Missionsopfer.
Sprecher 2: Ich will mehr: daß dein Leben in Ordnung kommt; daß deine Angewohnheiten, mit denen du anderen auf die Nerven gehst, verschwinden; daß du von anderen her und für andere denken lernst; daß allen Menschen geholfen werde und sie zur Erkenntnis der Wahrheit kommen, auch dein Vermieter und dein Chef. Ich will, daß Kranke geheilt, Hungernde gespeist, Trauernde getröstet und Gefangene befreit werden; denn alles, was du diesen Leuten tust, tust du doch für mich.

Sprecher 1: Warum hältst du das ausgerechnet mir vor? Was meinst du, wieviel stinkreiche Heuchler in den Kirchen sitzen! Schau sie dir doch an!

Sprecher 2: Entschuldige. Ich dachte, du betest wirklich darum, daß mein Herrschaftsbereich kommt und mein Wille geschieht. Das fängt nämlich ganz persönlich bei dem an, der darum bittet. Erst wenn du dasselbe willst wie ich, kannst du ein Botschafter meines Reiches sein!

Sprecher 1: Das leuchtet mir ein. Kann ich jetzt mal weiterbeten? – Unser tägliches Brot gib uns heute –

Sprecher 2: Du hast Übergewicht, Mann! Deine Bitte beinhaltet die Verpflichtung, etwas dafür zu tun, daß Millionen Hungernde dieser Welt ihr tägliches Brot bekommen.

Sprecher 1: Und vergib uns unsere Schuld, wie auch wir vergeben unseren Schuldigern –

Sprecher 2: Und Heinz?

Sprecher 1: Heinz? Jetzt fang auch noch von dem an! Du weißt genau, daß er mich öffentlich blamiert hat, daß er mir jedesmal so arrogant gegenübertritt, daß ich schon wütend bin, bevor er seine herablassenden Bemerkungen äußert. Und das weiß er auch! Er nimmt mich als Mitarbeiter nicht ernst; er tanzt mir auf dem Kopf herum, dieser Typ hat –

Sprecher 2: Ich weiß, ich weiß. Und dein Gebet?

Sprecher 1: Ich meinte es nicht so.

Sprecher 2: Du bist wenigstens ehrlich. Macht dir das eigentlich Spaß, mit soviel Bitterkeit und Abneigung im Bauch herumzulaufen?

Sprecher 1: Es macht mich krank.

Sprecher 2: Ich will dich heilen. Vergib Heinz, und ich vergebe dir. Vielleicht verlierst du etwas Geld; ganz sicher verlierst du ein Stück Image, aber es wird dir Friede ins Herz bringen.

Sprecher 1: Hm. Ich weiß nicht recht, ob ich mich dazu überwinden kann.

Sprecher 2: Ich helfe dir.

Sprecher 1: Und führe uns nicht in Versuchung, sondern erlöse uns von dem Bösen –

Sprecher 2: Nichts lieber als das! Meide bitte Personen und Situationen, durch die du versucht wirst.

Sprecher 1: Wie meinst du das?

Sprecher 2: Du kennst doch deine schwachen Punkte: Unverbindlichkeit, Finanzverhalten, Sexualität, Aggression, Erziehung. Gib dem Versucher keine Chance.

Sprecher 1: Ich glaube, das ist das schwierigste Vaterunser, das ich je gebetet habe. Aber es hat zum ersten Mal etwas mit meinem alltäglichen Leben zu tun.

Sprecher 2: Schön, wir kommen vorwärts. Bete ruhig zu Ende.

Sprecher 1: Denn dein ist das Reich und die Kraft und die Herrlichkeit in Ewigkeit. Amen.

Sprecher 2: Weißt du, was ich herrlich finde? Wenn Menschen wie du anfangen, mich ernst zu nehmen, echt zu beten, mir nachzufolgen und dann das tun, was mein Wille ist, wenn sie merken, daß ihr Wirken für das Kommen meines Reiches sie letztlich selbst glücklich macht.

OM-Team

Freut euch, ich komme bald!

Anspiel in vier Szenen nach Matthäus 24

Botschaft:
Jesus kommt – rechnen wir damit? (Immer, wenn hier vom kommenden Vater geredet wird, ist Jesu zweites Kommen gemeint)

Personen:
Mutter
Tochter Ruth
Tochter Ursula
Telegrammbote

Regieanweisung:
Vor oder nach dem Anspiel kann man Matthäus 24, 3-42 lesen.

1. Szene

(Ruth sitzt vor Büchern und lernt. Ursula kommt hinzu)

Ruth: Guten Tag!
Ursula: Tag! Sitzt du schon wieder über deinen Büchern?
Ruth: Klar, hast du 'ne Ahnung, was heutzutage auf der Uni verlangt wird! Aber es macht mir ja riesigen Spaß, Pädagogik und Psychologie zu pauken. Man muß sich zwar schon ordentlich dahintersetzen. Mir fällt auch nichts im Schlaf zu.
Ursula: Du mit deiner Begabung; ich weiß, du willst nur glänzen, wenn Vater kommt.
Ruth: Nein, so ist das wieder nicht. – Wenn Vater kommt? Du, ich freu' mich riesig auf Vaters Kommen. Aber etwas Angst habe ich doch, denn ich weiß nicht, ob er mir vergeben hat. Ich habe ihm neulich die Sache mit dem Auto geschrieben. Ob er mir verzeiht? Es war ja ungehorsam von mir, ich habe es eingesehen. Aber es ist ja nun mal passiert. Und da habe ich es Vati ganz offen geschrieben. Nun bin ich natürlich auf seine Antwort gespannt.
Ursula: Was, du hast ihm das mit dem Unfall geschrieben?! Das hätte doch noch Zeit gehabt, bis er kommt. Ich hätte ihm das verschwiegen. Warum Vati damit belasten?

Ruth: *(Nachdenklich)* Siehst du, ich habe Vati lieb. Wenn ich ihm das nicht geschrieben hätte, dann hätte ich ständig Angst vor seinem Kommen gehabt. Etwas stände zwischen ihm und mir; ich hätte immer ein unruhiges Herz gehabt. Deshalb habe ich ihm ganz offen geschrieben. Wenn du wüßtest, wie frei und fröhlich mich das macht!

Ursula: Pöh, wenn du so denkst, dann hättest du noch vieles schreiben müssen.

Ruth: Stimmt... Ich habe ihm alles geschrieben, was ich wußte. Meinst du nicht, du solltest es lieber auch tun? Was meinst du, wenn Vati erfährt, daß du vom Internat geflogen bist?

Ursula: Das ist doch meine Sache. Hab' eben Pech gehabt.

Ruth: Pech gehabt?

2. Szene

(Mutter kommt mit drei Briefen herein)

Mutter: Kinder, Vati hat geschrieben.

Ursula: Was? Vater?

Ruth: Der Vater? Was schreibt er denn?

Mutter: Für euch liegen auch Briefe bei.

Ursula: Wir – Briefe – von Vater?

Mutter: Ja, hier ist einer für dich und einer für...

Ruth: Ich freue mich!

(Alle lesen rasch die Briefe, Ruth strahlt, Ursula ist nachdenklich)

Mutter: Soll ich unseren gemeinsamen Brief vorlesen?

Ursula: Ja lies ihn vor.

Mutter: »Ihr Lieben! Vielleicht hat es die deutsche Presse schon veröffentlicht, daß unser Stauprojekt vorige Woche der Bestimmung übergeben worden ist. Es war eine große Feier, an der auch der indische Wirtschaftsminister und Vertreter des deutschen Konsulats teilgenommen haben. Ich bin stolz, daß ich im Rahmen der Entwicklungshilfe von meiner Regierung den Auftrag bekam, in einem fernen Land mitzuhelfen, damit die Not unter diesen armen Völkern etwas gelindert wird.

Bei den Feierlichkeiten lernte ich einen jungen Inder kennen, der Christ ist. Er lud mich ein, seine Gemeinde einmal zu besuchen. Ich war sehr erstaunt, in welch schlichter und inniger Weise diese Christen das Wort Gottes lehren und daran glauben. Er zeigte mir, daß die Bibel schon in verschiedene indische Dialekte übersetzt worden ist und daß viele von der Botschaft erreicht werden. Nun befinde ich mich auf der Rückreise. Diesen Brief schreibe ich Euch aus dem Irak. Wir sind auf Bitten des Roten Kreuzes einige Tage hier, um im Katastrophengebiet zu helfen. Ihr könnt Euch gar nicht das Ausmaß von Folgen vorstellen, das dieses letzte Erdbeben hatte. Viele hundert Leichen liegen noch unter den Trümmern begraben.

Auf meiner Rückreise werde ich auch den Staat Israel besuchen.«

Ursula: Oh, Israel?

(Liest weiter)

Mutter: »Ich habe in der letzten Zeit viel Sagenhaftes von diesem Staat gehört und möchte besonders die modernen Industrieanlagen besichtigen. Wann ich bei Euch eintreffen werde, weiß ich noch nicht. Das entscheidet allein die Regierung. Ich kann Euch aber sagen: freut Euch, denn ich komme bald!

Ich hoffe, daß Ihr mir entgegenkommt und mich vom Flughafen abholt. Bis zum baldigen Wiedersehn grüßt Euch herzlich Euer Vater.«

Ruth: Oh, fein, daß Vati kommt! Soll ich euch vorlesen, was er mir schreibt?

Mutter: Natürlich, es sind doch keine Heimlichkeiten darin!

Ursula: Lies ruhig.

Ruth: »Liebe Ruth! Daß du mir immer wieder schreibst, erfreut mich sehr. Ich habe inzwischen auch Deinen letzten Brief erhalten, in dem Du von dem Unfall berichtest. Das war natürlich keine erfreuliche Nachricht. Aber es war nicht so sehr der materielle Schaden, der mich betrübt hat. Er ist ja zu ersetzen, und ich bin dankbar, daß Du selbst unverletzt geblieben bist. Betrübt hat mich vor allem Dein Ungehorsam. Mutti hatte Dir doch verboten, den Wagen zu nehmen. Aber weil Du mir alles ganz offen geschrieben hast, kann ich Dir nicht böse sein. Ich habe Dir alles vergeben.«

Vati hat mir vergeben!

»Ich freue mich sehr auf das Wiedersehen mit Dir. Du weißt ja: Wem ich einmal vergeben habe, dem trage ich nichts nach.«

Mein guter Vati!

»Ich kann es kaum abwarten, bis das Flugzeug zur Landung ansetzt, und hoffe, daß Du mit am Flughafen sein wirst!

In herzlicher Verbundenheit bin ich Dein Vati!«

Mutter: Was habt ihr für einen guten Vater, Kinder! *(Zu Ursula)* Was hat er dir denn geschrieben?

Ursula: Ach ja, eigentlich nichts Besonderes. Ja, so'n bißchen 'ne Standpauke hält er mir.

Mutter: Lies doch mal!

Ursula: Na ja: *(Liest)*

»Liebe Ursula! Ich mache mir etwas Sorgen um Dich. Du weißt, wie gern ich von jedem von Euch persönlich etwas höre, und so tut es mir leid, daß ich so lange keine Zeile mehr von Dir erhalten habe.«

Na, ich hatte ja auch keine Zeit zum Schreiben.

Mutter: Wenn du sie dir genommen hättest...

Ursula: *(Liest weiter)* »Aber vielleicht wolltest Du jetzt all Deine Zeit auf Deine Examensvorbereitungen verwenden und erfreust mich dann mit dem bestandenen Abitur?

Ich habe für jeden von Euch auf der Reise etwas ausgesucht, das ich Euch mitbringen will. Auch für Dich habe ich etwas gefunden und freue mich schon darauf, es Dir bei meiner Ankunft überreichen zu können.

Vielleicht sind es nur noch einige Tage, die uns voneinander trennen. So Gott will, werde ich bald bei Euch sein. In Liebe grüßt Dich Dein Vater.«

Mutter: Kind, du siehst, mit welcher Liebe der Vater an dich denkt. Was wird er nur sagen, wenn er erfährt, daß du vom Internat geflogen bist!

Ursula: Pech!

Mutter: Pech nennst du das? Du bist begabt. Wenn du dich nur mehr für deine Schulfächer interessieren würdest! Sag doch selbst: Du nimmst die Schule einfach nicht ernst genug. Außerdem, das hab ich dir noch gar nicht gesagt: Eben traf ich deinen Schulleiter. Er erzählte mir, du seist nachts aus dem Fenster gestiegen und habest dich mit Schülern getroffen?

Ursula: Was ist denn schon dabei? Einen Flirt hat jeder im Internat.

Mutter: Flirt nennst du das? Begreifst du denn nicht, was du uns mit einem solchen Leben für Kummer machst?

Ursula: Ach, Mutter, sei doch nicht so extrem! *(Sie steht auf, zieht den Mantel an)*

Mutter: Wo willst du hin?

Ursula: Ich habe noch etwas zu besorgen.

Mutter: Zu besorgen? Abends 20 Minuten vor 8 Uhr?

Ursula: Schließlich bin ich 18 Jahre alt und kann machen, was ich will! *(Ursula geht ab)*

Mutter: Was wird Vati denken?

Ruth: Mutti, weißt du, ich habe mir schon oft Sorgen um Ursula gemacht. Sie sagt immer, die anderen machten dasselbe. Ich glaube, das ist eine große Gefahr für sie. Wie könnte man sie nur überzeugen, daß das kein Maßstab ist?

Mutter: So manche schlaflose Nacht habe ich ihretwegen schon gehabt. Wenn Vati kommt, was soll ich ihm sagen? Ich kann ihm doch nur die Wahrheit sagen.

Ruth: Ja, ich überlege auch schon, Mutti. Vielleicht können wir es Vati einfach verheimlichen?

Mutter: Vati verheimlichen? Deinem Vater? Was meinst du: Ein Vater kennt seine Kinder und weiß mehr als du meinst.

3. Szene

(Es klopft)

Mutter: Herein!

Bote: Ein Telegramm für Sie!

Mutter: Ein Telegramm?

Bote: Bitte. – Auf Wiedersehn. *(Geht ab)*

Ruth: Vom Vater vielleicht? Schau mal!

Mutter: Vom Vater! *(Reißt den Umschlag auf und liest)* »Liebe Mutter! Liebe Kinder! Treffe 22.05 Uhr am Rhein-Main-Flughafen in Frankfurt ein. Erwarte Euch dort. Euer Vater.«

Ruth: Vati kommt! Mutti, wie freu ich mich! *(Fällt der Mutter um den Hals)*

Mutter: Aber Ursula? Wo ist Ursula?

Ruth: Ich weiß es nicht. Wenn sie wenigstens gesagt hätte, wo sie hingeht. Vati wird traurig sein, wenn sie nicht dabei ist.

Mutter: *(Ruft)* Ursula! – Sie ist fort.

Ruth: *(Sieht auf die Uhr)* Wir müssen fahren!

Mutter: Ja, es ist Zeit. Wir müssen den Wagen nehmen.

Ruth: Ich hol' ihn schnell aus der Garage.

Mutter: Ja, tu das gleich, sonst ist es zu spät. *(Beide ab)*

4. Szene

Ursula: *(Kommt zurück)* So ein Elend, hab ich mich doch heute abend schon wieder verspätet und den Bus nicht bekommen. Dabei wollte ich doch unbedingt den Film sehen. Tja, der nächste Bus fährt erst in einer Stunde. Nein, das wird zu spät. Dann seh ich nur noch den Schluß.
Aber Dietmar, ich hatte mich doch mit Dietmar verabredet. Der wartet heute abend wieder einmal vergeblich. Wenn ich doch nur Geld für ein Taxi hätte! Aber der Sonntag hat mal wieder alles verschlungen. Was mach ich denn nur? Wo ist denn Mutti? Und Ruth? Mutti! Ruth! Ja, wo sind die denn? Was liegt denn hier? Ein Telegramm? Von Vati? *(Sie liest)* »Treffe 22.05 Uhr am Rhein-Main-Flughafen in Frankfurt ein. Erwarte Euch dort. Euer Vater.« – Vater kommt heute abend. Vater? *(Erregt)* Und sie sind ohne mich gefahren? *(Sieht zum Fenster hinaus)* Ja, der Wagen ist nicht mehr in der Garage. Vater kommt heute – und ich bin beim Empfang nicht dabei! *(Geht ab)*

W. Heiner

Abgeschoben

Botschaft:
Du sollst Vater und Mutter ehren (4. Gebot)

Personen:
Carla
Dieter
Hans
Lotte
Magda

(Personen sitzen gemütlich nach einem Kaffeekränzchen um einen Tisch)

Dieter: Wir müssen uns nun endlich einmal darüber klarwerden, was mit Mutter geschehen soll.

Hans: Was gibt's darüber viel zu reden – sie ist bei euch am besten aufgehoben.

Carla: Siehst du, Dieter, ich hab's gewußt, daß du von deinem Bruder diese Antwort bekommen würdest.

Lotte: Ich verstehe überhaupt nicht, wieso etwas unklar ist in bezug auf eure Mutter.

Magda: Wenn ich nicht den ganzen Tag im Büro säße...

Dieter: Von dir redet keiner – du kannst Mutter natürlich nicht in dein kleines Zimmer nehmen.

Hans: Warum schneidest du die Frage überhaupt an? Du bekommst die ganze Rente von Mutter...

Dieter: Darauf kann ich gern verzichten.

Carla: Meinst du, damit wäre die Arbeit bezahlt, die man mit Mutter hat?

Lotte: Ihr habt die Rente auch eingesteckt, als Mutter noch gesund war und keine Arbeit machte.

Magda: Im Gegenteil – Mutter hat Carla allerhand Arbeit abgenommen.

Carla: Du mußt das ja wissen. Was war das schon für eine Hilfe – ein bißchen Kartoffelschälen.

Hans: ...und auf die Kinder hat sie auch immer achtgegeben.

Lotte: Ja, ihr konntet ausgehen, soviel ihr wolltet – und jetzt, wo sie dir nicht mehr helfen kann, möchtest du sie abschieben.

Dieter: Wir haben Mutter schon jahrelang auf dem Halse. Seit zwei Jahren sitzt sie gelähmt in ihrem Zimmer – vom Bett in den

Sessel und vom Sessel ins Bett. Das kann jetzt mal jemand anders übernehmen.

Hans: Das kann ich Lotte nicht zumuten...

Dieter: Aber ich durfte es meiner Frau zumuten und darf es auch weiterhin.

Carla: Hans hat als Sohn die gleichen Pflichten wie du, Dieter, wenn du auch der ältere bist.

Lotte: Ja, und ich habe keine Lust, die Krankenpflegerin zu machen.

Magda: Sprecht nicht so laut – Mutter sitzt nebenan.

Dieter: Laßt uns doch mal vernünftig miteinander reden. Ich habe ja schon eine Lösung. Ihr müßt doch zugeben, daß wir – ohne ein Wort darüber zu verlieren – Mutter seit Jahren bei uns geduldet haben.

Magda: Geduldet! Vater würde sich im Grabe umdrehen, wenn er das hören könnte.

Carla: Halte du dich da heraus. Wenn du so besorgt bist, kannst du ja einen Ausweg vorschlagen.

Hans: Die Sache ist doch die: Ihr habt am meisten Platz. Eure Kinder sind auch nicht mehr so klein wie unsere.

Carla: Was hat das mit den Kindern zu tun?

Lotte: Ist doch ganz klar: Du hast an deinen Kindern schon eine Hilfe, aber unsere machen noch sehr viel Arbeit – außerdem, wo sollte Mutter bei uns schlafen?

Hans: Ja, daran scheitert es von vornherein.

Dieter: Wenn ihr mich endlich mal ausreden ließet! Ich habe mir schon gedacht, daß es euch nicht angenehm sein würde...

Lotte: Was heißt angenehm? Es ist einfach unmöglich bei uns.

Dieter: Unterbrich mich nicht immer! Du sagst »unmöglich«. So unmöglich wäre es ja nun nicht. Mutter könnte das kleine Zimmer bekommen.

Hans: Nein, das will ich mir gerade als Dunkelkammer einrichten.

Magda: Das ist ja geradezu skandalös! – Wenn ich zu entscheiden hätte: Mutter oder Dunkelkammer...

Carla: Natürlich, du hast gut reden, dich betrifft es nicht.

Dieter: Jedenfalls sind wir uns wohl darin einig: Mutter muß ihre Pflege haben.

Hans: Natürlich, und ihr bekommt ja dafür...

Dieter: Die Rente, auf die du und Lotte genauso gern verzichtest wie Carla, weil ihr genau wißt, ein Geschäft ist das gerade nicht.

Magda: Pfui, wie ihr redet!

Lotte: Spar dir nur deine sittliche Entrüstung!

Dieter: Wenn ihr mich nun endlich einmal ausreden ließet, dann wäre aller Streit nicht notwendig. Ich habe mich erkundigt und umgesehen, wo Mutti bleiben könnte. Eine Pflegeanstalt nimmt sie nicht, sie ist auch kein Krankenhausfall, aber Mutti könnte zu Tante Lisbeth ziehen. Ich habe schon mal angetippt, ob sie die Pflege und Betreuung von Mutter übernehmen würde.

Die andern: Und – will sie es tun?

Dieter: Ja, sie würde Mutter das schöne Zimmer mit den zwei Fenstern zur Straße einräumen. Aber natürlich nicht umsonst.

Hans: Das ist ja gut. Daß sie Mutters Rente bekommt, ist ja selbstverständlich.

Dieter: Die genügt ihr aber nicht.

Lotte: Na hör mal – genügt nicht?

Carla: Uns hat sie ja auch genügen müssen.

Magda: Tante Lisbeth ist nur eine angeheiratete Kusine – da kann man nicht verlangen, daß sie es umsonst tut, wenn sie die ganze Arbeit hat.

Carla: Umsonst? Da haben wir's. Die Rente – das ist also so gut wie umsonst?

Lotte: Wir aber natürlich sollen es umsonst tun.

Dieter: Hört endlich auf zu streiten!

Hans: Nun sag schon, Dieter, was will Tante Lisbeth monatlich haben für Mutters Pflege und die Wohnung?

Dieter: Na ja, sie hat nur die kleinen Mieteinnahmen von ihrem Haus, und die gehen, wie sie sagt, für die Instandhaltung drauf.

Lotte: Ist ja zum Lachen!

Dieter: Wir müßten, wenn wir drei Geschwister die Kosten teilten, monatlich DM 800,— aufbringen.

Magda: Zusammen?

Dieter: Nein, jeder von uns.

Carla: Mit Kußhand, wenn ich nur endlich meine Ruhe habe.

Magda: Ja, du hast gut reden bei deinem Einkommen. Wo ich aber die achthundert Mark im Monat hernehmen soll, danach fragt keiner.

Lotte: Du hast recht, Magda. Das wären ja DM 2.400,—. Eine glatte Unverschämtheit, wenn man die Rente dazurechnet.

(Man hört nebenan ein Poltern)

Dieter: Was war das nebenan?
(Alle springen auf, Magda läuft hinaus) – Mutter?
Magda: *(Von draußen rufend)* Schnell, schnell, helft! Ich glaube ... wie schrecklich ... ich glaube – sie ist tot.

B. Künzel

Das Siegel der Verschwiegenheit

Botschaft:
Du sollst kein falsch Zeugnis reden (8. Gebot)

Personen:
Ellen Neubert
Siegfried Schmiegel
Gudrun
Reiner
Doris
Heinz, Juniorchef
Sigrid, zukünftige Braut des Juniorchefs

1. Szene

(Büro. Ellen Neubert und Siegfried Schmiegel)

Siegfried: Frau Neubert, legen Sie doch einmal die Sachen weg. Ich möchte gern etwas Privates mit Ihnen besprechen.

Ellen: Bitteschön, Herr Schmiegel. Was haben sie denn auf dem Herzen?

Siegfried: Frau Neubert, Sie wissen ja, wieviel mir daran liegt, daß Sie beim Betriebsfest meine Dame, meine Tischdame sind.

Ellen: Es tut mir leid, Herr Schmiegel, ich muß sie enttäuschen. Ich habe mich zum Servieren gemeldet und werde also keinen Tischherrn brauchen.

Siegfried: Warum denn das? Nein, das sollten Sie nicht tun. Schließlich haben wir im Betrieb Jüngere, die das Servieren übernehmen können. Seit Wochen freue ich mich schon auf das Fest, nur deshalb, weil...

Ellen: ...weil Sie hoffen, mich als Tischdame zu haben?

Siegfried: Das hoffe ich nicht nur, das habe ich bestimmt erwartet.

Ellen: Herr Schmiegel, Sie wissen, wir sitzen uns die ganze Woche gegenüber. Da sollten Sie sich für das Betriebsfest wirklich eine andere Partnerin aussuchen.

Siegfried: Frau Neubert, tun Sie doch jetzt bitte nicht so, als wüßten Sie nicht schon längst, daß Sie mir mehr bedeuten als alle Kollegen und Kolleginnen, des gesamten Betriebes. Sie wissen...

Ellen: Ich weiß, Herr Schmiegel, wir sind gute Arbeitskameraden und verstehen uns, was das Betriebliche angeht, ausgezeichnet. Mehr können Sie von mir nicht erwarten.

Siegfried: Und eben aus dieser harmonischen Zusammenarbeit heraus sehe ich deutlich, Sie und ich, wir passen ausgezeichnet zusammen.

Ellen: Ich bitte Sie, Herr Schmiegel, seien Sie mir nicht böse. Ich wünsche nichts so sehr als eine Fortsetzung unseres Hand-in-Hand-Arbeitens. Bitte, lassen Sie es aber dabei und stören Sie das Klima hier in unserem Büro nicht dadurch, daß Sie unsere Übereinstimmung in dienstlichen Sachen auf das Private übertragen.

Siegfried: So habe ich mich also getäuscht. Sie mögen mich nicht?

Ellen: Wenn Sie unter »mögen« mehr verstehen als...

Siegfried: *(Höhnisch)* Sie wissen genau, was ich unter mögen verstehe. Tun Sie doch nicht so, als wüßten Sie nicht schon längst, was Sie mir bedeuten. Daß Sie mich an der Nase herumführen würden, hätte ich nicht von Ihnen erwartet.

Ellen: Wie können Sie so reden? Ich habe Ihnen keine Veranlassung dazu gegeben, im Gegenteil. Als Sie neulich darauf anspielten, unter Arbeitskollegen sei doch das Du üblich, habe ich mich durchaus ablehnend verhalten.

Siegfried Das war auch nichts als Koketterie, Frau...

Ellen: Erlauben Sie mal! *(Steht verärgert auf und geht hinaus)*

2. Szene

(Siegfried und Reiner)

Reiner: Guten Morgen, Siegfried!

Siegfried: Morgen, Reiner.

Reiner: Du, ich komme morgen nachmittag mit dem Wagen vorbei, und dann fahren wir zusammen los und holen unsere Damen ab.

Siegfried: Du meinst, du holst deine Dame ab? Ich habe keine.

Reiner: Nanu? Ich denke, Frau Neubert?

Siegfried: Nee, danke, dann schon lieber keine.

Reiner: Aber wieso denn? Du hast doch immer so von ihr geschwärmt. Ich dachte schon an Verlobung.

Siegfried: Habt ihr euch gedacht. Zum Glück habe ich beizeiten hinter die Kulissen geschaut.

Reiner: Das soll ein Mensch verstehen!

Siegfried: Ich versteh es auch kaum, aber ich möchte nicht deutlicher werden. Schließlich muß ich ja noch mit ihr zusammenarbeiten.

Reiner: Hör mal, an Frau Neubert ist doch nicht zu tippen.

Siegfried: Hab ich auch bisher angenommen. Weißt du, die so unschuldig tun, die haben's faustdick hinter den Ohren.

Reiner: Nur noch eine Frage: Hat sie einen andern?

Siegfried: Haha. *(Zeigt mit den Fingern zehn)* Stille Wasser sind tief. Aber das, was ich dir gesagt habe, das bleibt unter uns, das sagst du keinem weiter!

Reiner: Na klar! Du, und was machen wir morgen? Beim Betriebsfest?

Siegfried: Mensch, es gibt auch noch andere Frauen. Du tust ja gerade so, als ob ich auf die Neubert angewiesen wäre.

(Beide verlassen lachend den Raum)

3. Szene

(Reiner und Gudrun treffen sich)

Reiner: Du, Gudrun, du kennst doch die Neubert von der Abteilung C?

Gudrun: Nanu, so geheimnisvoll? Was ist denn schon wieder los?

Reiner: Na, irgend etwas stimmt nicht mit der.

Gudrun: Na, die hat jedenfalls 'ne ganz dicke Nummer bei der Direktion. Das weiß ich bestimmt. Es war schon die Rede davon, daß sie zum Juniorchef als Sekretärin kommen sollte.

Reiner: Sieh mal einer an! Das ist zumindest ungewöhnlich, von einem Durchschnittsposten so aufzurücken. Ob da nicht etwas dahintersteckt?

Gudrun: Was soll denn da hinterstecken?

Reiner: Frag nicht so dumm, der Schmiegel hat Andeutungen gemacht.

Gudrun: Schmiegel? Der war doch ganz scharf auf die Neubert. Sollte das nicht 'ne Verlobung geben?

Reiner: Hab ich auch angenommen, aber der Schmiegel hat plötzlich abgeschwenkt.

Gudrun: Aha, darum hat die Neubert wohl beim Betriebsfest serviert.

Reiner: Muß wohl so sein, jedenfalls will der Schmiegel nichts mehr von der Neubert wissen.

Gudrun: Weiß ich nicht.

Reiner: Er hat nur durchblicken lassen, daß sie nicht ganz stubenrein ist.

Gudrun: Tatsächlich? Kann ich mir nicht vorstellen; sie ist immer so zurückhaltend.

Reiner: Eben, mit uns kleinen Angestellten fing sie gar nicht erst an. Der Juniorchef, hm, da springt schon etwas mehr heraus.

Gudrun: Aha, so meinst du das? Na, dann ist es kein Wunder, wenn sie so nach oben fällt. Und der Schmiegel?

Reiner: Ja, der tut mir leid. Er ist ein bißchen schwerfällig. Ob er nun noch eine andre findet?

Gudrun: Das soll nicht unsere Sorge sein.

Reiner: Aber jedenfalls bitte ich, daß du mit niemandem darüber sprichst.

4. Szene

(Gespräch zwischen Gudrun und Doris)

Gudrun: Sag mal, du bist doch mit Ellen Neubert befreundet.

Doris: Wohl, wohl, befreundet ist zuviel gesagt. Wir fahren morgens im gleichen Bus, und dann schwatzen wir halt so'n bißchen miteinander.

Gudrun: Hast du schon gehört, daß deine Freundin zum Juniorchef als Sekretärin kommt?

Doris: Nee, tatsächlich? Hat die 'nen Dusel gehabt! War schon immer 'ne Streberin gewesen. Fiel schon in der Handelsschule mit ihren Einsen auf. Nun hat sie es also geschafft.

Gudrun: Das hat mit ihren Einsen wahrscheinlich nicht viel zu tun.

Doris: Das glaube ich doch. Meinst du, die Direktion guckt sich nicht die Leute an, die sie aufrücken läßt?

Gudrun: Der Juniorchef wird sich die Neubert sehr gut angesehen haben, allerdings. Und da hat er wohl herausgefunden, daß sie sein Typ ist.

Doris: Na, so interessant ist die Ellen nun gerade nicht.

Gudrun: Sag das nicht, Schmiegel war auch ganz vernarrt in sie.

Doris: War! Beim Betriebsfest hat er sie jedenfalls links liegen lassen.

Gudrun: Oder sie ihn – wie man's nimmt.

Doris: Sie – ihn? Meinst du wirklich?

Gudrun: Er hat es mir gesagt, d.h. Reiner weiß es von ihm selber.

Doris: Ist ja allerhand. Und warum ist es aus zwischen den beiden?
Gudrun: Das kannst du dir doch an den fünf Fingern abzählen.
Doris: Eifersucht auf den Junior etwa?
Gudrun: Ist doch 'n klarer Fall; aber sprich nicht darüber.
Doris: Nee, nee, das bleibt unter uns.

5. Szene

(Doris und Sigrid. Doris sitzt an der Schreibmaschine, Sigrid kommt herein und sucht etwas in den Akten)
Sigrid: Na, Doris, was gibt's denn Neues?
Doris: Nicht viel Interessantes.
Sigrid: Und was wäre das Wenige?
Doris: Stell dir vor, man redet über die Ellen Neubert. Ich dachte immer, sie sei ein anständiges Mädchen.
Sigrid: Ich bitte dich, natürlich ist sie ein anständiges Mädchen.
Doris: Denkst du. Also, was ich erfahren habe, hm, da kann ich nur sagen, das ist ja geradezu erschütternd, wie man sich in einem Menschen täuschen kann.
Sigrid: Wenn du die Ellen meinst, da lege ich meine Hand ins Feuer.
Doris: Tu das lieber nicht.
Sigrid: Was hast du denn auf einmal gegen sie? Ihr seid doch immer zusammen gekommen und gegangen, und nun redest du auf einmal so?
Doris: Ach, laß mich lieber schweigen. Es könnte dir wehtun.
Sigrid: Mir? Haha, nun reizt mich aber erst recht, was mir wehtun könnte. Was ist denn los? Ich und die Neubert?
Doris: Du, du hast nicht direkt etwas mit ihr zu tun, aber dein Bräutigam.
Sigrid: Ich glaube, du spinnst.
Doris: Ich habe auch gedacht, daß die kein Wässerchen trüben kann, aber... Na ja, ich will dich im Glauben lassen, daß dein Heinz dich nicht enttäuscht.
Sigrid: *(Geht lachend raus und sagt)* Da habt ihr euch aber wieder ein schönes Märchen zusammengeholt, zusammengeredet.
Doris: *(Zu sich selbst)* Mensch, hält die 'ne Stange von ihrem Alten!

6. Szene

(Sigrid sitzt am Tisch und schreibt. Heinz kommt von hinten, schleicht sich an sie heran, kitzelt sie, Sigrid erschrickt)

Heinz: Guck mal, was ich da habe!

Sigrid: Theaterkarten.

Heinz: Freust du dich denn gar nicht?

Sigrid: Nee, warum denn?

Heinz: Na, wir wollen ins Theater fahren am Samstag.

Sigrid: Für mich hast du die doch nicht besorgt.

Heinz: Na, für wen denn? Mit wem werde ich mich denn in vierzehn Tagen verloben?

Sigrid: Na, du könntest ja auch mal mit jemand anders fahren, z.B. mit der Ellen Neubert.

Heinz: Wie kommst du denn da drauf?

Sigrid: Heinz, ich möchte endlich wissen, wie ich dran bin. Warum hast du die Ellen Neubert zur Chefsekretärin erwählt?

Heinz: Nanu, weil, weil sie eine tüchtige Kraft ist.

Sigrid: Und woher weißt du das?

Heinz: Sie kommt aus der Abteilung C. Alles, was aus der Abteilung C kommt, ist in Ordnung.

Sigrid: Und in der Abteilung C gab es bisher nur die Ellen Neubert?

Heinz: Sag mal, worauf willst du denn hinaus?

Sigrid: Eins will ich dir sagen: Entweder die oder ich. *(Sigrid geht. Heinz kratzt sich in den Haaren)*

Heinz: Brrrrrr, diese Weiber!

7. Szene

(Frau Neubert kommt herein mit der Unterschriftenmappe)

Ellen: Hier, Herr Schulze, die Unterschriften.

Heinz: *(Unterschreibt, gibt die Unterschriftenmappe zurück. Beim Verlassen ruft er sie zurück)* Frau Neubert, warten Sie doch einen Moment. Ich habe mit Ihnen noch etwas zu besprechen.

Ellen: Ja, bitte, Herr Schulze.

Heinz: Frau Neubert, äh, wollen Sie sich nicht einmal beruflich verändern?

Ellen: Wie meinen Sie das?

Heinz: Ich dachte, in einen anderen Betrieb.

Ellen: Soll das heißen, daß Sie mir kündigen?
Heinz: Nein, das natürlich nicht. Aber es wäre doch sicher für Sie wertvoll, einmal eine andere Firma kennenzulernen.
Ellen: Aber warum denn?
Heinz: Das würde jetzt zu weit führen. Jedenfalls wäre es besser für Sie.
Ellen: Ja, es tut mir leid, ich war gern hier, aber Sie werden schon Ihre Gründe dafür haben, wenn Sie mir empfehlen zu gehen. Ich habe bisher immer volles Vertrauen zu Ihnen gehabt. Ist es Ihnen recht, wenn ich zum 1. gehe?
Heinz: Ja, Frau Neubert, aber ich möchte Sie noch um eins bitten, behandeln Sie doch die Sache vertraulich. Ich möchte nicht, daß es zu einem großen Gerede kommt.

8. Szene

(Siegfried Schmiegel. Ellen Neubert kommt ins Büro)
Ellen: Herr Schmiegel, sagen Sie doch bitte meiner Nachfolgerin, daß sie nicht vergessen soll, daß jeden Abend um fünf die Post unten beim Pförtner abgegeben wird.
Siegfried: Wieso Nachfolgerin? Fahren Sie schon wieder in Urlaub?
Ellen: Nein, das nicht. Ich gehe von hier weg!
Siegfried: Das verstehe ich nicht, warum denn?
Ellen: Ich auch nicht, aber auf jeden Fall, ich habe gekündigt.
(Ellen verläßt den Raum, Siegfried schüttelt den Kopf)
Siegfried: *(Zu sich selbst)* Komisch!

W. Heiner

Gott sucht einen Jonathan

Sprechmotette über 1. Samuel 20 ff.

Botschaft:
Wer seinen Bruder nicht liebt, den er sieht, wie kann er Gott lieben, den er nicht sieht? (1. Johannes 4, 20b).

Personen:
Sprecher 1–5
Leser

Leser: Da schloß David Jonathan in sein Herz und gewann ihn lieb wie sein eigen Leben, und sie machten einen Bund, weil er ihn liebte wie sich selbst. Und Jonathan ging hinaus in die Wüste und stärkte Davids Vertrauen auf Gott.

Sprecher 1: Jonathan, ein Mann, der für seinen Freund sein eigenes Leben aufs Spiel setzte!

Sprecher 2: Jonathan, ein Mann, der an der Not des anderen nicht vorüberging!

Sprecher 3: Jonathan, ein Mann, der vor nichts zurückschreckte!

Sprecher 4: Jonathan, ein Mann, den die Feindschaft der anderen nicht abhielt, seinem Freund zu helfen.

Sprecher 5: Jonathan, ein Mann der Tat!

Alle: Gott sucht einen Jonathan!

Sprecher 1: Für die alte Frau, die krank daniederliegt und keinen hat, der sich um sie kümmert.

Sprecher 2: Für das junge Mädchen, das verzweifelt ist und seinem Leben ein Ende machen will.

Sprecher 3: Für den jungen Mann, der an den Alkohol gebunden ist und mit dem Leben nicht mehr fertig wird.

Sprecher 4: Für den Strafgefangenen, der sein Leben verpfuscht hat.

Sprecher 5: Für den Bruder und die Schwester neben dir, die Liebe brauchen und Verstehen!

Alle: Gott sucht einen Jonathan!

Leser: Hierauf trat Jonathan bei der Unterredung mit seinem Vater für David ein.

Alle: Gott sucht Menschen, die füreinander eintreten.

Sprecher 1: Für die Gestrandeten!

Sprecher 2: Für die Gebundenen!

Sprecher 3: Für die Ausgestoßenen!
Sprecher 4: Für die Einsamen!
Sprecher 5: Für die Traurigen, für die Betrübten!
Alle: Gott sucht einen Jonathan! – Bist du bereit, dich zu melden?
Sprecher 1: Ist dir der Dienst als Jonathan nicht fein genug? – Jesus wusch seinen Jüngern die Füße!
Sprecher 2: Kostet es dich zuviel Zeit? – Jesus konnte nicht ruhen, wenn er Menschen in Not sah!
Sprecher 3: Bringt er dir nicht die entsprechende Ehre ein? – Jesus wurde um deinetwillen ein Knecht!
Sprecher 4: Scheust du dich vor dem Gerede der Menschen? – Jesus kam um deinetwillen in aller Munde!
Sprecher 5: Ist er dir zu unbequem? – Jesus hatte nichts, wo er sein Haupt hinlegen konnte!
Alle: Gott sucht einen Jonathan, bist du bereit zu gehen?
Leser: Da geriet Saul in Zorn über Jonathan und sagte: »O du Sohn entarteter Widerspenstigkeit, meinst du, ich wüßte nicht, daß du dir den Sohn Isais zum Freund erwählt hast...« Da stieß Saul mit dem Speer nach ihm, um ihn zu töten.
Sprecher 1: Jonathan sein kostet dich was!
Sprecher 2: Vielleicht verlierst du dadurch deinen besten Freund?
Sprecher 3: Vielleicht mußt du dein Hobby drangeben?
Sprecher 4: Vielleicht bringt es dir Hohn und Spott ein?
Sprecher 5: Vielleicht kostet es dich sogar dein Leben?
Alle: Gott sucht einen Jonathan. Was bist du bereit zu lassen?
Sprecher 1: Du, der du hinterm Schreibtisch sitzt, hörst du seinen Ruf?
Sprecher 2: Du, der du dich zu den Frommen zählst, hörst du seinen Ruf?
Sprecher 3: Du, der du müßig am Markt stehst, hörst du seinen Ruf?
Sprecher 4: Du, dessen Leben ohne Erfüllung ist, hörst du seinen Ruf?
Sprecher 5: Du, der du verzweifelt dem Glück nachjagst, hörst du seinen Ruf?
Alle: Gott ruft einen Jonathan, bist du bereit zu gehorchen?
Leser: Dabei zog Jonathan seinen Mantel aus, den er anhatte und gab ihn David. Dazu auch seinen Waffenrock samt seinem Schwerte, seinem Bogen, seinem Gürtel.
Sprecher 1: Jonathan gab David seinen Mantel, er sollte nicht frieren.

Sprecher 2: Jonathan gab David seinen Bogen und sein Schwert, er sollte stark sein für den Kampf.

Sprecher 3: Jonathan gab im Vertrauen auf Gott alles, was er im Augenblick besaß.

Sprecher 4: Jonathan gab, ohne zu empfangen.

Sprecher 5: Jonathan gab sich selbst.

Alle: Gott sucht einen Jonathan. Bist du bereit, dich zu geben?

Sprecher 1: Hörst du den Schrei der Verzweifelten?

Sprecher 2: Siehst du das Leid der Geschändeten?

Sprecher 3: Spürst du den Schmerz der Trauernden?

Sprecher 4: Kennst du die Qual der Ausgestoßenen?

Sprecher 5: Ahnst du die Pein der Verlorenen?

Alle: Gott sucht einen Jonathan! Bist du bereit zu lindern?

Leser: Als nun Jonathan sah, daß der Tod Davids bei dem Vater eine beschlossene Sache war, erhob er sich von der Tafel in glühendem Zorn, ohne an diesem Tage etwas gegessen zu haben, denn er trug um David Leid, weil sein Vater ihn beschimpft hatte.

Sprecher 1: Tut es dir weh, wenn der andere beschimpft wird?

Sprecher 2: Gerätst du in Zorn, wenn dem anderen Unrecht geschieht?

Sprecher 3: Vergeht dir der Appetit, wenn dein Bruder in Gefahr ist?

Sprecher 4: Trägst du Leid um den Menschen neben dir?

Sprecher 5: Überall gibt es einen David. Überall gibt es einen Menschen, der dich braucht!

Alle: Darum sucht Gott einen Jonathan. Bist du bereit, in den Riß zu treten?

MFB-Team

Das Wort vom Kreuz

Sprechmotette und Lesungen

Botschaft:
Das Kreuz – Torheit oder Kraft (1. Kor 1, 18)

Personen:
Gruppe A: Sprecher 1–4
Gruppe B: Sprecher 5–8

Erster Teil: Sprechmotette

Gruppe A: Das Kreuz muß weg!
Sprecher 1: Es hindert
Sprecher 2: Ist unpassend
Sprecher 3: Altmodisch
Sprecher 4: Überholt
Gruppe A: Das Kreuz muß weg!
Gruppe B: Du brauchst das Kreuz!
Sprecher 7: In der Familie
Sprecher 8: In der Schule
Sprecher 6: Im Beruf
Sprecher 5: Im Leben
Gruppe B: Du brauchst das Kreuz!
Sprecher 2: Ein Kreuz im Leben?
Sprecher 4: Im Beruf?
Sprecher 3: In der Familie?
Sprecher 1: Lächerlich!
Gruppe A: Das Kreuz muß weg!
Gruppe B: Du brauchst das Kreuz!
Sprecher 5: In deiner Sattheit
Sprecher 7: In deinem Mangel
Sprecher 8: In deiner Not
Sprecher 6: In deinem Glück
Gruppe B: Du brauchst das Kreuz!
Gruppe A: Wir haben andere Kreuze!
Sprecher 1: Landeskreuze
Sprecher 2: Verdienstkreuze
Sprecher 3: Hakenkreuze

Sprecher 4: Verkehrskreuze
Sprecher 3: Aber das Kreuz eures Christus?
Gruppe A: Nein, das Kreuz muß weg!
Gruppe B: Das Kreuz steht!
Sprecher 8: In der Vergangenheit
Sprecher 6: In der Gegenwart
Sprecher 5: In der Zukunft
Sprecher 7: In alle Ewigkeit
Gruppe B: Denn das Wort vom Kreuz ist eine Torheit denen, die verloren werden; uns aber, die wir selig werden, ist's eine Gotteskraft (1. Kor 1, 18).

Zweiter Teil: Lesungen

Sprecher 5: Als der Apostel Paulus dieses Wort an die Gemeinde zu Korinth schrieb, mußte er sicherlich an jene griechischen Philosophen denken, die sich über die Botschaft vom Kreuz lustig machten. Sie war ihnen zu einfach. Sie wünschten sich Helden als Götter und keinen Gekreuzigten, der sich wie ein Lamm geduldig schlachten ließ. Zu allen Jahrhunderten gab es diese Spötter; einige von ihnen wollen wir nennen, denen die Botschaft vom Kreuz eine Torheit war.

Sprecher 1: Friedrich Wilhelm Nietzsche (1844-1900), einer der erbittertsten Christusgegner des 19. Jahrhunderts, bekennt: »Ich habe ihn, Jesus, aufgegeben. Ich will Neues schaffen. Ich will und darf nicht zurück; aber ich werde an meiner Leidenschaft zugrunde gehen. Sie wirft mich hin und her. Ich falle fortwährend auseinander; aber es liegt mir nichts daran.« Vom Lebensende Nietzsches wird berichtet, daß er als Wahnsinniger gestorben sein soll. Seit 1889 lebte er in geistiger Umnachtung.

Sprecher 2: Ein ähnlicher Spötter war auch Benito Mussolini (1883-1945). Er sagte einem seiner Freunde, als sie auf einem Alpengipfel standen und der Freund die Schöpferherrlichkeit Gottes pries: »Es gibt überhaupt keinen Gott, und das werde ich dir jetzt beweisen.« Darauf zog er seine Taschenuhr hervor: »Wenn es einen Gott gibt«, sagte er, »so soll er mich jetzt gleich vernichten. Ich gebe ihm eine Minute Zeit.« Als die Minute verstrichen war und nichts geschah, sagte er: »Gottes Uhren gehen langsamer.« 1945 hing derselbe Spötter Mussolini an den Füßen aufgehängt an einem Haus. Vorher war er auf der Flucht nach der Schweiz von italienischen Partisanen erschossen worden.

Sprecher 3: Friedrich der Große (1712-1786) liebte Freundschaften mit Gottesleugnern. Er berief den größten Kirchenfeind und französischen Atheisten, Voltaire (1694-1778), an seinen Hof. Die christliche Religion hielt er für krassen Aberglauben. Er sagte: »Ich halte es für das Angebrachteste, wenn ich tief schweige über die christlichen Fabeln, die ungereimter, törichter und lächerlicher sind als die ausschweifendsten Erinnerungen des Heldentums.«

Sprecher 4: Der Mann, der den »Mythos des 20. Jahrhunderts« schrieb und verbissen gegen die Botschaft der Bibel kämpfte, war Alfred Rosenberg (1893-1946). Als er kurz vor seiner Hinrichtung im Nürnberger Justizpalast vom Gefängnisseelsorger gefragt wurde, ob er für ihn beten dürfe, sagte er lächelnd: »Nein, danke.« Er lebte ohne Erlöser und starb auch ohne Erlöser.

Sprecher 2: Den Schluß in diesem Reigen soll ein heute noch in Berlin lebender Atheist bilden. Er sagt: »Der Witz der Theologie besteht darin, daß sie ein höheres Wesen erfand, um sich selber ins Leben zu rufen.«

Sprecher 5: Solange die Welt besteht, wird es Menschen geben, die die Botschaft vom Kreuz für eine Torheit halten; aber die Bibel sagt, sie werden verlorengehen.

Sprecher 6: Aber da ist noch eine andere Gruppe, die Gruppe derer, denen diese Botschaft eine Gotteskraft ist.

Sprecher 7: Sven Hedin (1865-1952), einer der größten Asienforscher, wurde gefragt: »Herr Doktor, worauf haben Sie in all den Gefahren der Wanderungen Ihre Hoffnung gesetzt?« Und er antwortete: »Auf Gott und auf meine Bibel, die alle meine Wege mitgemacht hat.«

Sprecher 8: Von dieser Kraft des Kreuzes wußte auch Joseph Haydn (1732-1809) zu berichten, der große Musiker. In einer Gesellschaft unterhielt man sich über die besten Mittel, die innere Kraft wieder aufzufrischen, nachdem man durch die anhaltende Arbeit erschöpft ist. Haydn sagte darauf: »Ich habe in meiner Wohnung eine kleine Kapelle. Dorthin ziehe ich mich allemal zum Gebet zurück, wenn ich mich ermüdet fühle. Dieses Mittel hat noch nie seine belebende Wirkung auf mich verfehlt.«

Sprecher 6: Martin Luther (1483-1546) rief denen zu, die um sein Sterbebett standen: »Ich fahr dahin in Fried und Freud, Gott segne euch alle.«

Sprecher 7: Der Gründer der Brüdergemeine, Graf Nikolaus Ludwig Zinzendorf (1700-1760), starb mit den Worten: »Ich bin fertig; ich bin dem Willen des Herrn ganz ergeben, und er ist mit mir zufrieden. Will er mich nicht länger hier brauchen, so bin ich ganz fertig, zu ihm zu gehen, denn mir ist nichts mehr im Wege.«

Sprecher 5: Welch ein gewaltiger Unterschied besteht zwischen denen, denen das Wort vom Kreuz eine Torheit ist und denen, denen es eine Gotteskraft ist. Wo wollen Sie sich einreihen?

W. Heiner

Anhang

1) Rechte: Bärenreiter-Verlag, Kassel und Basel
2) Dieses Weihnachtsspiel erschien unter anderem Titel in »DER GUTE START« Jungscharlektionen Band 2, Bibellesebund Marienheide von einem unbekannten Verfasser. Am Spielverlauf hat sich nichts geändert. Der Text wurde überarbeitet und geringfügig ergänzt.
3) Sollten keine Chöre vorhanden sein, kann man die Lieder auch von der LP MFB 501 oder MC MFB C 62 (»Christus kam vom Himmel«) des Missionswerks Frohe Botschaft, Großalmerode abspielen lassen und Bilder mit einem Diaprojektor dazu zeigen.
4) Rechte: Merseburger Verlag Berlin GmbH, Kassel
5) Rechte: Burckhardthaus – Laetare Verlag GmbH, Offenbach/Main
6) Diese Spiel ist auf einer LP MFB 506 oder MC MFB C 63 (»Freude, Freude, große Freude«) zu erhalten
7) Aus: »Kleines Praktikum« für Anfänger in der evangelischen Jugendarbeit (Mappe 4).
8) Aus: »Time to Act«, übersetzt von Christine Bohlander.
9) Auszug aus: Carl Zuckmayer, DES TEUFELS GENERAL. Abdruck mit Genehmigung der S. Fischer Verlags-GmbH, Frankfurt am Main.
10) Aus: »Time to Act«, übersetzt von Christine Bohlander.

Themen- und Stichwortregister